KB262867

학현 변형윤 교수 근영

학현 변형윤 전집 8

학현 수상집

학현 변형윤 전집 간행위원회 엮음

지식산업사

학현 변형윤 전집 간행위원회

고　　　　문 : 박우희 안병직 김세원 이경의 정기준 김수행
간행위원장 : 강철규
편 집 위 원 : 정일용(위원장) 김태동 이근식 장세진 이정우
　　　　　　　박순일 신상기 윤진호 장지상 김용복 원승연
후 원 위 원 : 홍용찬(위원장) 이종태 성기학 이종기

학현 변형윤 전집 8
학현 수상집

초판 1쇄 인쇄　2012. 10. 10.
초판 1쇄 발행　2012. 10. 15.

지은이　변 형 윤
펴낸이　김 경 희
펴낸곳　㈜지식산업사
　　　　본사 • 경기도 파주시 교하읍 문발리 520-12
　　　　　전화 (031)955-4226~7 팩스 (031)955-4228
　　　　서울사무소 • 서울시 종로구 통의동 35-18
　　　　　전화 (02)734-1978　팩스 (02)720-7900
　　　　한글문패　지식산업사
　　　　영문문패　www.jisik.co.kr
　　　　전자우편　jsp@jisik.co.kr
　　　　등록번호　1-363
　　　　등록날짜　1969. 5. 8.

책값은 뒤표지에 있습니다.

ⓒ 변형윤, 2012
ISBN　978- 89-423-3101-7　(94320)
ISBN　978- 89-423-0066-2　(전9권)

이 책을 읽고 지은이에게 문의하고자 하는 이는
지식산업사 전자우편으로 연락 바랍니다.

발간사

　이 전집은 우리나라 경제학계의 큰 별인 학현 변형윤 선생이 1955년 9월 서울대학교 상과대학 교수로 부임한 뒤 지금까지 경제학자로서, 교육자로서, 실천적 지성으로서 활동하면서 쓴 글과 선생의 사회 활동에 관한 기록을 모두 모은 것이다. 이 전집은 선생께서 50여 년 동안 학문 활동 및 사회 활동을 하면서 발표한 학술 논문, 다양한 매체에 기고한 에세이, 칼럼, 서평, 좌담 및 대담, 강연문, 기념사 등을 주제별로 나누어 모두 아홉 권으로 정리하였다. 이와 함께 대담 형식의 학현 선생 대화록을 출간하였다. 전집과 대화록을 통해 학현 선생의 깊은 학문세계와 치열했던 사회 활동의 전모를 처음으로 한 자리에서 살필 수 있도록 하였다.

　학현 선생에게는 여러 가지 별칭이 붙어 다닌다. '학현학파의 창시자'라는 말 이외에도 '서울 상대의 산 증인', '한국경제학계의 거목', '진보경제학계의 대부', '대쪽 선비', '만년 야당', '이 시대의 마지막 의인' 등이 그것이다. 모두 학현 선생의 삶과 학문의 한 면모를 드러내는 말이라고 할 수 있다.

　교육자, 학사, 실천적 지식인으로서 선생의 일생은 그대로 굴곡진

6

우리 현대사의 굽이굽이를 반영하는 것이기도 했다. 선생은 지금은 북한 땅이 된 황해도 황주에서 유교 가문의 장손으로 태어나 경기중학교를 거쳐 1945년 서울대학교 상과대학의 전신인 경성경제전문학교에 입학하였다. 그 뒤 지금까지 60여 년의 세월 동안 학생으로서, 교수로서, 학장으로서, 명예교수로서 서울상대와 떼려야 뗄 수 없는 관계를 가져온 '영원한 상대인(人)'이다. 선생은 1955년 서울상대 교수로 부임하여 1992년 정년퇴임하기까지 37년 동안 제자들 교육에 진력하였다. 선생은 무엇보다도 4·19 학생혁명 뒤 걷잡을 수 없는 소용돌이에 휩싸여 있던 서울상대를 손수 재건하였고 교무과장으로서, 또 학장으로서 서울상대를 한국 최고의 인재의 산실로 발전시킨 주역이었다. 학현 선생은 제자 교육에는 무서울 정도의 엄격함과 열정으로 임하셨지만 또 한편으로는 끝없는 자상함과 배려로 제자와 후학을 돌보아 주기도 했다. 1970년대 선생께서 서울상대 학장직에 있을 때, 민주화 운동 과정에서 제적될 위기에 처한 제자들을 보호하기 위해 학장직을 내던지면서까지 애썼고, 경찰에 연행되거나 구속된 제자들을 위해 몸소 경찰서와 법원을 드나들었던 일은 지금도 많은 졸업생들의 기억에 뚜렷이 남아 있는 일화이다.

학현 선생은 경제학자로서도 경제학의 여러 분야에서 선구적인 업적을 남겼다. 선생은 1950년대 후반기에 당시로서는 아직 생소했던 경제수학, 통계학, 수리경제학, 그리고 계량경제학을 한국경제학계에 도입하여 새로운 학문을 일으켰다. 1960년대에는 누구보다 앞서 경제발전론과 경제변동론의 최신 동향을 한국경제학계에 소개하였다. 무엇보다도 선생은 일생에 걸쳐 앨프리드 마셜(Alfred Marshall, 영국의 경제학자)의 학문을 연구하고 소개하는 일에 헌신했을 정도로 '마셜학파'의 대가이기도 했다. "냉철한 머리, 따뜻한 가슴"이라는 마셜의 경구는 지금까지도 학현 선생의 좌우명이 되고 있을 정도로 선생은 마셜을 사표로 삼고 있다. 그러나 역시 학현 선생의 최대의 학문적 업적은 '한국경제학' 또는 '학현경제학'의 체계를 제시한 데 있다. 학현 선생은 일찍이 "한국경제의 현실과 밀착된 한국적 경제학의 정립"을 자신의 경제학 연구의 목표라고 밝힌 바 있다. 선생은 늘 경제학을 추상적인 이론의 틀에 가두어 두지 않고, 우리 현실에 바탕을 둔 연구이자, 곧 인간에 관한 연구로 승화시키고자 노력하였다. 이를 위해 현실분석의 수단으로서 통계학, 계량경제학 등 방법론 과목에 대한 학습이, 경제개발에 필요한 이론적 뒷받침을 위해서는 경제변동론, 경제성장론, 경제발전론에 대한 연구가, 그리고 경제발전의 가치와 방향 정립을 위해서는 경제학사, 경제철학 및 경제사상사에 대한 공부가 필요함을 역설하고 있다. 이 가운데서도 선생은 인간을 모든 가치의 중심에 놓은 '인간중심의 가치'에 기초해서 한국경제의 발전 방향을 제시하고 한국경제를 분석하였다. 그러한 점에서 선생은 경제학을 실증과학의 범주에서 도덕과학의 범주로 끌어올리고 있다고 할 수 있다.

선생의 대표작에 속한다고 할 수 있는 《한국경제의 진단과 반성》(1980), 《한국경제연구》(1986), 《한국경제론》(1989) 등의 저서에 명시적으로 또는 묵시적으로 전제되어 있는 경제발전의 가치는 첫째, 평등과 분배의 정의, 둘째, 균형적 경제발전, 셋째, 자립경제 등이다. 또한 이 세 가지 가치가 실현되는 과정을 경제 민주화로 파악하고 있다. 학현 선생을 분배주의자, 평등주의자, 구조주의자, 그리고 민족주의자, 민주주의자로 규정하는 것은 선생의 이러한 가치지향성에 말미암는다 하겠다. 이로써 학현 선생의 '한국경제학'은 한국적 현실에서 진보적 경제학의 새 지평을 열었다고 할 수 있다.

학현 선생은 이러한 학문적 업적을 토대로 하여 이를 널리 전파하

8

고 계승하는 일에도 진력하였다. 선생이 1980년의 민주화 운동으로 말미암아 서울대 교수에서 강제로 밀려나 해직교수 생활을 하던 시절 창립한 '학현연구실'은 이후 서울사회경제연구소로 확대, 개편되면서 우리 사회의 진보·개혁적 경제학자들이 모여드는 중심 구실을 하여 왔다. 그뿐만 아니라 선생은 한국의 대표적인 진보적 경제학자들의 모임인 '한국사회경제학회'와 주류경제학에 비판적인 개혁적 경제학자들의 모임인 '한국경제발전학회'를 직접 창립하였고, 회장 및 이사장으로서 후배, 제자들의 든든한 보호막 구실을 하고 있다. 이렇게 하여 선생의 뜻을 따르는 진보적, 개혁적 경제학자들이 선생의 큰 그늘 아래 모여드니 언론에서는 이를 '학현학파'라고 부르고 있다. 학현학파는 '인간 존중'을 핵심적 가치로 삼으면서, 경제정의와 균형발전의 실현을 도모하는 경제학파라 하겠다. 오늘날 학현학파는 우리 사회의 여러 곳에서 활동하면서 민주화와 경제정의 실현을 위해 연구하고 실천하는 학자들의 집단으로 성장하였다.

학현 선생은 결코 상아탑에 안주하는 학자는 아니다. 지성인으로서 사회적 실천을 매우 중시하였다. 옳지 않은 일에는 끝없이 분노하고 저항하였다. 1960년 4·19 학생혁명 당시 자유당 독재체제에 저항하던 다수의 학생과 시민이 경찰의 발포로 희생되자 선생은 분연히 궐기하여 4·25 교수데모에 참여함으로써 4·19 혁명이 성공하는 데 결정적 계기를 만들었다. 선생은 또한 1980년 이른바 '서울의 봄' 시절에는 서울대 교수협의회 회장으로서 민주화를 촉구하는 시국선언에 앞장섰다가 군부정권에 의해 중앙정보부 남산분실로 끌려가 고초를 당하였고 드디어 4년간 해직교수 생활을 해야만 했다. 서울대 교수직에 복직한 뒤에도 학현 선생의 민주화를 위한 활동은 더 넓어지고 더 깊어졌다. 선생은 1987년의 민주화 운동 이후 창립된, 우리나라 시민운동의 효시라 할 수 있는 '경제정의실천시민연합'의 초대 공동대표로서 경제정의와 경제민주화를 위해 노력하였다. 선생은 또 이 시대의 스승으로서 경제민주화, 사회민주화, 언론민주화, 학원민주화 그리고 민족 통일을 위한 다양한 활동을 이끌었다. 선생은 그야말로 언행일치의 삶, 학문과 생활이 일치하는 삶을 사셨다고 할 수 있다. 독자들은 그 구체적 내용을 이 전집과 선생의 대화록을 통해서 확인할 수 있을 것이다.

학현 선생의 가르침을 따르는 제자들은 선생의 회갑 기념으로 《한국경제론》(1987), 서울대학교 교수정년퇴임 기념으로 《경제민주화의 길》(1992), 그리고 고희 기념으로 《한국경제의 구조개혁 과제》(1997)를 출간한 바 있다. 7년 전 선생의 팔순을 앞두고 서울사회경제연구소의 제자들을 중심으로 기념논문집 발간 문제를 논의하였으나 선생께서 극구 말리는 바람에 그냥 넘긴 일이 있다.

이 전집을 본격적으로 준비하게 된 계기는 한국사회경제학회, 한국경제발전학회 그리고 서울사회경제연구소 공동 주최로 2009년 8월 대구에서 열린 공동학술대회였다. 세계 경제위기가 확산되고, 한국 사회의 양극화가 심화되어 가고 있으며, 민생과 민주주의가 후퇴하고 있는 정치·경제의 현실을 극복하기 위해서는 새로운 가치, 새로운 접근방법이 필요하다는 데 학술대회 참가자들은 인식을 같이하였다. 그리고 그러한 새로운 가치, 새로운 접근방법을 실천하기 위한 첫 걸음으로 경제정의, 균형발전, 그리고 자립적 국민경제의 실현이라는 과제를 끌어안고 평생 연구하고 실천하신 학현 선생의 삶과 학문을 되돌아보는 것이 필요하다는 데도 의견이 모아졌다. 이리하여 선생의 전집 발간을 위한 간행위원회가 꾸려져 작업에 착수하게 되었다. 이후 3년간에 걸친 노력 끝에 마침내 학현 선생의 학문과 삶의 전모를 모은 전집 발간에 이르게 되었다.

10

이 전집은 9권으로 구성되어 있다. 대화록을 합하면 모두 10권이 되는 셈이다. 제1권은 경제사상과 경제철학에 관한 선생의 연구를 모았다. 아담 스미스, 앨프리드 마셜, 존 메이너드 케인스, 조지프 슘페터, 그리고 군나르 뮈르달 등의 경제학자에 대한 선생의 연구를 이 책에 모았다. 독자들은 이를 통해 한국 경제발전의 가치 형성에 이들의 이론적, 철학적 논의가 어떤 영향을 미쳤는지 알게 될 것이다.

제2권은 경제학 각 분야, 특히 경제변동론, 경제성장론, 경제발전론, 경제체제론, 그리고 수리경제학, 계량경제학에 대한 선생의 이론적 연구를 수록하였다. 이를 통해 독자들은 선생의 경제학 연구가 얼마나 광범하고 또 선구적인 것인지를 확인할 수 있을 것이다.

한국경제에 관한 선생의 글은 제3권에서 제7권까지 다섯 권으로 나누어 정리하였다. 제3권에는 경제개발계획과 개발전략에 관한 글을, 제4권에는 한국 경제성장의 역사적 과정과 성장의 모순에 관한 글을, 제5권에는 산업구조와 인구구조의 분석에 관한 글을, 제6권에는 세계경제와 한국의 무역구조, 그리고 대외경제정책에 관한 글을, 그리고 제7권에는 경제민주화와 한국경제의 과제에 관한 글을 수록하였다. 통일, 경제윤리, 환경문제에 관한 글도 제7권에 포함시켰다.

제8권에는 학현 선생이 일상 생활에서 느낀 감상을 서술한 가벼운 에세이를 모았다. 주제가 일정하지 않은 짧은 글들이지만 오히려 세상사에 관한 선생의 높은 식견과 인품의 향기를 읽을 수 있을 것이다.

제9권에는 학현 선생의 '삶의 발자취'라는 제목으로 선생의 다양한 사회활동 가운데 쓴 강연, 기념사, 축사, 치사뿐만 아니라 대중매체에 보도된 선생에 대한 평, 그리고 각종 화보를 포함한 활동 보도 내용도 함께 실었다.

요즘처럼 사회가 어지럽고 나아갈 방향이 잘 보이지 않을수록 큰 가르침을 주고 올바른 방향을 알려줄 수 있는 큰 스승의 존재를 우러르게 되는 법이다. 따라서 학현 선생의 학문과 인품을 직접 보고 배울 수 있는 기회를 가졌던 우리 제자들은 이를 참으로 행운이라 여기고 자랑으로 삼지 않을 수 없다. 선생께서는 여든을 훌쩍 넘긴 연세에도 불구하고 요즈음도 매일 서울사회경제연구소에 나와서 글을 읽고, 사색하며, 집필 활동도 하고 있다. 우리 모두 선생의 건강과 장수를 기원해 마지않는다.

이 전집을 발간하는 과정에서 수많은 사람들의 열성과 노력이 있었다. 전집 발간을 위해 애써준 전집간행위원회 위원 여러분, 전집 발간을 재정적으로 후원해주신 분들, 그리고 기꺼이 출판을 맡아 수고해주신 지식산업사 김경희 사장과 직원 여러분에게 깊은 감사를 드린다.

2012년 9월
학현 변형윤 전집 간행위원회 위원장
강 철 규

차 례

제2편 '성장의 그늘'에 햇살을

제3편 삶 속의 단상들

제1장 새 '데레르' 형 사람

학현 변형윤 전집 차례

제1편
나의 인생, 나의 길

나의 어머니
: 잘 가라, 건강하라, 떳떳하라

나의 어머니는 차례대로 두 딸, 세 아들, 두 딸을 낳으셔서 일곱 모두를 고스란히 키우신 분이시다. 아직도 생사 여부를 모르고 있지만 살아계신다면 90세의 나이가 되신다.

나의 어머니는 진사(進士)의 맏따님으로, 가세가 기울고 있던 우리 집의 맏며느리로 오셔서 우리 일곱을 제대로 키우시느라고 헌신적인 노력을 하신 분이시다. 어머니께서 우리 집으로 시집오실 때에는 할아버지가 의병 간부로 활동한 탓으로 가세가 기울고 있던 때라고 한다. 어머니의 이름은 이정사(李貞姒)이시다. 그러나 아명(兒名)은 이대애(李大愛)이셨다. 그러고 보면 나의 어머니는 외할아버지의 지극한 사랑을 받으면서 자랐음을 알 수 있다.

나는 그런 어머니의 일곱 자녀 중 셋째이면서 맏아들이다. 그러기에 나는 어머님의 남다른 사랑과 지성 속에 자라났다. 그런데 불행하게도 내가 어머니를 가깝게 뫼신 기간은 별로 길지 못하다. 중학교 때부터 객지에 나가 있었으니 방학 때에만 뵐 수 있었고 해방 후에는 남북분단으로 강제로 생이별을 하게 되었기 때문이다.

따라서 어머니에 대한 나의 이야기는 자연히 주로 어릴 적의 그것으로 될 수밖에 없다. 이제 이야기를 국민학교 입학하기 직전의 일부터 시작하기로 한다.

나의 아버지[邊喆熙]는 진사의 맏손주이면서 의병 간부의 맏아드님이시다. 따라서 나에게 국민학교 입학 전에 천자문부터 시작해서 필요한 한문공부를 시키려고 하신 모양이다. 나는 격식을 갖추고 가르침을 받았다. 그러나 어찌 된 셈인지 배울 때에는 아는 것 같았지만 얼마 있으면 다 잊어버리곤 했다. 처음에는 그래도 아들을 유능한 놈으로 믿고 계셨던지 설마 하시는 모습이었다. 그러나 번번이 테스트에 걸리니 화가 하늘까지 치미신 것 같았다. 그리하여 드디어 어머니한테 대문을 잠그라고 명하시고 나더러 마당에 무릎을 꿇고 앉으라고 하신 뒤 종아리를 걷어 올리게 하고 회초리로 용서 없이 갈기셨다. 비명소리가 계속된 것은 말할 나위도 없다. 그래도 어머니께서는 제아무리 귀하게 느껴지는 아들이라도 지아비를 하늘처럼 섬기시는 분이시니까 감히 말릴 수도 없었다. 혹시 회초리를 거두시지 않을까 하는 생각도 있었으리라.

그러나 좀처럼 거두시지 않고 아들의 비명소리는 계속되고 하니 참지 못하고 어머니가 나의 곁으로 와서 꿇어앉고 아버지께 용서를 비시는 것이 아닌가. '내가 잘못했느니, 앞으로 잘 타이를 테니' 하는 등 모든 변명을 동원하면서 말이다. 그리하여 나는 그런 어머니의 도움으로 그 위기를 간신히 모면할 수 있었다. 제아무리 전래의 유교전통에 젖어 있다고 해도 아들의 문제라면 남편에 항의라도 했을 것 같은데, 오히려 나 이상으로 용서를 비는 어머니의 모습은 지금 생각해도 거룩한 생각이 든다. 어쩌면 그것이 그 뒤의 나의 학교생활에 결정적인 영향을 주었을는지도 모른다. 아버지께서는 이런 일이 있은 뒤에는 나한테 실망을 하셨는지 한문 가르치는 것을 거의 포기하셨다.

나의 국민학교 시절은 어머니가 병환에 시달리는 시기였다고 할 수 있다. 막내아우를 낳으신 후부터 병을 앓기 시작하여 큰 누이동생을 낳으시면서 회복하기 시작했기 때문이다. 그래서 막내 동생과 큰 누이동생의 터울은 7년인가 8년이 된다. 그동안 그 당시 하나밖에 없던 서울의 대학병원(현재의 서울대학교부속병원)에 입원까지 하실 만큼 이름 있는 병원이란 병원을 다 거치셨으며 하루가 멀다고 우리 시골의 공의(公醫)가 인력거로 왕진을 다녀가곤 했다. 그런 관계로 어머니께서는 내가 학교로 가기 전과 학교에서 돌아온 후에는 반드시 곁으로 오게 하여 팔다리를 주무르게 하면서 정이 담뿍 담긴 여러 가지 이야기를 해주시곤 했다. 또 때로는 밤 공부도 곁에서 하기를 바라셨으며 곁에서 자기를 바라기도 하셨다.

어머니께서는 신식 여성으로 볼 때에는 고리타분하다고 생각할는지 모르지만 출가외인이라는 생각에 철두철미하시었다. 어머니께서는 우리 집이 외가보다 가문이 좋다는 사실을 누누이 강조하시었다. 친정은 이씨(李氏) 가문이지만 어머니께서는 이미 변씨(邊氏) 가문의 일원이라는 것을 강하게 의식하고 계셨던 것이다.

나는 이런 어머니의 생각을 딸들 출가시킬 때 그대로 살렸음은 말할 나위도 없다. 결혼식 전날 딸들에게 반드시 너희들은 이제는 변씨가 아니라는 말을 해주었으니까. 어머니께서는 또 자녀들의 우애를 특히 강조하시었다. 어린 나에게 어머니께서는 '장가가서 만약 네 아내와 네 누이들, 동생들과 사이가 나빠졌을 때 너는 어떻게 할 것인가' 하고 물으신 후 '너를 낳은 어머니는 이 세상에 나 하나밖에 없지. 그와 마찬가지로 내가 낳은 네 누이들, 동생들도 이 세상에 각각 하나밖에 없어. 그러나 네 아내는 둘일 수도 있어. 그러니 너는 맏아들이기에 앞으로 장가갔을 때에는 형제자매 간의 우애를 위해서 그런 마음가짐으로 살아가야한다'는 해답을 주시었다.

나는 이 말씀을 마음속에 항상 간직하면서 살았으며, 자랑 같지만 우리 형제자매 간의 우애는 돈독한 것으로 잘 알려져 있다. 그런가 하면 어머니께서는 자녀들을 믿으시는 생활을 하셨다. 그 단적인 한 예로 우리의 학교성적표를 보시지 않은 것을 들 수 있다. 으레 우리 애들은 공부를 잘할 테니 성적표는 볼 것도 없다는 믿음에서였다. 어머니께서 그렇게 믿으시니 우리는 더욱더 성적을 올리려고 노력하지 않을 수 없었다. 역시 나도 이런 어머니의 생활 태도를 자식들에게 그대로 적용시켰다. 솔직히 나는 이제까지 애들의 성적표를 본 일이 없다.

내가 어머니에게 마지막이라고 할 수 있는 작별인사를 드린 것은 1946년 8월 초의 어느 날이다. 대학 2년생으로 여름방학을 이용하여 위험한 38선을 넘어서 집으로 내려가 지내다가 바로 그날 국민학교 시절 한국인 은사의 '체포자의 명단에 들어 있으니 오늘 밤 중으로 서울로 떠나가라'는 긴급 전갈을 받고 황급히 집을 떠난 후 아직까지 만나 뵙지 못했기 때문이다. 그 절박한 상황 속에서 아버지와 어머니에게 작별인사를 올릴 때, 아버지는 말할 것도 없고 어머니의 위엄 있는 모습은 지금도 눈에 선하다. 그리고 그와 정반대의 모습, 즉 당황하고 초조해하는 모습을 보인 나로서는 지금도 부끄러움을 금할 수 없다.

그때 어머니께서는 하나도 흐트러짐이 없이 나직한 목소리로 '잘 가거라. 연락할 길이 있으면 도착 후 소식을 전하라. 건강하라. 어느 경우에나 의젓하고 떳떳하라'는 말씀을 해주셨다. 이 이상 더 아들을 위하는 어머니의 심정을 잘 나타내 주는 말이 있단 말인가. 그러기에 나는 두고두고 이 말씀을 마음속 깊이 간직해 오고 있다.

《샘터》(1987. 8)

잊지 못할 스승

나는 학교 시절에 일본인을 포함하여 많은 선생으로부터 가르침을 받았다. 그러나 그 중에서 대학 시절의 은사인 권세원 교수를 들고자 한다. 선생은 경북 영양의 대부호 출신으로 경성제국대학(서울대학교의 전신) 철학과 1회 졸업생이며 능력을 인정받아 졸업 후에는 조수(지금의 조교에 해당한다)를 지내셨다. 학과는 다르지만 고대 총장 등을 지낸 유진오 선생 등이 선생과 동기이다. 선생이 철학개론과 경제철학 담당 교수로 서울대학교 상과대학에 오신 것은 내가 학부 2학년 때인 것으로 생각된다. 그 후 1961년까지 14년 동안 교수로 재임하셨다. 퇴임 후에는 성균관대학교로 옮겨 문과대학장을 역임하는 등 교수 생활을 지속하시다 약 6년 전에 80대 중반의 연세로 세상을 떠나셨다.

나는 학부 2학년 때 선생의 경제철학 강의를 상급반 학생과 함께 수강했다. 한참 경제학 방법론에 관심을 갖고 있었기 때문이다. 이것이 선생을 만나 여러 가지로 가르침을 받게 된 계기임은 말할 나위도 없다. 선생은 늘 눌변이면서도 매우 진지한 자세로 그리고 철학적 지식을 전제로 하기에 난해한 것을 열심히 이해시키면서 알찬 강의를 하셨다. 어떻든 그 강의는 감명 깊은 것이었다. 게다가 학기 중간에 선생이 당신의 지도교수이면서 당대 일본 철학계의 대가 중 한 사람인 학과의 주임교수를 여러 교수, 조교, 학생들 앞에서 연구를 게을리한다고 면박을 줄 정도로 기백을 갖고 계신다는 사실도 알게 되었다. 그러다 보니 자연히 경제학 교수들 못지않게 선생을 찾아뵙고 학교생활에 관한 것에서 내 개인적인 문제에 관한 것, 심지어는 교수의 자세·연구생활에 관한 것까지 가르침을 받게 되었다.

그러나 선생을 찾아뵙는 일은 1950년의 6·25로 중단되었다. 그것이 재개된 것은 1953년의 일이 아닌가 생각된다. 그해 4월엔가 6·25 발발 후 장교로 종군하였고 육군의 모 교육기관의 교관으로 근무하고 있던 내가 피난지인 부산의 서울대학교 가교사로 혹시나 하고 찾아갔을 때 운 좋게 학교에 나와 계신 선생을 만나 뵈었다. 선생은 정녕 기뻐하시면서 따뜻하게 나를 맞이해 주셨고 또 그동안의 나의 생활, 학생 시절부터 갖고 있던 교수가 되고자 하는 나의 생각에 변함이 없는지를 묻고 격려를 아끼지 않으셨다. 그러나 그 학기가 끝난 후 서울대학교는 서울로 돌아갔고 나는 그대로 부산에 남아 있었기 때문에 좀처럼 찾아뵐 기회가 없었다. 그런대로 이따금씩이나마 선생을 찾아뵐 수 있는 기회가 다시 열린 것은 내가 1954년 4월에 육군사관학교 교관으로 서울에 올라 온 후부터의 일이었다. 그 이후에는 한 학기에 적어도 두 번 정도는 댁으로 찾아뵐 수 있었다. 선생은 언제나 꾸밈없이 반갑게 그리고 따뜻하게 맞이해 주셨다. 물론 격려와 자극의 말씀과 함께.

그렇게 하는 가운데에 어느 새 1년여가 지났다. 나는 마침 단기간의 학교방학이 끝날 무렵이고 해서 아무 생각 없이 이제까지 하던 대로 댁으로 선생을 찾아뵈었다. 1955년 7월 초의 어느 날이었다. 그러나 외출 중이라 선생을 만나 뵙지 못하고 그 대신 며칠 전에 선생께서 변군이 찾아올는지 아닌지는 모르지만 당신이 안 계실 때 혹시 찾아오거든 전하라고 맡기신 쪽지를 선생의 며느리로부터 받았다. 인사를 한 뒤 돌아서서 급히 그 쪽지를 읽어보니 "2학기부터 시간이 마련될 듯하니 그동안 강의 준비에 만전을 기하도록 하는 것이 좋을 것 같네"라고 적혀 있지 않은가. 물론 나는 깜짝 놀랐다. 그것은 전혀 생각지 못했던 일이며 또 나한테 사전에 말씀 한마디 없으셨기 때문이다. 솔직히 말해서 나는 그때까지만 해도 언젠가는 모교 강단에 설 날이 왔으면 하는 바람은 갖고 있었지만 일단 다른 대학으로 갔다가 나중에 기회가 주어지면 그렇게 되기를 바라고 있었다. 그런데 그런 우회과정을 거치지 않고 곧 바로 모교 강단에 설 수 있게 되었다니, 생각만 해도 꿈과 같았다.

그러나 그 쪽지의 내용을 보고 다른 한편에서는 긴가민가 하는 의심이 들었던 것은 사실이다. "마련될 듯하다"고 하셨으니까. 그러나 얼마 뒤에 대학으로부터 강의를 맡게 되었다는 사실을 알리면서 요일과 시간을 언제로 할 것인가를 알려달라는 내용의 서신을 받았다. 결국 그 의심은 기우에 지나지 않았던 셈이다. 나중에 안 일이지만 선생님은 대학 형편상 불가피하게 그때 잠시 교무과장직을 맡고 계셨기에 교수회의의 결정 사항을 당사자인 나에게 알리기는 해야겠는데 워낙 자신의 공을 내세우는 것을 싫어하는 데다가 신중에 신중을 거듭하는 분이라서 그러셨던 것이다.

나는 이렇게 해서 1955년 9월부터 모교인 서울대학교 상과대학의 강단에 서게 되었고 1992년 2월에 정년퇴임할 때까지 교수로 재직할 수 있었다. 그리고 1961년까지 선생을 대학에서 거의 매일 만나 뵐 수 있었다. 나는 1955년 7월 초에 있은 쪽지의 일을 계기로 해서 교양 있는 지성인, 존경받는 교수가 어떻게 해야 하는지의 중요한 것을 알게 되었고, 그러기에 모교 강단에 서면서 자기 공을 내세우는 일을 하지 않도록 노력해야겠다는 각오를 단단히 한 것은 말할 것도 없고 신중에 신중을 기해야 하겠다는 각오도 단단히 했던 것이다.

이것은 내가 모교 강단에 선 뒤에 안 일이지만 선생께서는 선택 과목으로 사회사상사도 담당하고 계셨는데 출판사의 간청에 못 이겨 사회사상사 책을 쓰다 마음에 안 든다고 이미 써놓은 원고지 1천여 매를 아무 미련 없이 몽땅 불사르신 일이 있었다. 이런 일은 항상 글이나 책은 가치 있는 것이어야 한다고 강조하시던, 그리고 연구를 게을리한다고 조수 시절에 주임교수를 공개 석상에서 면박 준 기개를 가지신 선생이기에 가능했던 일임에 틀림없다고 할 수 있다. 사실 그것은 여간 어려운 일이 아닌 것이다. 이런 점에서도 선생은 나에게 귀중한 가르침을 주셨다고 생각한다.

《우리교육》(1994. 12)

거리에 선 제자를 보며

나는 1960년의 4·19 때까지만 해도 대학교수는 연구 활동에만 전념해야 한다는 생각으로 가득 차 있었다. 그러나 4·19는 나로 하여금 이런 생각을 바꾸어 연구 활동과 현실고발 활동을 양립 내지 병행시킬 수밖에 없다는 생각을 갖게 만들었다. 따라서 내가 나의 덧문을 연 것은 어떤 사람이나 어떤 책에 의해서가 아니다. 어디까지나 1960년의 4·19에 기인한다.

1960년 4월 19일은 타 대학에 강의 나가는 날이었다. 바로 전날 집권당의 사주에 의해 깡패들이 가두시위한 고대 학생들에 대한 폭력사태가 일어났던 터라 그동안 계속되던 반정부 가두시위는 자연히 격렬해질 수밖에 없다는 예상이 지배적이었다. 과연 강의차 그 대학으로 오전 9시경에 나갔더니 그 대학의 모든 학생들이 수업을 전면 거부하고 가두시위를 위해서 교정에 모여 있었다. 얼마 안 있어서 그들은 교문을 박차고 거리로 나갔다.

강의가 없으니 나는 나의 대학이나 집으로 되돌아갈 수밖에 없었는데 '어차피 귀 대학의 학생들도 가두시위에 참가했을 것이니 그러지 말고 함께 중앙청이나 광화문 쪽으로 가자'는 그 대학의 몇 교수들과 어울려서 가두시위에 나선 학생들의 뒤를 따라 창경원을 거쳐 중앙청 앞까지 걸어갔다. 남대문에서 중앙청 앞까지는 이미 학생들로 꽉 메워 있었고 경무대(景武臺, 지금의 청와대)를 향해 돌진을 하고 있었다. 그동안 집권당의 독재·부정부패 등에 대한 분노, 1960년의 3·15 부정선거에 대한 격노 등으로 흥분할 대로 흥분한 학생들(일부 고등학생 포함)은 물불을 가리지 않고 경무대로, 경무대로 몰려가고 있었다. 물론 경찰들은 필사적으로 그들을 막고 있었다.

사태의 진전 상황을 알아볼 겸 해서 우리 일행은 옆길로 경무대에 더 가까이 있는, 내가 강의 나가던 또 다른 대학으로 갔다. 그런데 12시가 좀 지나서 경무대 쪽에서 갑자기 총소리가 들려왔다. 설마 학생들을 향해서 쏜 총소리는 아닐 거라고들 생각하고 있었는데, 옥상에서 구경하던 사람들이 일제히 '저 피! 저 피! 학생들이 다쳤어요!'라고 외치지 않는가. 그래서 옥상으로 올라가 내려다보니 아니나 다를까, 흰 가운을 입어 의대생으로 보이는 학생들과 피가 낭자한 학생들을 나르는 차들이 지나가고 있었다.

그 광경을 보는 순간 마음이 숙연해지는 한편, 이럴 수가 하는 격한 감정으로 가득 찼다. 이런 심정은 며칠이고 지속되었다. 나로서는 참으로 괴로웠다. 그날 이곳에서 있은 총격으로 많은 사상자가 발생했는데 그 중에는 내가 아끼는 학생도 끼여 있었으니 더할 나위가 없었을 것이 아닌가.

나는 부정불의의 고발을 위해서 희생되는 학생들을 보면서 과연 '연구 활동에만 전념해야 한다' '상아탑에 묻혀 사는 생활을 해야 한다'면서 이것을 외면할 수 있단 말인가, 자기만을 위해서 나 몰라라 할 수는 없지 않은가, 그러면 어떻게 해야 하는가, 이럴 때 교수들도 거리로 나서야 하지 않는가 등으로 참으로 많은 고민을 했다. 그러던 차에 비판적인 글을 써오던 몇 원로교수들을 중심으로 해서 4월 25일 오후 2시에 서울의대 캠퍼스에 있는 '함춘원'(含春苑, 지금은 없어졌다)에서 교수들의 규탄대회를 갖기로 했다는 전갈을 받고 참가했다. 그때 모인 사람 수는 약 150~200명이라고 생각된다. 대회는 비통한 가운데 열렸고 예정대로 미리 준비한 시국선언문도 채택되었다. 그러자 곧 '학생들이 희생되었는데 이대로는 헤어질 수 없지 않은가' '우리 교수들도 가두시위를 해야 한다'는 긴급동의가 있었고 이것도 채택되었다. 그리하여 교수들은 늦은 오후에 가두시위로 들어갔다. 그때 내건 슬로건은 다름 아닌 '학생들의 피에 보답하라'였다.

나는 아무런 망설임 없이 이 가두시위에 참가했다. 이렇게 해서 며칠 동안의 내 마음의 갈등은 끝이 났다.

그런데 그 이후에 전개된 우리나라의 시대적 상황은 나로 하여금 더욱더 연구 활동과 현실고발 활동을 병행할 수밖에 없게 만들었다. 사실 1961년의 5·16군사쿠데타, 1969년의 3선 개헌, 1973년의 유신체제 출범, 1980년 5월의 광주사태와 제2의 군사쿠데타 등이 이어진 데다가, 1962년부터 실시되기 시작한 경제개발 5개년계획은 개발전략의 잘못으로 해외의존, 농업의 침체, 소득분배의 약화, 경제력 집중, 정부 개입의 심화 등을 초래했으며 현재까지 경제민주화는 지지부진한 상태를 면치 못하고 있다.

이런 상황 속에서 교수라고 해서 상아탑에 묻혀 연구 활동에만 전념한답시고 현실고발 활동을 게을리할 수는 없는 것이 아닌가. 나는 아직도 사회적 불의를 보고서도 그 시정을 강력하게 요구하지 않은 채 연구 활동에만 전념할 수는 없다고 생각한다.

나의 현실고발 활동은 여러 가지 형태로 나타났지만 역시 주된 것은 정부정책에 대한 비판의 보고를 하거나 글을 쓰는 것이라고 할 수 있다. 내가 이런 활동을 왕성하게 하기 시작한 것은 1966년부터인 것으로 생각되는데 사실은 중요한 그 계기가 있었다. 1962년부터 시작된 제1차 경제개발 5개년계획이 끝나는 해는 1966년이었다. 따라서 이 계획의 성과를 평가하기 위해서 그해 9월경에 28명의 교수와 한국은행·산업은행의 조사부장으로 구성되는 이른바 경제개발계획 평가교수단이 발족을 했다. 누구의 추천에 의해서인지는 몰라도 나도 그 일원이 되었다. 자연히 계획사업이 진행되었거나 진행되고 있는 현장을 일행들과 함께 시찰하는 한편 한은·산은 등을 통해서 필요한 통계자료를 수집하기도 하면서 내가 맡은 '물가와 국민생활'을 중심으로 계획의 성과를 평가했다. 그러는 가운데 이미 농업과 공업 간의 불균형, 부익부 빈익빈 현상, 즉 소득분배의 악화 등이 나타나고 있음을 알게 되었다. 그리하여 나는 경제개발계획의 감시자로서의 역할을 제대로 할 것을 굳게 다짐하였던 것이다.

《샘터》(1994. 3)

나의 인생 나의 길 1
: 머리는 차갑게, 마음은 뜨겁게

나는 황해도 황주에서 전통적인 유교가문의 장손이자 7남매 중 셋째로 태어났다. 결혼하신 지 10년이 넘어서야 아들을 얻었으니 부모님의 기쁨은 말할 나위가 없으셨고 특히 어머님의 경우에는 더하셨던 것 같다.

나는 그런 부모님 밑에서 지극한 사랑과 치우침 없는 엄한 가정교육을 받으면서 자랐다. 그리고 그런 부모님의 덕으로 마음의 여유를 갖고 아무런 불편 없이 초등학교를 다닐 수 있었고 졸업과 함께 서울로 와서 중학교와 대학을 다닐 수 있었다.

나는 어린 시절을 별다른 어려움 없이 지낼 수 있도록 보살펴주신 부모님께 머리 숙여 감사드리고 있으며, 특히 그 시절을 시골에서 보낼 수 있었던 데 대해 매우 다행스럽게 생각한다. 나는 지금도 초등학교 때까지의 시골생활을 회상하면서 세파에 찌든 마음의 결을 가다듬고, 농촌의 목가적 풍경을 강한 향수 속에 떠올리며 생활의 윤택함을 잃지 않으려 노력한다.

나는 적어도 국민학교까지는 시골에서 자란 사람들이 많았으면 세상은 지금과는 조금 다른 모습이리라는 생각을 종종 해본다.

그런데 대학 재학중이던 1946년 8월의 어느 날이 내가 부모님을 만나 뵌 마지막 날이 될 줄이야 누가 알았겠는가. 여느 때와 같이 부모님 곁에서 방학을 보낼 생각으로 위험을 무릅쓰고 38선을 넘어 고향에서 지내던 중, 나의 국민학교 은사로부터 "신변에 위협이 있으니 오늘밤 안으로 서울로 서둘러 떠나라"는 급한 전갈을 받고 허둥대며 부모님 곁을 떠난 것이 바로 그날이었다.

하직인사를 드리자 부모님은 한 치의 흐트러짐 없는 자세에 가라앉은 음성으로 잘 가라고 하시면서 "언제나 건강에 유의해야 한다. 늘 이른 대로 의젓하고 또 떳떳해야 한다"는 당부의 말씀을 잊지 않으셨다. 지금도 그 말씀은 내 귓전에 생생하다. 황망 중에 부모님 곁을 떠날 수밖에 없었던 그때 일을 생각하면 가슴이 미어지지만, 그때의 그 말씀은 내가 지금까지 살아오는 동안 가장 귀중한 행동지침이 되어 왔고 앞으로도 분명히 그럴 것이다.

위험과 우여곡절을 겪으면서 다시 서울로 온 이후 내 대학생활의 대부분은 밤에는 학원에서 영어·수학을 가르치고 낮에는 주로 도서관을 찾는 생활의 연속이었다고 할 수 있다.

나는 애초부터 졸업 뒤에도 계속 학문의 길을 걷기로 작정하고 있었다. 그래서이기도 하겠지만 그 당시에는 정신적 여유를 갖고 전공 분야의 전문서적을 읽는 것은 물론 외국어 공부와 필독의 교양서를 광범하게 섭렵하는 것을 당연시하는 분위기이기도 했기 때문에 나는 비교적 독서와 외국어 공부에 열을 올린 편이었다.

대학 때 나를 가장 매료시킨 경제학자는 앨프리드 마셜(1842~1924)이었다고 할 수 있다. 그것은 내가 수학에 소질이 있어서 그의 이론에 접근하는 데 유리한 점이 있었던 데 기인하기도 했지만 역시 그 당시에는 영국 케임브리지 대학의 경제학부가 경제학의 메카로 여겨져 경제학도에게 동경의 대상이 되고 있었는데, 그것을 창시한 사람이 바로 그라는 데 주로 연유했다고 할 수 있다.

그는 케임브리지학파 또는 신고전학파의 창시자이기도 하고 그의 주저인 《경제학원리》(1890)는 그 뒤(아니 오늘날까지도) 경제학의 흐름에 큰 영향을 끼쳤다. 어떻든 나는 그의 주저를 밤잠을 설쳐가며 탐독했다.

그리고 그가 1885년에 모교인 케임브리지 대학의 경제학 교수로 취임하면서 한 개강사의 끝 구절, 특히 "냉철한 머리와 따뜻한 가슴"이라는 말은 나를 열광시키기에 충분했다. 나는 그 말을 내 인생의 또 다른 소중한 행동지침으로 삼는 데 주저하지 않았다. 그뿐 아니라 나는 그 말을 경제학을 시작하는 학생들에게 특별히 강조한다. 모름지기 경제학을 배우고 연구하는 학도라면 "냉철한 머리와 따뜻한 가슴" 어느 것 하나 빼놓을 수 없는 덕목이라고 생각하기 때문이다.

사실은 내가 독서에 열을 올리도록 만든 또 다른 이유가 있었다. 지금은 고인이 되셨지만 나를 지극히 아끼고 사랑해주시던 은사가 한분 계셨는데, 내가 졸업과 함께 시골의 한 대학의 강단에 설 수 있도록 주선해 주셨던 분이다. 그러나 강의 계획은 한국전쟁이 터져 일단 좌절되었다.

《한겨레가족》(1991. 9. 6)

나의 인생 나의 길 2
: 4·19 때 교수단 시위 대열에 나서

나는 서울이 수복된 9월 28일까지 여러 가지 우여곡절을 겪으면서도 용하게 서울에서 지낼 수 있었다. 9·28 이후에는 북진한 유엔군이 철수하기 시작한다는 보도를 듣고 일단 언제라도 희망에 따라 제대할 수 있다는 조건에 유혹되어 유엔군 연락장교(실은 통역장교)로 종군하기로 했다.

종군 뒤에도 대부분의 생활을 학교에서 지냈다. 경제학 교관 자격으로 육사에 간 것은 육사가 태릉으로 복귀한 뒤인 54년 4월께였다.

그때는 아직 본격적으로 개강하기 전이라 일시적으로 영어를 가르쳤다. 그 다음해에야 경제학을 강의할 수 있었는데 뜻밖에도 2학기부터 모교의 강단에 설 수 있게 되었다는 전갈을 지금은 고인이 되신 은사로부터 받았다. 그때의 기쁨이란 이루 말할 수 없는 것이었다.

그러나 다른 한편으로는 과연 후배들을 제대로 가르칠 수 있을까, 앨프리드 마셜의 교훈의 참뜻을 전달할 수 있을까 하는 생각으로 오히려 걱정스럽고 불안하기까지 했다. 그러나 최선을 다한 덕분으로 9월의 첫 강의를 무난히 넘길 수 있었다.

그런데 뜻하지 않은 행운이 겹칠 줄이야. 원하면 언제라도 제대할 수 있다기에 택했는데 나중에는 도리어 제대하기 가장 힘든 병과의 하나로 되어버린 통역장교로 있는 신세를 내심으로 한탄하면서 지내던 나에게 역시 뜻밖에도 바로 10월에 제대의 기회가 찾아왔던 것이다. 종군 중의 대학생에게 취해진 55년 10월의 학원 복귀조처의 혜택을 대학원생에게도 부여했는데 그 수혜자가 되었던 것이다.

이렇게 해서 좌절되는 듯했던 대학교수 꿈은 실현되었으며 오늘의 내가 있게 된 셈이다.

그 뒤로 강의 준비와 강의에 온힘을 다했다. 당시에는 변변한 교재도 없던 때여서 직접 교재를 출판하기도 했다.

그러다가 60년이 되었다. 그해에 3·15 부정선거를 계기로 4·19가 일어났고 그 와중에 희생되는 학생들이 생겼다. 전 국민의 열렬한 민주주의 열망은 연구실에 있어야 할 교수들을 아스팔트로 나서지 않을 수 없게 하였다. 4월 25일에 교수단 데모가 있었고 나도 그 대열의 한 성원이었다.

그해 9월 나는 교무과장직을 맡게 되었고 63년 3월에는 연구차 1년 예정으로 미국으로 떠나게 되었다. 미국에서의 1년은 정말로 유익한 기간이었다. 새로운 문물을 직접 접할 수 있었고, 복잡했던 머리를 식힐 수 있었으며, 이제까지의 연구와 강의 내용이나 방향이 선진국 교수들의 그것과 어떤 차이가 있는지를 확인할 수 있었다. 또한 세계적인 석학이 매일 어떤 생활을 하고 있는지를 확인할 수 있었고, 교과서보다도 학술논문으로 교수를 평가하는 것을 알 수 있었다.

그러나 무엇보다도 가장 기억에 남는 것은 수학과의 추상수학 과목을 청강했던 일이었다. 중간시험과 기말시험을 합쳐 한 학기에 일곱 번의 시험을 치르는데다 정리와 그 계(系)를 철저히 이해하여 완전히 몸에 배도록 하는 데 주력하는 강의 방식은 많은 것을 생각하게 해주었다. 주로 응용에 치중한 수학교육을 받아온 나로서는 처음에 얼떨떨했지만 얼마 가지 않아 서로의 나침반과 같은 역할을 하는 것이 수학에서는 정리와 그 계이므로 그렇겠구나 하고 수긍하게 되었다. 학생 시절에는 앞으로의 생활에서 나침반과 같은 역할을 하는 기초적이고 기본적인 것을 배우는 데 주력하도록 가르치는 것이 필요함을 절실하게 느꼈던 때가 이 때였다.

귀국 뒤에는 미국에서의 경험을 토대로 논문을 쓰는 데에, 그리고 대학원생들을 가르치는 데에 주력하는 생활을 지속했다.

70년 9월에는 내가 학생 시절에 그렇게 그리던 영국의 케임브리지 대학에서 약 10일간을 지낼 수 있는 기회가 찾아왔다. 5년마다 열리는 세계계량경제학회의 제2회 세계회의가 그곳에서 열렸던 것이다. 머무는 동안 발표회·대토론회·만찬모임 등 참석할 만한 곳은 빠지지 않고 참석했고, 틈틈이 마셜도서관을 찾거나 마셜이 거닐던 거리를 돌아보는 등 하루하루가 즐겁고 뜻깊은 나날들이었다. 65년 9월 로마에서의 제1회 세계회의 때와 마찬가지로 세계의 석학을 비롯하여 저명한 교수들을 직접 만나 토론할 수 있었던 것이 가장 큰 보람이었음은 말할 것도 없다.

행운은 늘 겹치는 것인가. 귀국하자 학장직이 기다리고 있었다. 그 해 11월에 임명되어 75년 2월까지 학장을 지냈다.

《한겨레가족》(1991. 9. 27)

나의 인생 나의 길 3
: 유신시대 학장 봉직 늘 사표 지녀

내가 학장으로 있을 때 우리와 우리나라에는 한마디로 말해서 '고난'의 시기였다고 할 수 있다. 전태일 사건을 비롯하여 위수령 발동, 유신 시대의 시작, 연속되는 긴급조치 발동, 학생 무더기 제적, 월남 패망 등 현대사의 획을 그을 만한 사건들이 줄을 이었다. 그리고 나 개인으로서는 외자도입, 특히 외국인 직접투자에 반대하는 글 등으로 3~4시간 동안 학장실에서 중앙정보부(안기부의 전신) 요원들의 심문을 받는 등 여러 차례 곤경을 치른 시기였고, 다른 한편 모교인 상대는 서울대 종합화계획의 실시로 해체의 운명을 겪은 시기였다. 항상 사표를 지니고 다녔고 또 실제로 여덟 번이나 사표를 냈으니, 지금 생각해도 그때는 참으로 견디기 어려운 날들이었다.

모교의 해체로 나는 1975년 3월 학장직에서 해방되었다. 사회대 경제학과에 평교수로 돌아온 뒤에는 그동안 미루었던 여러 가지 일과 글 쓰는 일에 몰두할 수 있었다. 60년의 4·25 교수 데모의 참가에서부터 싹트기 시작한 비판의식이 가장 강하게 나타난 글이 이 시기의 글이 아닌가 생각된다. 79년의 10·26 후에는 크리스찬아카데미 사건의 증인으로 법정에 서기도 했다. 1980년에 두 번째 서울의 봄이 찾아왔을 때는 3월에 서울대교수협의회 회장으로 선출되었고, 각종 서명운동에 대표자의 한 사람으로서 앞장서는 등 적극적으로 민주화운동에 참여했다.

나의 이런 적극적인 현실 참여와 비판적인 글 등은 5·17 이후에 모교에서 쫓겨나는 계기가 되었다. 7월 16일 저녁에 나는 이른바 계엄사령부 합수부요원에 의해 남산으로 연행되어 심문을 받은 뒤 강요에 의해 교수 사직서를 제출하고 19일 오전에 풀려났으며 31일자로 해직당했다.

이렇게 해서 나의 교수 생활은 뜻하지 않은 좌초를 맞게 되었다. 해직 뒤 1년여 동안 나는 활자화되는 글을 쓰는 일도, 공개강연도 금지당하는 생활을 강요당해야 했다. 그러나 나는 주위의 많은 사람들의 후의 어린 보살핌을 받는 가운데 요즈음 '거시기산우회' 회원들과 일요일마다 등산을 하면서, 또 후학과 제자들의 도움으로 개설한 학현연구실을 운영하면서 그런대로 뜻있게 나날을 보낼 수 있었다. 어려움에 부닥칠 때마다 되새겨 보곤 하는 부모님이 주신 교훈은 무엇보다도 큰 힘이 되어 주었다.

한편으로 나는 동료 해직교수들과 함께 줄기차게 복직운동을 전개했다. 그것이 결실을 맺어 4년 1개월 만에 모교 강단에 다시 설 수 있었다. 복직 뒤 첫 강의를 한 날인 9월 8일은 지금도 기억에 생생하다. 4년여 동안의 해직생활을 통해서 나는 '사람이란 묘해서 실직당하면 처음에는 곧 죽을 것 같아도 살길은 얼마든지 있다'는 교훈을 새로이 또 얻었다.

복직 후에도 나는 정부의 잘못을 규탄하는 성명 등에 서명하는 일을 계속하면서 행동의 일관성을 유지하고자 했다. 그러고 보니 언제 또 다시 해직당할지 모르는 생활을 계속한 셈이다. 사실 각종 서명운동이 있을 때마다 나는 주동자나 주동자 가운데 한 사람으로 정부 고위층에 보고되곤 했다고 한다. 87년 6·29 후에 교수협의회의 재건운동이 시작되었고 나는 해직으로 물러났던 회장직을 다시 맡게 되었다.

일종의 복권이 실현된 셈이다. 한편 나는 86년 12월에 창립된 한국계량경제학회의 회장직을, 또 87년 4월에는 역시 창립된 한국사회경제학회의 회장직을 맡았고, 89년 2월부터 90년 2월까지는 한국경제학회의 회장직을 맡기도 했다. 그리고《한겨레신문》의 창간에도 적극적으로 참여했다.

그러는 사이 어느덧 복직하고 나서 벌써 열네 번째의 학기가 지나갔다. 이제 내년 2월이면 나는 정년퇴임의 날을 맞이하게 된다. 38년 동안의 정든 모교의 강단생활을 청산해야 할 날이 앞으로 한 학기 남은 셈이다.

나는 남은 6개월간을 모교의 교수 생활을 정리하는 기간으로 삼고 나날을 뜻있게 보낼 작정이다. 이미 4년 1개월의 정년퇴임 예행연습 기간을 겪었으니 일은 훨씬 수월할 것이고, 또 학현연구실이 나를 기다리고 있으니 담담한 마음으로 그날을 맞이할 수 있을 것이다. 살아온 삶에 굳건히 의거하여 앞으로 여생을 설계하는 일은 그때 해도 늦지는 않으리라.

《한겨레가족》(1991. 10. 11)

나의 길 나의 삶

나는 황해도 황주에서 태어났다. 장남이요 장손으로. 그러기에 부모님의 총애를 받으면서 어린 시절을 보냈다. 부친은 내가 국민학교 3학년 외조모님의 고희연 자리에서 사촌 처남들의 강제에 의해서야 상투를 잘릴 만큼 유교전통에 심취되어 있고 또 한학에 능한 분이셨다.

모친도 역시 엄격한 유교 전통의 가문에서 태어나셨는데 우리 집으로 오셔서 위로 딸 둘을 낳고 10년이 넘어서야 나를 낳으셨다. 그러니 나에 대한 모친의 사랑은 형언할 수 없을 정도로 지극하실 수밖에 없었다. 그리고 모친은 항상 부친께 감사해하셨다. 10여 년을 한눈 한번 팔지 않고 아들이 태어나기를 기다려주셨기 때문이다.

이런 부모님으로부터 태어난 것을 나는 항상 행복하게 생각하며 자랑스럽게 여긴다. 그런데 내가 부모님을 마지막 뵌 것이 서울에서 대학에 다니고 있을 때인 1946년 여름방학 때였고 아직도 생사를 모르고 있으니 자식으로서 통곡할 일이 아닐 수 없다.

부모님 생사 아직도 몰라

6·25 때 혹시나 뵐 수 있지 않을까 했으나 역시 허사였다. 자연히 부모님의 가르침을 받은 것도 그때가 마지막일 수밖에. 내가 신변의 위협으로 야밤에 서둘러 서울로 떠나기 위해서 작별인사를 드렸을 때 하신 말씀이 바로 그것이다.

나는 허둥대고 있는데 부모님께서는 하나의 흐트러짐도 없이 나직한 목소리로 잘 가라고 하시면서 "늘 건강해야 한다. 그리고 어떤 경우에나 의젓하고 떳떳해야 한다"고 엄하게 당부하셨다. 나는 지금도 이 당부의 말씀을 항상 마음속 깊이 간직해 오고 있다.

나는 당시 경제학의 메카로 여겨지던 영국의 케임브리지 대학 경제학부와 그 경제학부의 창시자인 앨프리드 마셜(A. Marshall)을 그리면서 대학생활을 보냈다. 마셜이 경제학 교수로 취임하면서 했던 취임사의 마지막 구절, 즉 '냉철한 머리와 따뜻한 가슴'이 얼마나 나를 매료시켰는지 모른다. 그리고 나는 장차 대학, 그것도 모교의 강단에 설 꿈을 키우면서 대학생활을 했다.

그러나 그 꿈은 6·25로 무산되어 버렸다. 그 꿈이 실현된 것은 약 5년 뒤인 1955년 9월의 일이었다. 그때부터 모교 강단에서 강의를 시작하게 되었던 것이다. 그해 7월 말경에 뜻하지 않게도 평소 나를 아끼시던 은사님으로부터 "2학기에 시간이 마련될 듯하니 준비에 만전을 기해주기 바라네. 강의 과목은 경제수학(고등수학)이네"라는 메모를 받았을 때, 그 기쁨은 이루 말할 수 없었다. 그 강의를 맡게 된 것이 계기가 되어 결국 오늘에까지 모교에 재직해 오고 있는 셈이다.

그런데 사실은 이렇게 곧바로 모교의 강단에 서게 되어 기쁘기 한량이 없었지만, 다른 한편으로는 걱정이 태산 같았다. 혹시라도 준비가 소홀하여 만족할 만한 강의가 이루어지지 않으면 어떻게 하나, 학생들이 진정하게 '냉철한 머리와 따뜻한 가슴'을 갖도록 내가 잘 할 수 있을까 하는 걱정들이었다. 나로서는 최선을 다해 강의준비를 할 수밖에 없었고 정말 열심히 하였다.

4 · 19 때 교수단 데모 참가

4·19가 일어난 지 6일째 되는 날인 1960년 4월 25일. 나는 4·19 때 흘린 '학생들의 피에 보답하라'는 플래카드를 들고 교수단 데모에 참가했다. 항상 떳떳해야 한다는 부모님의 말씀을 되새기면서.

5·16 후인 1963년 8월부터 1년여 동안 나는 선진 학문을 배우기 위해 미국의 저명한 대학교에서 연구 생활을 했다. 1957년 이미 교수 교환계획으로 미국의 대학교에서 연구 생활을 할 기회가 있었지만 피치 못할 사정으로 행동에 옮기지 못했던 것을 6년이 지나서야 실현하게 된 것이다.

그 대학교에는 세계적인 석학으로 알려진 노교수가 있었다. 나는 그의 대학원 강의를 열심히 수강했으며 다른 한편 수학과에서 대학원 강의를 수강하였다. 나에게는 많은 것을 일깨워 주는 좋은 기회였다. 그 노교수는 세계적인 석학이고 매우 노령임에도 불구하고 하루의 연구시간이 10시간을 넘는 데에, 그리고 경제학에 인접한 학문들에 대해서도 해박한 지식을 갖고 있는 데에 놀라지 않을 수 없었다. 뿐만 아니라 심지어는 문화나 예술 분야에 대해서도 조예가 깊어 감탄을 금할 수가 없었다.

더욱이 내가 수강한 수학강의에서는 한 학기에 길고 짧은 시험을 일곱 번씩이나 치르면서 정리(定理)의 증명을 중심으로 내용을 완전히 소화하도록 하는 교수방법이 나를 사로잡았다. 역시 정리는 나침반과 같은 것이기에 완전히 몸에 배도록 할 필요가 있겠구나 하는 생각이 강하게 들었고, 그것은 나의 강의방식에 정말 도움이 되는 것이었다.

나는 뜻밖에도 1970년 9월 영국 케임브리지 대학의 기숙사에서 1주일을 보낼 수 있었다. 때마침 5년에 한 번씩 열리게 되어 있는 세계계량경제학회의 제2차 세계회의가 그 대학에서 열렸기 때문이다. 학생 시절 그렇게도 그리던 대학과 마셜의 체취를 그대로 느낄 수 있는 곳에서 비록 짧은 시일이기는 하지만 지낼 수 있었으니 참으로 감개무량 했다. 매일 틈나는 대로 경제학부와 마셜 기념도서관, 마셜의 옛집, 마셜이 거닐던 길 등 그의 족적을 더듬으면서 '냉철한 머리와 따뜻한 가슴'을 되새겨 보는 시간을 가졌다.

그 후에도 나의 교수 생활은 순항을 거듭했다. 그러나 그것이 한꺼번에 좌초할 줄은 꿈에도 생각지 못했었다. 나는 이른바 '제2의 서울의 봄'을 맞이했을 때인 1980년 3월에 교수협의회장으로 선출되었다. 그러다 보니 민주화운동과 관련되지 않을 수 없었으며 결국 재경 471인 교수선언, 각계를 망라한 지식인 134인 시국선언, 서울대 교수선언 등의 준비에 있어 주동적인 역할을 한 사람으로 지목받게 되었다.

그리하여 나는 5·17 후인 7월 말일자로 해직당하게 되었다. 형식상으로는 의원면직으로 되어 있지만 실질적으로는 강제해직이었다. 즉 나는 7월 16일 저녁에 합동수사본부의 요원에 의해 남산의 모처로 연행되어 7월 18일까지 심문조사를 받고 7월 19일 풀려났는데 조사를 끝내면서 사표 제출을 강요받아 어쩔 수 없이 그렇게 했던 것이다.

4년 만의 복직 되레 담담

7월 19일 나는 집으로 돌려보내지고 사표는 별도로 총장 앞으로 보내져서 처리되었다. 왜 해직되어야 했는지에 대한 당사자의 해명기회는 주어지지도 않은 채 나의 교수 생활은 총칼에 의해 일단 막이 내려진 셈이었다. 이 점을 강하게 의식한 글이 바로 1983년 12월 16일자 《동아일보》에 실린 〈가슴을 활짝 연 대화로〉라고 보면 된다.

물론 연행기간 동안 가능한 한 자세를 흐트러뜨리지 않기 위해서 나는 계속 마음속으로 부모님의 가르침을 되새긴 것은 말할 나위도 없다. '의젓하고 떳떳해야지' 하고.

하루아침에 실직자가 되었으니 처음에는 불안하기도 하고 당황스럽기도 하고 걱정스럽기도 했다. 그러나 그때마다 부모님의 말씀을 되새겼다. 게다가 다행히도 나보다 먼저 훨씬 더한 곤욕을 치르고 몇 년째 실직자 생활을 하는 여러 사람들의 고마운 조언을 들을 수 있었다.

아마 이런 것이 없었더라면 버텨 나가기가 어렵지 않았을까 생각된다. 그리고 많은 졸업생들의 유언무언의, 또 정신적·물질적인 성원도 실직기간을 버텨 나가는 데 지대한 힘이 된 것이 사실이다. 현재까지 운영되고 있는 '학현(學峴)연구실'은 그런 성원의 소산물의 하나이다.

오래갈 줄 알았던 나의 해직생활은 4년 1개월 만에 끝을 맺었다. 1984년 9월 교수로 다시 발령을 받았으니까. 그동안 해직교수들이 '해직교수협의회'를 결성하여 힘을 모아 노력해서 얻어진 결과라고 나는 생각한다.

그러나 어찌된 셈인지 기쁨보다는 걱정이 앞섰다. 그리고 담담할 뿐이었다. 그때 상황이 정치민주화·학원민주화가 제대로 이루어지지 않았기 때문이었다. 사실 복직 후의 처신을 생각하니 그럴 수밖에. 즉 복직되었다고 해서 이제까지와 다른 처신을 할 수는 없는 일이 아니겠는가.

나는 해직생활을 통해서 귀중한 교훈 하나를 더 얻을 수 있었다. '사람이란 묘해서 실직을 당하면 처음에는 곧 죽을 것 같아도 살길은 얼마든지 있다'는 것이 그것이다.

사실 나는 복직 뒤에도 여러 번의 교수 서명에 동참했다. 그리고 그 주모자 내지 그 중의 한 사람으로 정부기관에 보고되었다고 한다. 복직될 때 또 언제 해직될는지 모른다는 생각으로 있었는데 그렇게 될 소지를 마련해 주고 있었다고나 할까. 그러나 그런 생각을 해오는 가운데 오늘에 이르렀다.

그리고 그동안 해직으로 잃었거나 기회를 놓쳤던 직책이나 상(賞) 등을 여러분의 도움으로 되찾을 수 있었다. 묘하면 묘하다고 할 수 있을 것 같다. 그러고 보니 나는 또 하나 새로이 '사필귀정'이라는 귀한 교훈을 얻은 셈이다.

이제 나도 정년이 얼마 안 남았다. 남은 시간에 담담한 심정으로 학교생활과 관련된 일을 하나하나 정리해 나가려고 한다. 그리고 퇴직을 환하게 웃는 낯으로 맞을 것이다. 퇴직을 위한 예행연습은 이미 해직생활을 통해서 필(畢)했으니까. 또 학현연구실이 기다리고 있으니까. 물론 퇴직 후에도 부모님의 말씀, 마셜의 말, 해직과 해직 후의 체험에서 얻어진 교훈 등을 명심하면서 살아가는 일도 지속될 것이다.

그리고 짧게는 부모님의 생사를 확인할 수 있고 길게는 내가 태어난 곳과 부모님이 밟으신 땅을 한번 밟아보았으면 하는 바람을 갖고 살아가리라.

《나의 길 나의 삶》(1991. 11)

나의 학문에의 길
: 한국경제학의 모색을 위한 지적 편력

한마디로 말해서 나의 경우에는 전공을 택하는 데 꼭 그것을 하고 싶다는 강렬한 생각이 작용한 것은 결코 아니다. 따라서 나의 지적 편력은 경제학을 전공으로 택하게 된 동기가 무엇이냐에 관한 이야기에서부터 시작될 수 없다. 나의 이야기는 경제학을 어떤 식으로 공부했는가에 관한 이야기부터 시작하면 족할 것 같다.

나는 경제학을 서울대학교 상과대학에서 6·25 전까지 수학했다. 나의 경제학 수학시대는 경제학계의 공백기, 독일의 역사학파 경제학과 전체주의 경제학의 색채가 농후했던 시기, 마르크스 경제학이 풍미하기도 했던 시기, 프리노트 식에 주로 일본서적과 간혹 영·독·불 서적을 참고문헌으로 삼아 매우 부실한 강의가 행해지던 시기, 일반수학(이것은 고등수학이 아니다)에 약하거나 그것에 대한 기피증에 걸린 사람들이 경제학을 하는 것으로 여겨지던 시기, 케인스(J. M. Kaynes)의 《화폐론》(1930)은 알려져 있었지만 그의 《일반이론》(1936)은 거의 알려지지 않았던 시기 등으로 특징지을 수 있을 것 같다.

따라서 나는 고전학파 경제학, 오스트리아의 한계효용학파(限界效用

學派) 경제학, 신고전학파(新古典學派, 케임브리지학파) 경제학을 주로 배우고 공부한 데다가 독일의 역사학파 경제학과 전체주의 경제학, 마르크스 경제학까지도 배우고 공부했지만 케인스의《일반이론》과 케인지언의 경제학은 배우지도 공부하지도 못했다. 그러니 새뮤얼슨(P. A. Samuelson)의 경제학 교과서인《경제학》(1948)을 내가 들었을 리가 만무하다. 그리고 나는 아르바이트를 한 탓도 있겠지만, 자연히 강의에는 별로 출석하지 않고, 틈이 나는 대로 학교 도서관이나 국립 및 시립 도서관에 가서 필요한 일본서적 또는 영·독·불 서적을 읽곤 했다. 물론 영·독·불 서적의 경우에는 대개 일본어 번역서를 통해서 읽었다. 그러면서 내가 중학교 시절에 수학에 소질이 있다는 말을 들었던 탓인지는 몰라도 흥미를 느껴서 그 당시 이단시 되던 수리경제학(로잔학파의 경제학) 등도 혼자서 공부했다.

그러나 현재까지도 나는 내가 공부한 것이나 환경에 대해서 후회해 본 일도 또 자랑해 본 일도 전혀 없다. 그 당시는 어느 대학의 경우에나 어느 학과의 경우에나 거의 사정이 비슷했고 그 당시에 배우고 공부했던 것이 그 후의 경제학 특히 오늘날의 경제학을 폭넓게 이해하는 데 매우 좋은 밑거름이 되었으며, 오늘날의 수리경제학적·계량경제학적인 경향에 회의적인 태도를 취할 수 있게 되었으니 후회할 일이 있을 리 만무하지 않겠는가.

그리고 또 오늘날의 수리경제학, 계량경제학의 수준과 성향 등에 비추어 보면 그 당시의 것은 별것 아니었고 내가 특별히 전공하려고 한 것도 아니고 단지 흥미를 느낀 데서 공부한 데 지나지 않았으니 무슨 자랑할 일이 있을 수 있겠는가.

이제 나의 경제학 수학시대에 내가 흥미를 느꼈던 과목과 그것과 관련해서 읽었던 주요 문헌을 기억하는 대로 간단히 적어 보면 다음과 같다.

우선 경제사를 들 수 있다. 경제사에 관한 개설서는 꽤 읽느라고 한 것 같이 생각된다. 특히 흥미를 느꼈던 서적은 애슐리(W. J. Ashely)의 《영국경제사 및 학설》(1888~1893), 토인비(A. Toynbee)의 《18세기 영국 산업혁명론》(1884) 그리고 아시아적 생산양식에 관한 서적, 비트포겔(K. A. Wittfogel)의 물〔水〕의 이론에 관한 서적 등이다.

둘째로 화폐론을 들 수 있다. 특히 화폐론에 대해서는 흥미를 느껴서 개설서는 말할 것도 없고 이것저것 닥치는 대로 읽은 것 같이 생각된다. 케인스의 《화폐론》을 부분적으로나마 읽은 것도, 또 좀 이색적인 것이기는 하지만 일본인 소우다(左右田喜一郎)의 《화폐》를 읽은 것도 이 때문이다. 이 후자는 독일철학을 원용해서 쓴 것으로 기억된다. 그리고 지금으로 보면 매우 유치한 것이지만 〈화폐주의와 은행주의〉라는 글을 써서 그 당시의 교지인 《문화탐구》에 실은 것도 이러한 까닭이다.

셋째로 경제정책·경제철학·농업정책을 들 수 있다. 경제정책에서는 과학으로서의 경제학에서 가치판단의 가능론을 주장하는 슈몰러(G. Schmoller)와 그것의 불가능론 내지 배격론을 내세우는 베버(M. Weber) 간의 가치판단론 등이 특히 흥미가 있었고, 경제정책에 관한 개설서로서는 그 논쟁을 잘 다루고 있는 일본사람 아카마쓰(赤松要)의 《경제정책》이 아직도 기억에 남는다. 이와 같이 이 논쟁에 흥미를 느끼다 보니, 그것을 주로 다루는 경제철학 또는 경제방법론에도 흥미를 느끼게 되었다. 이에 관한 문헌으로서는 일본사람 스기무라(杉村広蔵)의 논문이 기억에 남는다. 베버의 글을 잘 이해 못하면서도 부분적으로나마 읽은 것도, 또 교양과목으로서 철학입문·철학사를 배웠지만 좀더 전문적인 철학서적을 읽은 것도 이 때문이다.

그리고 우리나라는 농업국인 데다가, 내가 자라난 곳이 농촌이라서 자연히 농업문제에 관심을 갖지 않을 수 없었던 탓이겠지만, 농업정책에도 흥미를 느꼈다. 소농(小農) 논쟁에 관심을 가졌던 것도, 또 튀넨(J. H. von Thünen)의 《고립국》(1826), 리야시첸코의 《농업경제학》 등을 일본 역서로나마 읽은 것도 물론 다 이 때문이다.

넷째로 경제학사를 들 수 있다. 이에 관한 개설서를 꽤 읽은 편이지만, 주로 리스트(F. List)의 《경제학설사》, 일본사람 마이데(舞出長五郎)의 《경제학사》를 즐겨 읽었다. 그리고 이에 더해서 케네의 《경제표》(1758), 스미스(A. Smith)의 《국부론》(1776), 리카도(D. Ricardo)의 《경제학과 과세의 원리》(1821), 리스트의 《정치경제학 국민체계》(1841), 멩거(C. Menger)의 《국민경제학원리》(1871), 마셜(A. Marshall)의 《경제학원리》(1890), 베블런(T. B. Veblen)의 《유한계급론》(1899) 등을 원서로 혹은 일본 역서로 전부 읽기도 하고 부분적으로 읽기도 했다.

다섯째로 경기변동론(경기순환론이라고도 한다)을 들 수 있다. 이것에도 특히 흥미를 가지고 이에 관한 개설서를 비롯한 여러 가지를 이것저것 읽은 것으로 기억된다. 바르가(E. S. Varga)의 《세계경제공황사》(1937), 하이에크(F. A. von Hayek)의 《가격과 생산》(1931), 슘페터(J. A. Schumpeter)의 《경제발전표》(1926)와 《경기변동론》(1939) 등을 일본 역서나 원서로 부분적으로나마 읽은 것은 이 때문이다. 그리고 이 경기변동론에서 나의 관심을 끈 것 가운데 하나는 경기예측에서의 하버드 지수법(指數法)이었다.

여섯째로 수리경제학·고등수학·통계학을 들 수 있다. 그 당시는 이미 앞에서 말한 바와 같이 일반수학에 약하거나 수학 기피증에 걸린 사람들이 경제학을 하는 것으로 여겨지던 시기였으니, 경제학을 하는 사람이 고등수학을 하는 것을 이상하게 보는 것은 당연한 일이었으며,

그러기에 일반수학이나 고등수학을 전제로 하는 수리경제학이라든지 통계학에 대해서 무용론을 내세우거나 혹은 그것을 이단시 하는 경향이 농후했던 것은 말할 나위도 없다.

그러나 나는 일반수학은 말할 것도 없고, 고등수학에 대해서 매우 많은 관심을 갖고 있었다. 그리하여 미적분(微積分)에 관한 서적을 비교적 많이 읽었으며, 이에 더해서 일본사람 히비노(日比野勇夫)의 《경제에의 수학해석》(1943)이라는 경제수학 서적을 읽기도 했다.

그러다 보니 수리경제학에 관한 서적도 읽게 되어 일본사람 나카야마(中山伊知郎)의 《수리경제학연구》 등의 개설서를 읽었고 또 슘페터의 《이론경제학의 본질과 주내용》(1908)을 일본 역서로나마 일부 읽었으며, 이미 앞에서 든 마셜의 주저에 대해서 특별히 관심을 갖게 되었던 것이다. 그러나 힉스(J. R. Hicks)의 《가치와 자본》(1939)은 전혀 읽지 못했다.

그리고 통계학에 관한 서적도 또 읽게 되어 일본사람 모리타(森田優三) 《통계학 범론》(1941)과 《물가지수의 이론과 실제》(1935) 등을 읽었고 피셔(I. Fisher)의 《지수작성법》(1923), 바울리(A. L. Bowley)의 《통계요론》(1901) 등을 일본어 역서로나마 읽었다.

그러나 어떤 것은 어려워서 이해할 수가 없어서, 또 어떤 것은 싫증이 나서 도중에 읽는 것을 중단한 경우가 대부분이다. 더욱이 고전이라고 불리는 독·불(獨佛) 서적은 직접 원어로 읽은 것은 매우 적으며, 일본 역서를 통해서 읽었다. 이것이 나의 솔직한 고백이다.

그러나 능력부족 탓으로 이와 같이 부실한 독서를 했으며 또한 오늘날의 관점에서 보면 낡은 것을 읽었는지 모르지만, 그 당시 나로서는 고전은 말할 것도 없고 읽을 만하다는 것은 비교적 여유를 갖고서 폭넓게 읽으려고 노력했다고 생각된다. 물론 이것은 다음의 두 가지

점에 기인했다고 생각된다. 하나는 나의 경제학 수학시대는 앞에서 이미 든 여러 가지 특징을 갖는 시기였을 뿐 아니라, 학생 시절에 고전을 되도록 많이 읽어야 한다는 것이 하나의 풍조로 되어 있던 시기이기도 했고, 또 대학 졸업생이 그리 많지 않은 편이라서 취업기회가 많으므로 별로 취직을 의식하고 공부할 필요가 없던 시기이기도 했다는 점을 들 수 있다. 다른 하나는 그 당시의 아르바이트로서 내가 오늘날의 고등학교에 해당하는 교육기관에서 가르치고 있었던 탓인지는 몰라도, 장차 대학교수가 될 것을 생각하고 있었던 점을 들 수 있을 것 같다.

그러면 나의 경제학 수학시대에 나의 관심을 가장 많이 끌었고 현재까지도 나에게 커다란 영향을 주고 있는 경제학자는 누구이며, 경제서적은 무엇이라고 할 수 있을까. 여러 사람과 여러 책을 들 수 있다. 그러나 한 사람과 한 권만을 택하라면 역시 마셜과 그의 주저인 《경제학원리》를 들지 않을 수 없다. '냉철한 머리와 따뜻한 가슴'이라는 그의 케임브리지 대학교의 경제학 교수 취임강연의 맨 끝 구절 중의 말, 그리고 경제학을 배우려거든 런던의 이스트엔드(빈민가)에 가보라고 한 그의 말과 '자연은 비약하지 않는다'는 그의 모토, 그리고 굉장한 수학자였으면서도 경제학에서 수학 이용의 한계를 강조한 그의 슬기로운 태도 등은 그 당시의 나의 마음을 완전히 사로잡았으며, 현재까지도 그러하다. 어떻게 보면 이와 같은 매력이 나의 관심을 그의 주저로 쏠리게 만들었는지도 모른다. 어떻든 그의 주저가 나에게 많은 영향을 주었으며, 또 주고 있는 것만은 숨길 수 없는 사실이다. 고전학파의 이론과 한계효용학파의 이론을 절충한 이론을 제시하고 있는 그의 주저는 그 후 근대경제학과 현대의 주류경제학에 큰 영향을 끼쳐 오고 있다.

나는 6·25에서 9·28 서울 수복까지를 서울에서 칩거생활로 보냈다. 그리고 북상했던 유엔군이 후퇴하기 시작하는 것을 보고 있다가, 본인의 희망에 따라 언제라도 제대할 수 있다는 특전이 주어진 그 당시의 유엔군 연락장교(뒤에 통역장교로 바뀌었다)로 들어가서 다행히도 12월부터 육군본부에 근무하게 되었다. 그 후 얼마 안 되어 육군본부를 따라 대구로 철수했다가 1951년 3월 1일부터 육군병기학교로 옮겼다. 몇 차례 제대를 시도해 보았으나, 희망대로 이뤄지지 않았다. 그동안 영어 공부를 하면서 고등수학과 경제학 등을 닥치는 대로 읽었다.

그런 생활을 하다가 1954년 4월경에 육군사관학교의 교관으로 전출되어 영어와 경제원론을 가르쳤다. 경제원론을 가르친 것은 1955년 5월 무렵이 아닌가 생각된다. 1기생이 졸업하기 얼마 전부터 사회과학 강의가 시작되는 바람에 경제학을 가르쳤던 것이다. 그 사이에 나는 1954년 6월 무렵부터 당시의 군인전시연합대학에서 화폐론과 은행론을 담당하여 가르치기도 했다. 그러다가 1955년 10월에 드디어 제대하게 되었다. 그 당시 나는 서울대학교 대학원에 적을 두었는데 그 혜택을 입은 셈이다. 그런데 나는 이미 9월부터 서울대학교 상과대학에 출강하기 시작하고 있었다. 그리고 1956년 6월부터는 전임이 되었다. 경제수학과 통계학을 담당해 오면서 1958년께부터는 계량경제학과 산업연관론 강의를 더 담당했다. 한편 1957년에는《경제수학》을, 1958년에는《통계학》을 발간했다. 교과서 없이 강의하는 것은 여러 가지로 불편했기 때문에 그 불편을 덜기 위해서였다.

1960년 4·19 후에 나는 상과대학의 교무과장직을 맡게 되었다. 그 직책은 1963년 4월까지 계속되었다. 그때 이미 8월에 미국으로 가도록 예정되어 있었는데, 그 사이에 5·16을 겪었다. 그리고 1962년에는 상대 부속 한국경제연구소를 예산기관으로서 발족시켰으며,《경제논집》

을 계간으로, 영문논집인 《한국경제평론》을 연간으로 발간하였으며, 나의 세 번째 책인 《현대경제학》(1962)을 세상에 내놓았다.

그리고 한편 다른 대학원 강의에서는 경제학 고전을 다루었다. 스미스의 《국부론》, 리카도의 《경제학과 과세의 원리》, 마셜의 《경제학원리》, 케인스의 《일반이론》 등을 세미나 형식으로 강의했다. 나는 이것을 통해서 많은 것을 배웠다.

그러나 나에게는 1963년 3월에 뜻밖의 행운이 찾아왔다. 나는 3월 한 달을 정부와 외국 재단의 돈으로 에카페(ECAFE) 지역의 주요국인 인도·파키스탄·태국·대만·일본 등의 경제계획기구를 시찰하는 기회를 얻었다. 그때 나는 경제계획을 위한 계량모형, 그것도 한국에 알맞는 무엇인가를 찾아내기 위해서 그들 나라의 많은 경제계획가들과 만났다. 이것이 내 여행의 주임무였기 때문이다. 일본에서는 도쿄 대학 경제학부와 히토쓰바시 대학과 동 경제연구소를 방문하기도 했다. 그러면서 나의 전공과 관련해서 시야를 넓힐 수 있었다.

여행에서 돌아온 후 몇 개월간의 준비기간을 가진 다음, 나는 8월 말에 미국 테네시 주의 수도인 내슈빌에 있는 밴더빌트 대학교 대학원에서 수학하기 위해서 한국을 떠났다. 그 대학교의 세계적 석학인 수리경제학자 조제스큐 로젠(N. Georgescu-Roegen) 교수가 나에게 포드 재단의 펠로십을 주선해 준 것이 계기가 되어 그 대학으로 가게 되었다. 경제학과와 수학과 강의실을 왔다 갔다 하면서 나 나름대로는 열심히 수강하기도 했고 청강하기도 했다. 도서관도 열심히 이용했다. 읽고 싶은 책이나 논문도 마음껏 읽어보려고 애썼다. 일 년 남짓한 내슈빌의 생활은 나에게 매우 소중한 것이었다. 실로 많은 것을 배우고 또 얻을 수 있었다.

거기서 나는 세계의 석학이 겸허하고 진지한 자세로 연구와 강의에

임하고 또 학생을 만나면서 하루의 거의 대부분을 연구와 저술에 소비하는 것을 직접 목격할 수 있었으며, 석학을 대접할 줄 아는 대학의 분위기를 보았으며, 진짜 학문이 무엇인지를 알 수 있었다. 그리고 교수의 연구업적은 교과서에 의해서가 아니고 학술논문의 질과 수에 의해서 행해진다는 것을 보았으며, 높이 평가받는 논문을 내고 있는 교수들이 많으면 대학의 명성이 높다는 것, 다시 말하면 원칙적으로 대학이 교수의 덕을 보지 교수가 대학의 덕을 보지 않다는 것을 보았다. 또한 명문 대학일수록 대학원에 역점을 두고 있다는 것을 알 수 있었으며, 교수의 강의는 학생들이 공부하지 않고서는 못 배기도록 만드는 그런 것이며, 기초를 튼튼히 하고 응용력을 함양하는 데에 역점을 두고 있다는 것도 알 수 있었다.

게다가 나는 그동안에 세계계량경제학회와 미국경제학회의 회원으로 가입할 수 있었으며, 미국의 경제학회를 참관함으로써 어떤 식으로 발표와 질의응답이 이루어지는가를 목격할 수 있었으며, 또 그때까지 거의 혼자의 힘으로 책이나 논문을 통해서 진행시키던 연구와 강의의 내용과 방향이 큰 흐름에서 그다지 벗어나지 않거나 크게 뒤지지 않았다는 점도 확인할 수 있었다. 그리고 경제학의 한 분야로서가 아니고 방법론으로서 다루어지고 있는 미국의 계량경제학 강의에 대해서 회의를 느끼게 된 것도 하나의 수확이라면 수확이라고 할 수 있었다.

나는 귀국 후 이런 수확을 밑거름으로 삼아 교과서는 안 쓰고 좋은 학술논문을 쓰는 데 주력하기로 했으며, 대학원 강의에 더욱더 중점을 두기로 했으며, 시험시간은 실력을 점검하기에 충분할 만큼 주기로 했으며, 또 경제연구소로 하여금 대학원 강의 교재용으로 쓸 수 있게 하도록 외국논문집 총서를 발간하기로 했다.

그런데 1965년 9월에 다시 나에게 행운이 닥쳐왔다. 나는 로마에서 열리는 세계계량경제학회의 제1회 세계회의에 외국 재단의 돈을 얻어 참석할 수 있었다. 그 회의에는 그야말로 동서 양 진영에서 많은 회원들이 참석했다. 참석인원은 회장인 일본사람 모리시마(森嶋通夫), 후일의 노벨 경제학상 수상자들인 프리슈(R. Frisch), 레온티예프(W. W. Leontief), 코프만스(J. C. Koopmans), 클라인(L. R. Klein) 등을 비롯해서 5백여 명이나 되었다. 연일 진지하고 열띤 발표회가 열렸고 각 발표회에서 좋은 논문들이 많이 발표된 것은 두말할 필요가 없다. 나는 이 회의에 참석함으로써 나의 연구시야를 한 차원 넓힐 수 있었고, 앞으로 5년간의 계량경제학, 나아가서 경제학의 연구방향 및 관심사 등을 알 수 있었다. 그리고 모리시마와 또 다른 일본인 참석자인 오오카와(大川一司) 등을 첫 대면할 수 있었다(그들과는 그 후 계속 관계를 맺어오고 있다). 숙소가 로마 시내에 있던 탓으로 틈틈이 혼자서 명소를 구경하며 견문을 넓혔지만 회의참석을 계기로 해서 옥스퍼드 대학교, 베를린의 자유베를린 대학교 등을 방문하기도 했다. 또한 교수들을 만난 것은 물론이다. 서점에 들러서 책을 사기도 했다. 그 책들 가운데서 옥스퍼드 대학교 출판부에서 산 힉스의 《경기순환론》(혹은 《경기변동론》, 1951)의 일부는, 뒤에 강의를 맡게 된 경기변동론의 교재로 내가 특별히 편찬한 리딩즈(*Readings*)의 중요한 부분을 이루고 있기도 하다.

이 세계회의는 각 지역회의를 여는 기폭제가 되기도 했다. 1966년 7월에 이제까지 개최되지 않던 아시아 지역의 계량경제학회 회의가 처음으로 일본 도쿄에서 개최되었던 것이다. 이 회의는 전적으로 모리시마의 노력의 결과로 개최되었다고 해도 과언이 아니다. 나는 이 회의에도 참석할 수 있었다. 그리하여 모리시마, 니카이도(二階堂副包)를 비롯한 많은 일본인 교수, 호주·뉴질랜드에서 온 교수들을 만날 수 있었다.

1967년부터는 경기변동론 강의를 맡기 시작했다. 그리고 그해 8월에 한국경제연구소장이 되었다. 1968년 2월에는 서울대학교에서 〈한국의 경제성장, 고용 및 임금〉을 주논문으로, 〈한국의 산업구조〉, 〈폰니이만 모형에 관하여〉를 부논문으로 해서 경제학 박사 학위를 받았다. 그리고 경제발전론의 강의도 맡기 시작했다. 교재로서는 마이어(G. Meier)가 엮은 《리딩 이슈즈》(*Leading issues*, 1964), 엥케(S. Enke)의 《발전 경제학》(1963) 등을 사용했다. 이렇게 경기변동론과 경제발전론의 강의를 맡게 되자, 자연히 종전에 내가 맡아오던 경제수학과 통계학의 강의는 다른 신진교수에게 돌아갔다. 또 그해 11월에서 12월까지 2개월 동안 태국의 방콕에 있는 유엔 경제개발연수원에서 계량경제모형과 산업연관분석에 관한 강의를 하기도 했다. 강의시간은 한 번에 3시간인데 그것을 10회 했다. 이 강의에서 나는 외국에서의 좋은 강의 경험을 얻었다. 수강자는 ECAFE 지역의 회원국에서 온 간부 전문가들이었다. 일본·인도·인도네시아·태국·한국 등에서 온 사람들이었다. 연구소 소장(所長)으로 봉직한 탓으로 나는 1969년 2월에는 도쿄에서 열린 아시아 지역의 연구소 및 훈련원장 회의에 참석할 수 있었다. 그리하여 많은 소장 내지 원장들을 만났으며, 특히 일본에 근대경제학을 뿌리내리는 데 지대한 공헌을 한 나카야마와 도바타(東畑精一) 등을 만날 수 있었던 것은 나에게는 큰 기쁨이 아닐 수 없었다. 학생 시절에 이들이 쓰거나 번역한 책들을 읽은 일이 있기 때문이었다. 그들은 나를 매우 반겨주었다.

1970년은 나에게는 잊을 수 없는 해였다. 나는 그해 7월에는 캐나다의 몬토벨로(몬트리올 근처에 있다)에서 개최된 세계연구소 및 훈련원장 회의에 참석했다. 처음으로 열리는 5일간의 회의였다. 학술회의는 아니었지만 연구소 운영에 많은 도움이 되는 이야기들을 들을 수 있었으며, 또 많은 사람들을 만날 수 있었고, 특히 내가 가 있던 미국의 밴더빌트 대학교에서 온 아는 교수들도 만났다.

그해 9월에는 영국의 케임브리지 대학교에서 개최된 세계계량경제학회의 제2회 세계회의에 참석했다. 5년마다 개최하게 되어 있는데 약 13일 동안 개최되었다. 이 회의에도 역시 동서 양 진영에서 많은 회원들이 참석했다. 참석자 수는 새뮤얼슨, 로빈슨(J. Robinson), 칼도어(N. Kaldor), 프리드먼(M. Friedman), 토빈(J. Tobin), 클라인, 존슨(H. G. Johnson), 솔로(R. M. Solow), 스톤(R. Stone), 헝가리의 코르나이(J. Kornai) 등 그야말로 세계의 석학들을 비롯해서 약 6백 명이었다. 회의 장소는 케임브리지 대학교의 응용경제학부 건물이었다. 나는 많은 참석자들과 함께 학생기숙사에서 지내면서 열심히 관심 있는 발표회에 참석했으며, 새뮤얼슨의 강연회, 칼도어, 토빈과 프리드먼, 존슨 간의 토론회에도 참석했으며, 또 틈을 내어 케인스가 다니던 킹스 칼리지, 하버드 대학교의 창립자인 하버드가 다니던 칼리지, 학생회관 등을 둘러보기도 했으며, 대학도서관, 마셜을 기념하는 마셜도서관에도 자주 들렀다. 새뮤얼슨의 강연, 케인지언 대 통화주의자 간의 토론회는 특히 인상적이었으며 그 토론회에 뛰어들어 날카롭게 지적하는 로빈슨의 모습도 인상적이었다.

그러나 나에게 가장 큰 기쁨은 자주 마셜도서관을 찾아 마셜에 관한 갖가지 사진, 그의 원고, 그의 책과 갖가지 자료 등을 보고 열람할 수 있는 데 있었다. 학생 시절에 나의 관심을 가장 많이 끌었고 나에게 가장 많은 영향을 준 그 A. 마셜을 직접 대면하고 가르침을 받는 기분을 만끽할 수 있었기 때문이다. 제1회 회의 때 만났던 사람들과 재회의 기쁨을 나눈 것은 말할 것도 없다. 또 앞으로 5년간의 계량경제학, 나아가서 경제학의 연구방향과 관심사 등을 알 수 있는 것도 말할 필요가 없다. 어떻든 마셜이 숨쉬던 그리고 그가 창설한 케임브리지 대학교의 경제학부에서 약 10일간을 생활할 수 있었던 것은 일생 잊을 수 없는 감격적인 일이었다.

그런데 나는 이 두 회의 사이의 약 1개월 반을 대부분 미국에서 소비했다. 미국에 머무는 동안에는 하버드, 예일, 프린스턴, 컬럼비아, 펜실베이니아 등의 대학도서관을 찾아 《전미경제학회지》(*AER*), 《이코노믹 저널》(*E·J*), 《이코노메트리카》(*Econometrica*) 등 세계적으로 유명한 학술지를 창간호부터 뒤적거리면서 필요한 논문을 읽고 복사하는 일을 했다. 그것은 나에게 매우 귀중한 기회였다. 나머지는 미국을 떠나서 스웨덴의 웁살라 대학교, 스톡홀름 대학교, 노벨상 수상식이 거행되는 스웨덴 한림원 등을, 그리고 노르웨이의 오슬로 대학교, 노벨기념회관, 국립통계국 등을 방문하면서 소비했다. 말하자면 나의 견문을 넓히는 생활을 한 셈이다.

나는 귀국해서 약 1개월 후인 그해 11월에는 뜻하지 않게 상과대학장이 되었다. 그러나 대학원과 학부의 강의는 종전대로 계속했으며 또 논문도 계속 썼다. 그리고 1971년 2월에는 한국경제연구소장직을 사임했으며 그해 3월부터는 계량경제학과 산업연관론의 강의를 신진교수에게 맡기고, 한국경제론의 강의를 담당하기 시작했다. 그리하여 나의 강의과목은 방법론적인 과목에서 완전히 벗어나게 되었다. 또 그해에는 경제발전론의 대학원 교재용으로 《리딩스》를 편찬하기도 했다. 한편 대학원을 강화시켰으며 1973년부터는 각 연구소 주관으로 매월 1회 교수들의 연구발표회를 갖도록 했다. 물론 나도 직접 발표하기도 했다.

그러나 1975년 2월에 서울대학교 기구 개편으로 상과대학이 해산하게 되어 경제학과와 무역학과는 사회과학대학으로, 경영학과는 경영

대학으로 소속되자 나는 상과대학장직을 사임하고 경제학과로 돌아갔다. 그리하여 그동안 보직관계로 밀렸던 연구와 집필에 전력투구할 수 있게 되었다.

나는 그해 8월에는 캐나다의 토론토에서 개최된 세계계량경제학회의 제3회 세계회의에 참석했다. 역시 동서 양 진영에서 6백여 명의 회원들이 참석했다. 그러나 1965년의 로마회의, 1970년의 케임브리지 회의에서 보았던 늙은 석학들의 모습은 거의 찾아볼 수 없었다. 그 대신 그 다음 급의 사람들과 신진들이 대거 참석한 회의였다. 다만 특기할 것은 케임브리지 회의 때에도 미국에서 교수 생활을 하는 한국사람들의 발표가 더러 있었으나, 이번 회의에서는 상당한 수의 한국사람들이 발표를 했다는 사실이다. 물론 그 가운데에는 나의 제자들도 있었다. 특히 조겐슨(D. W. Jorgenson), 너로브(M. Nerlove) 등의 강연이 인상적이었다. 이 회의에서도 앞으로 계량경제학, 나아가서 경제학의 연구방향, 관심사 등이 무엇인지를 알고 돌아왔으며 또 구면들을 만나고 돌아왔다.

1976년에는 《경기순환론연구》를 발간했으며, 스미스의 《국부론》 발간 2백 주년을 기념하는 서울대학교 경제연구소 주최의 발표회에서 〈아담 스미스와 현대경제학〉이라는 논문을 발표했다. 이것은 나에게는 《국부론》을 골똘히 음미·검토할 수 있는 좋은 기회가 되었다. 1977년에는 교재용으로 《한국경제론》을 발간했다. 분야별로 강의를 담당했던 사람들이 쓴 것과 내가 쓴 총괄부분을 합쳐서 엮은 것이다. 그러나 특히 1970년대에 들어와서 두드러진 새뮤얼슨에 의해 대표되는 주류경제학(신고전학파를 종합한 새로운 경제학이라고도 한다)에 대한 비판에 대해서 나는 많은 관심을 가져왔던 것이 사실이다. 따라서 이 주류경제학을 비판하는 논문이나 서적을 읽어 왔으며 또 마셜의 주저, 왈라스(M. E. L. Walras)의 《순수경제학요론》(1874~1877) 등을 다시 읽었다. 1979년에 발표된 논문인 〈현대경제학의 비판〉과 1981년에 발간된 《반주류의 경제학》은 그 결과물이라고 보아도 무방할 것이다. 그러다 보니 나는 자연히 경제학사와 경제사상사에 대해서도 관심을 쏟지 않을 수 없게 되었다.

1980년에는 그동안 여러 곳에 발표했던 글들 가운데 일부를 모아 《한국경제의 진단과 반성》을 발간했다. 그러나 나는 이 1980년에 나에게 그토록 커다란 영향을 주어 온 마셜의 경제학에 관한 연구를 10년 전의 감격을 되새기면서 본격적으로 행할 것임을 다짐했다. 그리고 실제로 연구를 진행하고 있었다. 그러니까 한편에서는 마셜이 지대한 영향을 끼친 주류경제학에 비판적인 입장을 취하면서 다른 한편에서는 바로 마셜의 경제학에 대한 연구를 하니, 나는 이른바 심리학의 '반대감정 병존'의 입장에 선 생활을 한 셈이다. 이런 생활은 1980년 8월 뜻하지 않게 서울대 교수직에서 해직된 뒤에도 계속되었다.

그러나 그 생활은 해직되어 연구실 없는 생활을 1년 반 넘게 한 끝에 1982년 5월에 학현연구실(學峴硏究室)을 개설하면서부터 일단 중단되었다. 이러저러한 이유로 잡문을 쓰는 기회가 많아진 데다가 주류경제학에 대한 비판적 입장의 글에 대한 요청이 많아진 탓으로 그 쪽으로 저울추가 기울었기 때문이다. 이때 나의 관심은 주로 종속이론, 국가독점자본주의론 등의 정치경제학 계통의 이론에 쏠리고 있었다고 해도 과언이 아니다. 그러는 가운데에서도 그동안 썼던 글을 모아 1983년에 《분배의 경제학》을 발간했다.

1984년 9월에 서울대 교수로 복직된 뒤에도 마찬가지였다. 강의 과목은 해직 전의 과목 그대로였지만, 강의 내용이 결국 정치경제학을 강조하는 쪽으로 바뀌었다. 특히 대학원의 강의 내용이 그러했다.

1987년 2월에 발간된 내 회갑기념 논문집의 하나인 《한국경제론》은 나의 이런 입장을 부각시켜 이에 동조하는 후학들의 글이 실린 것이라고 할 수 있다. 나는 그러면서 한편 그동안 썼던 학술적인 글을 경제이론에 관한 것과 한국경제에 관한 것으로 나누어서 1985년 말에는 《한국경제학연구》를, 1986년 초에는 《한국경제연구》를 발간했다.

그러나 1987년 9월에 들어서서부터 나는 다시 '반대감정 병존'의 입장에 서는 생활을 시작했다. 우선은 해직되면서 2~3년 내에 《마셜경제학연구》를 발간하기 위해서 마셜의 경제학에 관한 연구에 주력하는 생활을 하겠다고 공언한 데에도 불구하고 발간하지 못하고 있는 터에, 외국에서 오랜만에 돌아온 졸업생들이 던지는 '《마셜경제학연구》는 어떻게 되었는가'라는 질문에 접할 때마다 낯 뜨거움을 느껴 도저히 참을 수 없게 되었다. 게다가, 사실은 마셜의 경제학에 관한 연구를 시작할 때 시일이 얼마가 걸리든 꼭 결실을 맺을 것을 내심 굳게 다짐했었기 때문이다. 또한 1890년이 마셜의 주저인 《경제학원리》가 발간된 해이므로 1990년은 바로 1백 주년이 되어 그 점을 강하게 의식하지 않을 수 없었기 때문이다. 그리하여 1988년에 들어서면서 나는 차츰 마셜의 경제학에 관한 연구에 박차를 가하기 시작했다.

이상에서 알 수 있듯이, 서울대학교 상과대학에서 강의를 시작한 후의 약 30여 년으로 한정시켜 볼 때에도 나는 방법론적인 과목에서 차츰 경기변동론·경제발전론·한국경제론으로 강의 과목을 옮겨갔고 또 경제학사, 경제사상사 심지어는 정치경제학 쪽으로까지 관심을 확대시키고 있었다.

그러나 한 가지 분명한 것은, 나는 한국경제론과 한국경제에 밀착된 경제학의 정립에 중점을 두고 방법론적인 과목과 경기변동론·경제변동론·경제학사·정치경제학 등은 그것을 뒷받침해 주는 불가결의 것으로 보는 입장을 취하고 있다는 사실이다.

나는 어디까지나 방법론적인 과목을 통해서는 한국경제의 분석에 필요한 틀(용구 또는 무기)을, 경기변동론과 경제발전론을 통해서는 한국의 경제개발에 필요한 이론적 뒷받침을, 경제학사와 경제사상사·정치경제학을 통해서는 한국경제에 밀착된 경제학(이것을 한국경제학이라고 한다면 한국경제학)의 정립을 위한 시도에 필요한 이론적 뒷받침을 각각 공급받으려고 생각하고 있다. 마셜의 경제학에 관한 연구도 좁은 의미에서 이러한 생각의 한 표현이라고 볼 수 있다. 이것이 한국경제학의 모색을 하고 있는 내가 오늘에 이르기까지 걸어 온 나의 지적 편력의 간단한 이력서이다.

《철학과 현실》(1988. 2)

잊을 수 없는 이야기
: 학자의 스승에게서 본 학문의 길

나는 1960년대 초에 연구차 미국을 다녀왔다. 나는 마침 한국에 왔던 조제스큐 로젠(N. Georgescu-Roegen, 1906~) 교수를 만날 기회가 있어 그의 주선으로 벤더빌트 대학교로 가서 1년을 지냈다. 그에 대해서는 이미 책을 통해서 알고 있었고 또 그가 수리경제학의 세계적인 석학이라는 사실도 이미 알고 있었지만, 막상 그의 지도를 받다 보니 그가 얼마나 대단한 교수인가 하는 것을 진정으로 실감할 수 있었다. 교수가 대학의 덕을 보는 것이 아니라 대학이 교수의 덕을 본다는 말이 있는데, 그가 바로 그런 형의 교수였다.

그는 해박한 지식과 자신의 독자적인 학문체계를 갖고 1주일에 75분씩 두 번 강의를 했는데 이 시간에는 누구나 긴장하지 않을 수 없었고 매료되지 않을 수 없었으며, 또 그 진지함에 머리를 숙이지 않을 수 없었다. 그리고 강의 방식도 독특했다. 그는 사석에서, "나는 소르본의 학풍, 런던 정경대의 학풍, 하버드의 학풍 세 가지를 나름대로 소화해서 연구와 강의를 한다"는 말을 이따금 하곤 했다. 그는 루마니아 태생으로 부쿠레슈티 대학교에서 수학 학사학위를 받은 뒤 프랑스의 소르본 대학교에서 수리통계학 박사학위를 받았고, 그 후 1년간 영국의 런던 정경대에서 연구를 계속했다. 그리고 귀국 후 모교의 교수로 있다가 하버드 대학교에서 슘페터(J. Schumpeter)의 지도 아래 경제학도제 시대를 끝내고 귀국해서 교수 생활을 계속, 제2차 대전 후인 1948년에 루마니아를 탈출해서 하버드 대학교를 거쳐 밴더빌트 대학교의 교수로 부임했던 것이다. 슘페터는 그가 귀국하려고 할 때 하버드에 남으라고 강권할 정도로 그의 능력을 높이 평가했다고 한다.

지금도 그의 강의 모습이 선하다. 그러나 다른 한편 그의 연구생활에 탄복을 금할 수 없었다는 말을 해야겠다. 그는 60세에 가까운 나이임에도 불구하고 하루 13시간의 연구생활을 지속하고 있을 뿐만 아니라, 새로운 아이디어를 얻기 위하여 경제학의 고전은 말할 것도 없고, 자연과학, 문학, 예술 등에 관한 책과 논문을 찾아서 이 도서실 저 도서실로 다니는 것을 다반사로 여기는 생활을 하고 있었다. 이런 것이 선구적인 연구자들의 생활이며, 바로 이런 피나는 각고의 노력을 통해서만 그들이 자신들의 위치를 유지할 수 있다는 것을 내 자신이 생생히 목격할 수 있었던 것은 매우 다행스러운 일이다. 그의 그런 연구생활이 그 후의 나의 학교 생활에 많은 영향을 끼친 것은 말할 나위도 없다.

그리고 나는 그동안 책이나 논문 등을 통해서 연구와 강의 방향을 잡아갈 수밖에 없었는데, 그 방향이 그다지 선진국 학계의 그것에서 벗어나 있지 않음을 미국의 연구생활에서 확인할 수 있었다는 점 또한 큰 수확이었다.

《교수신문》(1992. 12. 1)

나의 정치방학 4년(1)

나는 9월 1일자로 서울대학교 경제학 교수로 복직되었다. 사표가 수리된 것이 1980년 7월 31일자이었으니까 꼭 49개월, 즉 4년 1개월 지나서 제자리로 돌아온 셈이다. 물론 발령일자는 7월 31일이었지만 실제로 내가 해임서를 받은 것은 8월 중순이고 사직원을 제출한 것은 7월 중순이었다.

8월 말까지는 내가 책임자로 되어 있던 행정개혁위원회의 정부기구에 관한 연구프로젝트의 보고서를 마무리 짓느라고 매우 분망했기 때문에 해직되었다는 사실에 대해서 심각하게 생각할 심적·시간적 여유가 거의 없었다. 게다가 완전히 연구실의 짐을 집으로 옮기기 전까지는 계속해서 학교에 나왔으므로 그동안에 있은 총장의 이임식과 취임식에도 참석할 수 있었다. 따라서 어떻게 보면 그 당시에는 마치 현직에 있는 사람인 것 같은 착각에 사로잡혀 있었는지 모른다.

그러나 퇴직금, 공제회비, 전별금 등을 받고 신분증, 의료보험카드 등을 반납하다 보니 차츰 해직자임을 느끼기 시작했다. 그러나 무어니 해도 나로 하여금 해직자라는 사실을 절감할 수 있게 한 사건은 그때까지 고문으로 있던 모 국책은행과 모 보험회사로부터의 사직 통고,

행정개혁위원회 연구보고서의 책임자 명단 교체, 학교 연구실로부터의 철수, 프랑스의 엑상프로방스에서 개최되는 세계계량경제학회의 제4차 세계회의에 참석 불허 등이었다. 다른 것은 그대로 견딜 수 있었으나 세계회의에 참석이 허용되지 않았을 때에는 참으로 견디기 어려웠다. 나는 65년에 이탈리아의 로마에서 개최된 제1차 세계회의에 참석한 것을 비롯해서 70년에 영국의 케임브리지 대학교에서 개최된 제2차 세계회의와 75년에 캐나다의 토론토에서 개최된 제3차 세계회의에도 참석했으며, 그때마다 많은 외국 교수들과 친교를 맺을 수 있었을 뿐 아니라 경제학계의 최근과 장래의 동향을 정확하게 파악할 수 있었는데 그것이 불가능해졌다. 또 머리도 식히고 앞으로 생활계획, 연구계획, 집필계획 등도 세우고 엑상프로방스가 마르세유에 가까이 있기 때문에 회의 중간의 특별관광 프로그램을 이용해서 남구(南歐) 여행을 하는 기회로 삼고자 했던 내 나름의 구상이 좌절되었다.

물론 친척, 친지, 선배, 동료, 제자 등의 방문이 계속되었고 식사 초대도 계속되었다. 그러나 그러는 가운데에서도 앞으로 집 살림을 어떻게 꾸려갈 것인가, 앞으로 어떤 자세로 살아갈 것인가, 앞으로 어떻게 소일할 것인가, 앞으로 무슨 책을 읽으며 무엇을 연구하며 무엇을 쓸 것인가 등에 대해서 내 나름의 결론을 얻기 위해서 고심하지 않을 수 없었다.

앞으로 집 살림을 꾸려나가는 것과 관련해서는 사표를 제출한 직후에 이미 처와 차녀(次女)에게 종전대로 지속하도록 하겠으니 조금도 동요 말라고 당부한 일이 있기는 있었지만 사실은 막연하기 짝이 없었다. 그러나 다행히도 우리 집 살림의 규모는 애당초부터 절제해 온 데다가 차녀도 이미 대학을 나와 대학원 조교로 있던 터라 교육비가 별로 들지 않기 때문에 퇴직금의 일부로 직접 매달의 생활비를 충당하고 퇴직금의 나머지를 가장 이자율이 높은 상호신용금고에 예치함으로써 생기는 매달의 금리로 보충해 가면 의료비가 크게 들지 않는 한 그런대로 살림은 꾸려갈 수 있을 것 같아 어느 정도 마음의 안정을 되찾을 수 있었다.

야나이바라 다다오와 장리욱

원래 우리 집 식구는 처, 장남, 장녀, 차녀 해서 모두 5인이지만 장남은 군 복무 중에 있었고 장녀는 출가했기 때문에 집에는 처와 차녀만 있었던 것이다. 물론 장남은 그 뒤 얼마 안 있어서 제대를 하여 집 식구가 하나 늘었지만, 미국 유학을 위한 수속을 밟으면서 모 재벌 그룹에 엔지니어로 입사해서 집 살림을 일부 도와줄 수 있었기에 나에게는 큰 힘이 되었다. 그러나 오래전부터 몸이 나빴던 처의 건강에 대해서는 계속해서 신경을 쓰지 않을 수 없었던 것이 사실이다. 앞으로 어떤 자세로 살 것인가를 결정하기 위해서 나는 동·서양인을 가리지 않고 여러 유명인들의 행적을 알아보기도 했고 또 동·서양서를 가리지 않고 여러 책들을 읽어보기도 했다. 어떤 것은 대충, 어떤 것은 음미하면서 알아보고 또 읽었다. 그러나 그 가운데에서 나에게 가장 많은 감명을 준 사람은 일본의 야나이바라(矢內原忠雄) 선생이었고 나에게 가장 많은 참고가 된 것은 장리욱이 쓴 《나의 회고록》(샘터사 발간) 가운데 〈일본의 패망〉의 앞부분이었다. 야나이바라 선생은 일본의 도쿄대(東京大) 교수로 있다가 1937년에 해직된 후 성서 연구와 집필로 소일하면서 꼿꼿한 자세로 살아오다가 1945년 일본이 제2차 세계대전에 패망하자 복직해서 도쿄대의 교양학부장과 총장을 지낸 일본의 최고 지성인의 한 사람이다. 해직되어서 복직되기까지 8년간의 그의 생활 자세는 정말 본받을 만한 것이었다.

한편 장 선생의 회고록에 따르면 일제 시대에 평안북도의 선천(宣川)에 있는 미션스쿨인 신성학교(信聖學校)의 교장으로 있다가 1937년에 흥사단 사건으로 검거되어 서울의 모 경찰서 유치장에서 교장직 사직서를 씀으로써 해직되었고 1938년에 석방되었다고 한다. 회고록의 앞부분에는 다음과 같은 내용이 있다.

신성학교 앞 벽에도 '무운장구'(武運長久) '내선일체'(內鮮一體) 등의 구호가 적힌 커다란 현수막이 드리워져 있었다.

내가 1년여 만에 돌아온 것은 바로 이런 상황 속이었다. 그렇기 때문에 나를 죄인처럼 보거나 위험한 인물로 본다고 해서 누구를 나무랄 수는 없었다. 인간사회란 언제나 그랬던 게 아닌가 하는 생각으로 나는 아무런 불평 없이 외로운 나날을 보냈다.

그냥 알고 지내던 사람들은 말할 것도 없고 종교계나 교육계에서 여러 해 동안 더불어 친하게 지내던 사람들 중에서도 남이 보는 자리에서 나를 만나기를 꺼리는 사람이 많았다.

그즈음 평북교노회가 선천(음식점)에서 열리고 있었다. 평북교노회라면 내가 신성에 있었던 10년을 통해서 매년 두 번씩 거의 빠짐없이 찾아다니곤 했던 모임이었다. 모두들 다 잘 아는 목사와 장로들이었지만 대낮에 나를 찾아와 잠시라도 얘기를 나눈 사람은 한 사람뿐이었다.

그러기에 나는 어떠한 어려움이 있더라도 꼿꼿한 자세로 살아가기로 결심을 했으며 또 평소 가깝다거나 혜택이나 도움을 주었다고 생각하는 사람들이 전혀 연락을 주지 않더라도 조금도 섭섭하게 여기지 않기로 작정을 했다. 마음의 평정이 찾아졌음은 말할 나위도 없었다.

발송인 없이 날아온 원고지

　앞으로 어떻게 소일할 것인가를 결정하는 데 있어서는 내가 잘 아는, 사업에 실패하여 화병에 앓아누운 사람이 겪은 일과 발송인의 이름을 밝히지 않고 보내온 원고지 한 권이 절대적인 역할을 했다. 그 사람이 겪은 일을 생각하니 무어니 해도 건강해야 하며 또 건강을 계속해서 유지해야겠다는 굳은 마음이 생겼다. 그것은 나 개인을 위해서도 집식구를 위해서도 또 나를 아끼는 분들이나 사람들을 위해서도 필요하다는 절박한 생각이 들었던 것이다. 의료보험의 혜택을 받을 수 없게 되었으니 더욱이 그러했다. 그런데 때마침 등산을 하자느니 낚시를 하자느니 하는 주위의 좋은 친구들이 생겼다. 그래서 등산도 하고 낚시도 하기로 했으나 우선 등산 쪽을 택했다. 그것은 가장 마음에 드는 산우회(山友會)가 있었기 때문이다. 이름은 '거시기산우회'였다. 회원 가운데에 평소부터 친밀한 박(朴) 교수가 있었고 대장은 이(李) 변호사, 회원들 한 사람 한 사람이 참으로 좋은, 그리고 이 사회에서는 보기 드문 양심파들이었다. 일요일마다 그 산우회원들과 함께 서울 근교의 산을 등산했다. 땀을 흘리면서 산을 오르니 신체적으로 충분한 운동이 되고 마음속에 있는 것을 모두 털어놓으니 스트레스가 해소되고 점심밥에 반주를 곁들이니 만복감과 기분 좋음이 느껴지고 산을 내려와서는 생맥주를 드니 갈증이 해소되고 하여 매 일요일 하루의 생활은 나의 심신을 건강하게 만들어갔다. 한편 친구들과 어울려서 안성(安城)의 고삼 저수지로 낚시를 가기도 했다. 그러나 낚시는 별로 운동이 안 되는 것 같은 생각이 들어서 중단하기로 했다.

　원래가 교수 생활을 해 왔으니 글을 쓰는 일에는 익숙한 편이지만 발송인을 모르는 원고지를 받고 보니 그것이 곧 계속해서 원고를 쓰라는 무언의 충고로 받아들여졌으며 따라서 새삼 열심히 글을 쓰기로 굳게 결심을 했다. 원고료 수입은 집살림에 보탬이 되는 것이기도 하니 더욱이 결심을 굳게 했을는지도 모른다.

앞으로 무슨 책을 읽으며, 무엇을 연구하며, 무엇을 쓸 것인가를 결정하는 데 있어서는 해직되기 전부터 영국의 경제학자인 앨프리드 마셜의 경제학에 관한 《마셜경제학연구》라는 책을 쓰기로 계획하고 있었으므로 그것을 그대로 살리기로 했다. 다시 말하면 마셜의 주저(主著)들을 읽으며 그의 경제학을 연구하며 그 연구결과를 담을 책을 쓰기로 했다.

이렇게 하다 보니 일단은 매일매일의 생활에서 무료함을 느끼지 않게 되었다. 아니, 도리어 생활에서 새로운 의의를 찾게 되었다. 게다가 뜻하지 않은 사람들로부터의 원조, 격려, 기대 등에 희망과 용기를 얻게 된 것도 사실이다. 그 가운데서 지금도 모(某) 상사의 신 회장을 잊을 수 없다. 그 어려울 때에 뜻밖에도 앞으로 복직할 때까지 기본 식대를 매달 보조하는 외에 의료보험의 혜택도 받을 수 있게 하는 특별배려를 해주면서 용기를 북돋워주고 격려를 해주었기 때문이다.

그러는 가운데에서 이제까지 연구실을 따로 갖고 하던 생활과는 달리 집을 연구실로 하는 생활은 점차 정착해 갔다. 그리고 이제는 마음의 여유도 어느 정도 생겨서 등산을 위한 원행(遠行)도 생각할 수 있게 되었다.

빗속에 강행한 지리산 등반

맨 처음에 등산을 위해서 행한 원행은 9월 중순에 있은 박 교수의 지리산(智異山) 노고단(老姑壇)행이었다. 2박 3일의 등산여행이었다. 우

선 남원(南原)을 거쳐서 구례(求禮)로 가서 화엄사(華嚴寺) 입구에서부
터 오르기로 했는데 때마침 비가 내렸다. 그리고 출발시간이 이럭저럭
오후 4시경이었다. 따라서 만일을 위해서 포터를 사기로 했다. 서울에
서는 3명이 내려왔지만 일행은 4명이 된 셈이다. 처음으로 겪는 높은
산(1,500m를 약간 넘는다)의 등반인데다 빗속 등산이었기 때문에 정상
의 산장에 오른 것은 저녁 8시를 좀 넘어서였다. 참으로 고생을 많이
했다. 특히 손전등 하나 없이 캄캄한 가운데에 그것도 빗속에 강행한
막바지 등산길은 견디기 어려웠다. 눈은 나빠서 앞이 잘 안 보이지, 비
와 땀을 자주 닦아야 하는데 안경마저 빗물에 가리니 그것도 닦아야
지, 그러나 그러는 가운데에서도 앞서는 일행에 뒤지지 않으려고 발버
둥 쳐야 했으니 지금 생각해도 몸서리가 날 정도이다. 특히 앞이 잘
안보여서 고통스러웠는데 다행히도 박 교수가 마침 황색의 등산화를
신고 있어서 그것을 안내등으로 삼을 수 있었다. 고생 고생해서 정상
의 산장에 다다르니 이미 비를 피해 온 많은 등산객들로 그 안이 꽉
차 있었다. 그러나 산장 관리자 앞으로 보내는 소개장을 가져갔기 때
문에 그의 특별배려로 저녁식사 준비와 잠자리를 해결할 수 있어서
별 어려움 없이 하룻밤을 지낼 수 있었다.

다음 날에도 비가 계속되었기 때문에 예정 등산코스를 바꾸어서 천
은사(泉隱寺)가 있는 쪽으로 하산했다. 절에 도착했을 때쯤에는 비도
그쳤다. 일단 절 근처의 여관에서 하루를 지내기로 했다. 가까운 곳에
《매천야록》(梅泉野錄)으로 유명한 매천 황현(黃玹) 선생의 사당이 있었
기 때문이다. 다음 날 아침 일찍이 그 사당을 찾았다. 그리고 선생의
시를 새긴 비석이 서 있는 국민학교도 찾았다. 그 시는 참으로 인상적
이었다.

秋燈掩卷懷千古 難作人間識者人(추등엄권회천고 난작인간식자인)

바로 이것이 일본에 우리나라가 망한 것을 보고 목숨을 끊기 전에 읊은 그의 절명시(絶命詩)이다. 풀이하면, '가을 등불 아래서 책을 덮고 옛 고사를 회상하니 지식인 노릇하기란 참으로 어렵구나'가 된다. 이 얼마나 난세에 처한 지식인의 고민을 잘 표현해 주고 있는 것인가. 나는 감탄을 금치 못했다. 그리하여 과연 나의 경우는 어떠한가라는 자문(自問)이 절로 나왔던 것이다.

두 번째의 등산을 위한 원행은 11월 하순에 있는 1박 2일 예정의 치악산(雉岳山)행이었다. 이번에는 거시기산우회 회원들과 어울렸다. 원주를 거쳐서 치악산 입구까지 가서 거기서 1박 하고 다음 날 일찍 등산을 시작했다. 높이는 1,100미터에 지나지 않지만 코스는 험난한 편이었다. 그리고 하산하는 길은 몹시 지루했다. 특히 하산해서 원주 행 버스를 타기까지의 길은 피곤을 독촉하는, 또 신경질나게 하는 자갈길이었던 것으로 기억된다. 뒤에 안 사실이지만 이 치악산은 등산인이면 누구나 일단은 거쳐야 하는 기본 코스였다. 이번에도 고생이 막심했음은 두말을 필요로 하지 않는다. 역시 건강 유지라는 집념으로 그것을 극복할 수 있었다.

더욱 많아진 내방객

두 번의 원행 등산을 통해서 나는 두 가지 큰 소득을 얻을 수 있었다. 하나는 건강에 대한 자신이었고 다른 하나는 생활에 있어서 생동감의 회복이었다. 원행을 전후해서는 딴 것을 생각할 시간적 여유가 없을 뿐 아니라 시간이 빨리 지나는 것 같아서 지루함이나 잡념이나 고독감 등을 느낄 겨를이 없었기 때문이다.

이렇게 원행도 하면서 작정한 대로 소일을 하고 또 사람들을 만나고 하는 가운데에, 그리고 망년회에 참석을 하는 가운데 이미 추석도 지났고 크리스마스도 지났고 드디어 81년의 신정을 맞이하게 되었다. 자연히 지난 5개월간의 결산을 해 보지 않을 수 없었다. 주로 허둥대지 않았나, 몰골 없는 행동을 하지 않았나 등을 초점으로 삼았다. 결과적으로는 그런대로 바삐 지낸 편이고 고독감을 별로 느끼지 않는 가운데에 소일한 편이기는 했지만 허둥댄 면이나 여유있는 태도를 보이는 면 등에서는 반성할 점이 많았다는 결론을 얻었다.

한 해를 맞이하면서 나나 처에게 몹시 마음에 걸리는 것이 있었다. 장인 장모가 모두 80을 훨씬 넘은 분이라서 충격을 받을 가능성이 많기에 시일이 상당히 흐른 뒤에 알리기로 하고 해직된 사실을 고의적으로 알리지 않은 일이 그것이다. 잘한 것인지 잘못한 것인지 그때에는 분간하기가 매우 어려웠다.

신정을 지나면서 교수로 있던 것이 얼마나 좋은가를 실감할 수 있었다. 추석 때도 그랬지만 이번에도 예년과 변함없이 내방객이 있었고 도리어 더 많았기 때문이다. 처로서는 해직되었으니 내방객이 별로 없을 것이라고 생각했던 모양이다. 놀라는 눈치였다. 동생들도, 절친한 고향 친우들도 마찬가지인 것 같았다.

새해에도 이제까지의 생활을 계속하기로 했다. 그런데 작년 말부터의 일이지만 새해 들어와서는 꽤 구체적으로 일부 해직교수의 복직 소식이 들려와서 나의 마음에 동요와 번뇌를 일으키니 그것을 진정시키느라고 남모르는 고심을 했다. 마침 대학입시가 멀지 않은 때였고 또 새 학기가 멀지 않은 때였기에 대학에 대한 강렬한 향수가 되살아나 더욱더 그 동요를 채찍질하고 있었다. 그러나 그럴수록 겉으로 드러내지 않기 위해서 마셜의 주저(主著)들을 읽으며 정리해서 원고지에 옮기는 일에 더 열중해 갔다. 조작된 것이었는지 혹은 추진하다 실패한 것인지 잘 모르지만 결국 복직 소문은 헛것이 되어버렸다. 그러니 일단 동요와 번뇌가 가라앉을 수밖에 없었다. 그러나 사람은 살게 마련인지 예기치 않은 희소식이 그것을 가라앉히는 데 크게 기여했다. 뜻밖에도 학술원은 나를 정회원의 제1순위 후보자로 추천해 주었고, 또 중앙노동위원회는 나를 그 공익위원으로 추천해 주었던 것이다. 결과적으로는 두 가지 다 안 되었지만 나의 동요와 번뇌를 진정시키는 역할을 한 것만은 틀림없었다.

봄이 되어 꽃이 피고 산이 푸르러 갈 때 산우회와는 별도로 제주의 한라산(漢拏山) 등산을 할 수 있었다. 나의 작은 아우가 KBS의 제주방송국장으로 있었기 때문이다. 5월 초라고 기억된다. 나의 큰 아우도 동행했다. 우리나라에서 가장 높은 산(1,950m)을 3형제가 함께 오른 셈이다. 이번에는 별로 힘들지 않았다. 그동안 일요일마다 등산해온데다가 두 차례의 원행을 했으니 그럴 수밖에. 그러나 1천 미터 높이의 지점에서 등산하기 시작했고 초보자도 별로 힘들지 않고 갈 수 있는 길을 택했고 또 짐이 가벼웠고 한 것도 사실이다. 정상과 백록담(白鹿潭)에서 느낀 희열은 지금도 잊을 수 없다.

그런데 그것보다 더 즐거웠던 일은 4남매가 우연히도 한자리에 모일 수 있었던 점이다. 나에게는 두 누님과 두 누이동생, 두 아우가 있는데 남북분단으로 한국에는 누님 한 분과 두 아우, 나 이렇게 해서 넷만이 살고 있다. 그러니까 모일 수 있는 사람 모두가 서울이 아닌 제주에서 모였던 셈이다. 진정 일생 잊을 수 없는 좋은 추억을 가질 수 있었다. 나만은 애당초부터 1주일 예정으로 갔으므로 그들과 곧 헤어져서 아우와 함께 있으면서 제주의 가볼 만한 곳은 두루 찾았다. 이미 몇 차례 왔었으나 새로운 감회를 느낄 수 있었다.

《이코노미스트》(1984. 9. 20)

나의 정치방학 4년(2)

제주의 왕복은 어쩔 수 없이 비행기를 이용했다. 그러다 보니 탑승할 때마다 기록을 필요로 하는데 그때 가장 망설여졌던 일은 직업란에 무어라고 적느냐였다. 무직으로 적으면 그만이지만 장차 직업을 무엇으로 표시할 것인가에 대해서 몇 사람들과 이야기를 나누는 가운데서 자유업으로 하는 것이 좋겠다는 생각을 한 바 있었기에 그 생각을 살려 자유업으로 적어 넣었다. 그 이후부터는 직업은 항상 자유업으로 했다.

학(鶴)을 학(學)으로 바꿔 '학현'(學峴)

제주에서 돌아온 지 얼마 안 되어서 같이 서울대에서 해직된 김 교수댁에서 막걸리 파티가 열렸다. 평택(平澤)에 농장을 갖고 있으므로 좋은 막걸리를 담아가지고 아는 사람들끼리 한자리에 모여 회식이나 하는 것이 좋지 않겠느냐는 생각에서 가볍게 던진 말이 의외의 효과를 발휘한 셈이다. 자연히 타 대학 해직교수 몇 사람도 어울렸다. 그런데 그 파티가 나에게는 호(號)를 짓는 모임이 되어 버렸다. 옛날에는 호를 그런 식으로 지었다고 한다. 참석했던 해직교수들 가운데에는 이미 호를 가지고 있는 사람이 있었던 것이 계기가 되었는지도 모른다. 어떻든 호를 짓는 이야기가 나왔는데 그렇지 않아도 앞으로 호를 짓는다면 무엇으로 할 것인가 하고 생각해 본 일이 있었다. 그 기억을 되살려서 나와 관련 있는 향리명(鄕里名) 내지 지명을 몇 가지 들면서 그 가운데서 특히 학현(鶴峴)이 어떻겠느냐고 물었다. 그런데 한문에 능한 사학자인 성균관대의 이 교수가 퇴계(退溪)라는 호도 그의 향리가 토계(土溪)인 데서 지어진 것이라면서 동일한 'ㅎ'자 발음이면 되니 鶴을 學으로 바꾸는 것이 좋겠다고 했고 참석한 사람들도 그것에 동조하는 바람에 그대로 받아들여 '학현'(學峴)으로 하기로 했다.

사실 학현(鶴峴)은 나의 향리도 가친의 향리도 아니다. 한말의 의병 대장인 의암(毅庵) 유인석(柳麟錫)의 《의암집》(毅庵集)에 나오는 나의 고조부에 관한 글 가운데에 나오는 동리의 이름이다. 어찌해서 고조부에 관한 글이 그 책에 실렸는지는 잘 모르나 조부가 의암 휘하의 의병 간부였는 데 기인하지 않았는가 생각된다. 학현으로 하고자 한 것은 어찌 보면 뿌리를 찾으려는 욕심의 표현이었는지도 모르겠다. 이렇게 해서 지어진 호는 그해 12월에 발간된 나의 편저인 《반주류의 경제학》(청람문화사 발행)의 서문 끝에서 처음으로 공표되었다. 연구실 대신에 "학현헌(學峴軒)에서"로 했기 때문이다.

한편 한국신학연구소에서는 계간지인 《신학사상》의 편집 계획을 짜는 기획위원회의 멤버로 나를 넣어주었고 또 다른 기독교사회문제연구원에서도 나를 출판자문위원으로 위촉해주었다. 이 모두는 내가 소외감에 빠질는지도 모른다는 생각에서 정기적으로 모임에 참석할 수 있도록 하여 그 소외감을 사전에 막아주려는 깊은 배려에서였다고 한다. 사실 정기적으로 모임에 참석해 보니 많은 위로를 받을 수 있었다.

그런가 하면 뜻밖에도 서울대 행정대학원의 정책발전 연구과정의 특강은 그대로 계속할 수 있었다. 원래는 빠졌던 모양인데 어떻게 되었는지 되살아났다고 한다. 나는 그 과정이 개설될 때부터 시작해서 그 후 계속해서 특강을 맡아왔었다. 특강의 제목은 '시장경제와 계획경제'이었다. 수강자는 정부의 국장급 이상, 국영기업체의 임원, 군의 장성급 등이었다. 특강은 6개월 과정이었는데, 나는 그 이후에도 계속해서 강의를 맡아왔다.

6월 초순이라고 기억되지만 2박 3일의 지리산 등산을 위한 원행이 있었다. 두 번째의 지리산행인 셈이다. 서울에서 내려간 산우회 멤버와 구례에서 합세한 광주(光州)의 전남대(全南大) 해직교수 일부가 어울린 등산이었다.

건강에 자신 얻은 지리산 등반

등산은 전남대 산악반의 지도교수였던 이 교수의 리드하에 진행되었다. 지나고 보니 택해진 등반 코스는 비교적 난코스에 속하는 것임을 알 수 있었다. 대성계곡을 따라 올라가서 세석평전에서 1박 하고 다음 날 아침 6시에 출발하여 정상인 천황봉(天皇峰, 1,915m)에 올랐고 칠선계곡을 따라 하산했다. 물론 점심은 칠선계곡으로 내려가는 입구에서 들었다. 참으로 하산 길은 힘들었다. 계곡길이 험하고 긴 데에 주원인이 있었지만, 세석평전에서 술을 많이 마신 데다가 수면시간이 겨우 4시간 정도여서 잠이 모자랐고 또 세석평전까지의 등산으로 쌓인 피로로 상당히 지친 상태였기 때문이다. 정녕 견디기 어려웠다. 그러나 그때마다 다른 사람들한테 폐가 되어서도 또 몰골 없고 약한 모습을 드러내어서도 안 되겠다는 강한 마음, 이러지도 저러지도 못하는 궁지에 빠졌을 때 사람이면 누구나 발휘하게 되어있는 오기, 의지할 것은 내 몸 하나뿐이라는 절박감, 젊은 사람들의 보살핌 등으로 용하게 극복할 수 있었다. 치악산의 하산 길과는 비교도 안 되는 길을 내려와서 목표로 했던 동리에 다다른 것은 저녁 8시경이었다. 우선 그곳에서 저녁을 해 먹고 다시 마천 쪽으로 떠났다. 비교적 가까운 거리여서 10시경에 도착했다. 다음 날 남원을 거쳐서 서울로 돌아왔다. 이번에는 피로회복에 며칠이 걸렸다. 그러나 처음으로 산다운 산을 보았다는 쾌감, 건강에 대한 자신감 회복 등 수확이 많았다고 할 수 있다. 폭이 넓고 중후하고 웅장한 맛은 한라산이 문제가 되지 않았다. 두 번째의 지리산 등산을 하고 나서 건강에 대해서 완전히 자신을 가질 수 있게 된 것은 틀림없었다.

그러는 동안에 장남의 미국 유학이 확정되었다. 집에서 제대로 뒷받침해 줄 수 없는 탓으로 이른바 일류의 명문대학교는 아예 포기하고 기계공학과로서는 그런 대로 괜찮다고 하는 주립대학교 중에서 아이오와 대학교 대학원을 택하기로 했다고 한다. 부모로서는 안쓰러운 생각이 들었지만 어쩔 수 없었다.

출국은 여러 가지 사정을 감안하여 5월 초에 하기로 정해졌다. 막상 출국 예정일이 정해지다 보니 나로서는 무엇보다도 우선해서 양친의 초상화를 만들지 않을 수 없었다. 장남은 장손이기에 조부모의 초상화를 배경으로 찍은 사진이나마 가져가는 것이 필요할 것이라는 생각에서였다. 양친께서는 끝내 월남을 하지 못했으니 장남은 그동안 힘들게 수소문해서 찾아낸 남이 갖고 있는 사진, 그것도 여러 사람들과 어울려서 찍은 색 바랜 사진에서 다시 찍은 독사진들을 통해서만 조부모를 뵈었던 것이다. 말하자면 남북분단의 비극을 체험해 왔다고 할 수 있다. 그러니 나로서는 차마 그 사진들을 찍어 가져가게 할 수는 없었다. 그리하여 궁리해낸 것이 양친의 초상화를 만드는 일이었다. 다행히도 산우회 멤버에 김 화백이 있었다. 따라서 그를 통해 초상화를 잘 그리는 다른 화백을 소개받아 양친의 초상화를 만들 수 있었다. 그렇게 해서 만들어진 양친의 초상화는 나를 흡족하게 했다. 그것은 사실 마치 생존하신 양친을 직접 뵙는 것 같은 착각에 빠지게 했다. 양친의 초상화를 배경으로 찍은 장남의 사진과 장남과 함께 찍은 우리 내외의 사진을 보는 순간 나는 양친을 위해서 해야 할 일을 조금이나마 한 것 같은 일종의 형용하기 어려운 감정에 사로잡히는 것을 느낄 수 있었다.

드디어 출국하는 날이 왔다. 출국인사를 받고 보니 심정이 착잡했다. 부모로서는 외아들이고 하니 결혼하여 같이 살았으면 하는 생각이 간절했으나 그의 장래를 위해서 유학시키기로 결정했기 때문이다. 그리고 막상 비행기를 타러 출입구를 나갈 때에는 혼자 가서 고생하리라는 생각, 그동안 뒷받침을 제대로 해주지 못한 데 대한 부모로서의 안타까운 심정 등으로 눈물을 쏟을 뻔했다.

유학 보내는 부모의 심정

하루속히 벗어나려고 또 겉으로 드러내지 않으려고 노력은 했지만 장남을 떠나보내면서 생긴 심란한 마음은 비교적 오래 지속되는 것 같았다. 게다가 해직된 지 벌써 1년이 되었으니 그럴 수밖에. 말은 안 해도 처도 같은 심정인 것 같았다.

그런데 다행히도 8월 중순에 2박 3일의 설악산(雪嶽山) 등산을 위한 원행이 있었다. 이 원행은 순전히 나를 위로하기 위한 것이었다. 심란한 마음을 가라앉힐 수 있는 좋은 기회가 될 것 같아서 선뜻 따라 나섰다. 코스는 외설악(外雪嶽)에서 내설악(內雪嶽)으로 가는, 말하자면 정통적인 것이라고 할 수 있는 코스였다. 백담사에서 봉정암을 거쳐서 정상인 대청봉(大靑峰, 1,708m)으로 올라가서 쌍폭, 천불동계곡을 거쳐서 설악동으로 내려오는 코스 말이다. 이번에도 산우회 멤버와의 동행이었다. 그러나 이번에는 리더가 워낙 내가 초행자라는 것을 의식하고 안내를 해주다 보니, 또 건강과 등산에 자신이 서 있다 보니 별로 어려움이나 힘든 것을 느끼지 않았다. 금강산(金剛山)에 비길 만한 산답게 그 절경은 경탄을 금할 수가 없었다. 가을의 단풍을 보는 광경은 일대 장관이라고는 하지만 어떻든 그 풍경은 놀랄 만한 것임에 틀림없었다. 이렇게 보면 나는 남한에서 가장 높은 한라산을 먼저 오르고 그 다음에 두 번째로 높은 지리산을 오르고 세 번째로 높은 설악산을 오르는 특이한 등산을 했다고 할 수 있다. 말하자면 하늘에서 점차로 아래로 내려오는 등산, 즉 정상적인 과정과는 반대 방향의 등산을 한 셈이다.

그러나 이 원행을 끝내고 보니 다시 앞으로 1년간의 생활설계를 짜야할 때가 되었음을 알게 되었다. 작년 8월에 1년 단위로 생활설계를 하기로 작정했기 때문이다. 지난 1년을 돌이켜볼 때 최저한의 생활을 위한 대비를 했었다고는 하나 원고료 수입, 특강 수입, 인세 수입 등이 별로 없는 가운데에서 용케도 별 탈 없이 생활을 꾸려갔다는 결론을 얻을 수 있었다. 그동안 예기치 않은 친우, 동료교수, 졸업생 등의 도움을 받은 것도 크게 보탬이 되었다. 지난 1년은 그랬다 치더라도 앞으로 1년의 생활은 어떻게 꾸려갈 것인지 걱정이 안 될 수가 없었다. 그러나 취업길이 막혔던 해직 공직자들에게 취업이 허용되기 시작했고 보험원의 강권에 못 이겨 들었던 2백만 원과 3백만 원의 보험금을 10월과 12월에 탈 수 있었으며 또 뜻밖에도 그 어려운 때에 청람문화

사에서 경제학 책을 내겠다는 제의가 있었고 해서 가족이 큰 병을 앓
는 일만 없다면 앞으로 1년의 생활도 이럭저럭 꾸려갈 수 있을 것 같
은 생각이 들었다. 게다가 처음 당했을 때에는 죽을 것 같은 생각에
불안해한 것이 사실이지만 1년 지내는 동안에 산 사람은 어떻게든 살
아갈 수 있다는 사실을 터득했던 것이다. 다시 말하면 지난 1년의 생
활을 통해 일종의 자신감 같은 것이 생겼다고 할 수 있다. 이 점이 어
떻게 보면 앞으로 1년의 생활에 대한 불안감을 제거하는 데 더 큰 역
할을 했을지도 모른다. 사람은 묘한 동물이라는 것을 새삼 깨달았다.

반주류의 경제학

마셜의 경제학 연구는 일단 제쳐 놓고 청람문화사에서 내기로 되어
있는 책에 전력을 투구하기로 했다. 연내에 내기 위해서였다. 책은 경
제학 전공자보다는 비전공자에게 경제학의 내용과 흐름을 제대로 알
리는 내용의 것으로 했으면 하는 출판사 측의 의사를 살리기로 했다.
결국 그것은 전공자에게도 큰 도움이 될 수 있을 뿐 아니라 학교 밖에
있는 나로서는 학교 안에 남아 있는 경제학 교수들 나아가서 경제학
계에 도움이 되는 일은 경제학 인구의 저변 확대에 보탬이 되리라는
생각에서였다.

나는 항상 대학생에게는 어느 한쪽에 치우친 공부를 지양(止揚)할
것과 예리한 판단력을 기를 것을 강조해 왔다. 또 대학생활에서는 기
초적이고 원리적인 것을 배우는 데 진력해야 한다는 것도 강조해 왔
다. 이것은 기본적인 책을 고루고루 읽는, 또 예리한 판단력을 갖고 있
는, 그리고 기초적이고 원리적인 것으로 무장한 사람들이 한 나라의
지도자가 되어야 한다는 내 소신에서 기인한다. 예리한 판단력을 갖고

있는 사람이라면 기본적인 책을 고루고루 읽고 배우고 하는 가운데서 자기 나름의 판단력에 따라서 취사선택할 수 있을 것이며, 그렇게 할 때 비로소 그 얻어진 생각이나 결론이 흔들리는 일이 없을 것이 아니겠는가. 나는 이런 소신이나 생각을 책에 충분히 살려보려고 애썼다.

드디어 12월에 책이 발간되었다. 제목은 여러 가지 궁리 끝에 《반주류의 경제학》으로 하기로 했다. 이 책은 이른바 주류경제학에 비판적인 입장에 서는 사람들의 생각을 담은 글들로 구성되어 있다. 대부분은 직접 번역한 것이지만 국내학자가 쓴 것을 원용한 것도 있다. 이에서 알 수 있듯이 이 책은 주류경제학에 관한 책들을 보완해주는 것이라고 할 수 있다. 우리나라 대학에서 가르치고 있는 경제학은 대부분이 주류경제학, 즉 주로 새뮤얼슨(P. A. Samuelson), 프리드먼(M. Friedman)을 대표자로 하는 경제학이므로, 주류경제학에 관한 책은 많은 데 비해서 그것에 비판적인 입장에 서는 사람들의 경제학, 즉 반주류나 비주류경제학에 관한 책은 드문 것이 사실이라고 한다면, 경제학을 고루고루 알고 각자가 판단할 수 있도록 하기 위해서는 이 책과 같은 것이 필요하다고 할 수 있지 않을까.

이 책의 교정을 보고 있을 때에 뜻밖에도 한국경제신문사로부터 새해 첫날 판에 실릴 원고의 부탁이 있었다. 그동안 일부 대학신문을 제외하고는 종합 잡지는 말할 것도 없고 일간신문에 글이 실린다는 것은 생각할 수 없는 일이었다. 나중에 안 일이지만 그 부탁은 전적으로 이(李) 사장의 나에 대한 특별배려에서 나온 것이었다고 한다. 요청받은 글 내용은 마침 새해부터 제5차 5개년계획이 시작되는 관계로 그것의 기본전략에 관한 것이었고 원고매수는 35매였다.

뒷바라지의 기쁨

책을 내느라고 또 뜻하지 않은 신문 원고를 쓰느라고 바삐 지내는 가운데에 어언 추석도, 학부 졸업예정자 사은회도, 또 크리스마스도 지나갔고 1982년의 신정이 다가왔다. 졸업예정자 사은회는 대체로 12월 중순에 있는 것이 보통인데 작년에도 그랬지만 이번에도 참석을 했다. 작년 졸업예정자는 대부분 3학년 2학기와 4학년 1학기에 나한테 직접 배운 학생들이었다. 그에 반해서 이번 졸업예정자는 엄밀히 따지면 나한테 직접 배운 학생들은 없다고 할 수 있다. 그런데도 불구하고 그들은 나를 초대한 것이다. 이러한 일이 나의 사기를 북돋아 준 것은 재언의 여지가 없다. 추석 때나 신정 때나 보통 생각이나 예상과는 달리 작년보다도 도리어 더 많은 사람들이 찾아주었다. 위로와 사기 앙양을 위해서였다고 생각된다. 나도 대단히 기분이 좋았지만 처도 뒷바라지에 피곤해하면서도 마찬가지인 것 같았다. 교수 부인으로서의 쾌감을 느꼈다고나 할까.

새해 들어와서부터는 집을 연구실로 하는 생활을 청산하고 연구소를 차리는 것이 어떻겠느냐는 말이 나를 아끼는, 사업을 하는 졸업생들 가운데서 점차 나오기 시작했다. 1년 반 가까이 지났고 앞으로 복직까지 얼마의 시일이 걸릴는지 알 길 없으니 차라리 차제에 본격적으로 연구소를 운영해 보는 것이 좋겠다는 소박한 생각에서 나온 것 같았다. 물론 전적으로 후원하겠다는 약속도 있었다.

사실은 시내에서 약속을 해도 비는 시간에 기다릴 적당한 곳이 없어서, 또 외국손님이 와도 맞이할 적당한 곳이 없어서 불편을 느끼던 터인 데다가 어딘지 모르게 일의 능률이 떨어지는 것 같은 생각이 들어서 좀 걱정하고 있던 터이기도 했다. 그러나 일단은 좀더 관망하면서 결정을 내리기로 했다.

2월 초순에 새해에 들어서 첫 원행을 했다. 간 곳은 오대산(五臺山)이었다. 이번에도 산우회 멤버들과 동행했지만 당일치기였다. 마침 12인승 차를 이용할 수 있었기 때문이다. 그동안 겨울에도 눈 속을 헤치면서 북한산 등산을 계속했다고는 해도 첫 겨울 원행이어서인지 걱정이 되었다. 아침 7시에 서울을 떠나 월정사를 거쳐서 상원사에 도착한 후 눈에 빠지면서 정상(1,430m)으로 향했다. 점심은 정상으로 등산하는 도중에 있는 적멸보궁(寂滅寶宮) 앞터에서 들었다. 눈 위에서 해먹는 점심밥은 특히 맛이 있었다. 정상에 오른 뒤 잠시 쉬었다가 등산한 코스와는 다른 코스를 택해서 역시 눈에 빠지면서 하산했다. 정상에서 본 설경은 가히 장관이었다. 상원사로 돌아온 것은 아직도 해가 있을 때였다. 그리고 서울에 돌아오니 밤이 늦었다. 그런데 이렇게 당일치기 원행을 했음에도 불구하고 나는 별로 피로를 느끼지 않았다. 그러기에 나는 더욱더 건강에 자신을 갖게 되었다. 이제는 추울 때나 더울 때를 가리지 않고 또 눈이 안 덮였을 때나 덮였을 때를 가리지 않고, 어떤 산이라도 등산할 수 있다는 자신이 생겼다. 큰 수확이라고 아니 할 수 없었다.

광화문 '학현연구실' 개설

새 학기에 들어서면서부터 잠시 뒤로 미루었던 연구소 개설 문제에 대해서 어떤 결정을 내리기로 했다. 앞에서 든 이유도 있었지만 아무래도 지구전을 펴나가는 것이 좋겠다는 생각에서였다. 제아무리 생각해도 영 자신이 서지 않기에 연구소를 개설하는 대신에 연구실을 개설하기로 했다. 대체로 4월 초의 일인 줄 안다. 다행히도 연구소 개설을 권하던, 사업을 하는 졸업생들도 동조를 했다. 그리하여 연구실 개설일자를 일단 5월 1일로 하고 준비에 들어갔다.

준비에 있어서도 특히 알찬 경영을 하는 것으로 잘 알려져 있는 H물산의 이(李) 사장의 도움이 컸다. 연구실로 쓸 방을 얻는 것이 급선무였는데 이에 필요한 돈의 전액을 도와주었기 때문이다. 그 돈을 내어주면서 그가 내세운 조건 아닌 조건은 두 가지였다. 교통이 편리한 곳이어야 하고 누추한 건물이어서도 누추한 방이어서도 안 된다는 것이었다. 분명히 이 두 가지 모두는 나의 체면 유지를 위한 충정에서 나온 것이었다. 고맙기 그지없었다. 그런 조건을 충족시켜 보려고 하는 가운데에서 정해진 방이 바로 현재의 광화문에 있는 나의 연구실이다.

《이코노미스트》(1984. 10. 5)

나의 정치방학 4년(3)

연구실을 정했으니 연구실 명칭을 정하고 전화에서부터 각종 집기를 마련하는 일이 다음에 할 일이었다. 연구실 명칭은 이제까지 쓰던 대학연구실 기분을 내기 위해서 내 이름을 그대로 사용하되 호로 대신하기로 했다. 학현(學峴)연구실은 이렇게 해서 붙여진 명칭이다. 그리고 언제라도 필요할 때에는 연구소로 탈바꿈할 수 있도록 하겠다는 것이 나의 내심이었으므로 복사기와 중형계산기를 제외하고서는 일단 갖출 필요가 있다고 생각되는 것은 모두 갖추기로 했다. 따라서 돕고자 하는 우리 졸업생들한테 각각 분담시켰다. 그리하여 5월 1일과 2일 사이에 연구실은 완전히 면모를 갖추게 되었다. 훌륭한 연구실 현판도 서울대의 안 교수와 정 교수의 덕으로 마련되었다. 연구실 사용은 대학연구실을 사용하던 대로 하기로 했다. 강의가 있는 3일간만 사용했으므로 그대로 3일간만 사용하기로 하되 사용하는 날은 월, 수, 금으로 했다. 연구실을 새로 열기는 했지만 집들이는 안하기로 했다. 조용히 지내고 싶은 심정에서였다. 그러나 알릴 만한 사람들한테 알린 것은 물론이다. 자연히 찾아오는 사람들이 많아졌다.

연구실 차리곤 산행 계속

이렇게 개인 연구실을 마련하고 3일간을 사용하는 생활을 하다 보니 나의 생활은 생동감을 되찾기 시작한 것이 사실이다. 다시 말하면 현직 생활을 하는 것 같은 생각이 들었다. 처도 마찬가지 심정인 것 같았다. 월, 수, 금 3일간은 연구실로 출근하고 나머지 3일간은 주로 집에서 지내고 일요일은 산우회 멤버와 어울려서 근교의 산을 오르는 생활을 하다 보니 1주일은 금방 지나가곤 했다. 게다가 차츰 종합 잡지사 등에서 원고 청탁이 왔는가 하면 사진을 실어주기도 했고 또 특강을 부탁하는 곳도 생겨났다. 그 결과 《마셜경제학연구》에 관한 원고는 계속 쓰느라고 노력했지만 자주 중단이 되어 지지부진한 편이었다.

6월 하순경으로 생각된다. 전남에 있는 월출산(月出山) 등산과 대흥사(大興寺) 구경을 위한 2박 3일의 원행이 있었다. 그것은 이 변호사가 선정한 산우회 멤버와 어울리는 원행이었는데 그 중에는 숙대(淑大)의 이 교수도 포함되어 있었다. 영암(靈岩)의 구림(鳩林)으로 가서 1박을 했다. 구림은 알고 보니 왕인(王仁)의 고향이었다. 따라서 다음 날 아침 일찍이 일어나서 고적을 돌아보기도 했다. 월출산은 809미터에 불과하지만 등산에 별로 경험이 없는 사람들에게는 등산하기 좀 힘든 산임을 알 수 있었다. 그리고 먼 데서 보았을 때 느끼는 것처럼 인상적인 산임에 틀림없었다. 정상에서 식사를 하고 하산한 후 좀 쉬었다가 해남(海南)으로 가 대흥사 입구까지 가서 거기서 1박했다. 절만 구경하는 줄 알았더니 이왕 왔으니 뒷산인 두륜산(頭輪山)도 등산해야 한다는 지배적인 의견에 눌려서 모두가 정상에 올랐다. 산은 높지도 힘들지도 않았다.

그렇지 않아도 그동안 산우회 멤버들 사이에서 오고 가고 하는 말이 이 변호사의 회갑논집을 산우회가 중심이 되어 마련해야 된다는 것이었는데 이 원행을 계기로 그것이 구체화되었다. 내가 그 다음 연장자인 탓으로 발간준비위원장을 맡았다. 회갑논집은 늦어도 10월 초까지는 발간되어야만 했기 때문에 좀 서두를 필요가 있었다. 그러나 젊은 편에 속하는 멤버들의 실무적인 뒷받침을 얻어서 부탁할 만한 사람들에게 원고를 부탁하기 시작했고 쾌히 승낙을 받아낼 수 있었다.

7월 1일에는 오랫동안 병고에 시달려오던 장인이 세상을 떠났다. 나를 그렇게 아끼고 사랑하던 장인이 그 사위의 해직을 알지 못한 채 영영 불귀의 객이 되었다. 나의 마음은 찢어지는 듯 아팠다. 글쎄, 해직된 사실을 알리지 않은 것이 잘한 일인지 아닌지는 여전히 분간하기 어려웠다. 그러나 아내에게는 다른 한편에서 기쁜 일이 생겼다. 우여곡절 끝에 미국 가는 비자를 얻을 수 있었고 따라서 예정했던 대로 8월 초에 떠나서 그달 말까지 약 1개월간 미국을 다녀올 수 있었기 때문이다. 그렇지 않아도 미국에 가 있는 처남이 제법 사업을 잘 하는 관계로 그전부터 초청하겠다는 이야기는 있었지만 작년 9월 말에 집에 강도가 들어 자칫하면 아내가 생명을 잃을 뻔한 일을 당해서 심적으로 커다란 충격을 받아 온 데다가 작년에 떠난 장남이 7월 말이면 2년 코스인 석사과정을 마칠 수 있을 것 같다는 이야기도 있었다. 그래서 아내가 미국을 다녀오기로 하고 처남의 도움을 얻어 수속을 밟도록 했는데 우여곡절은 있었으나 어떻든 예정대로 여권과 비자를 받을 수 있었다. 게다가 장남으로부터 틀림없이 석사학위를 받게 된다는 소식도 있었다.

아들도 볼 겸 아내는 미국 다녀와

드디어 처는 8월 초에 미국으로 떠났다. 그리고 예정대로 그달 말에 귀국했다. 그동안 장남, 처남과 그 가족을 만난 것은 말할 것도 없고 뉴욕 근처, 워싱턴, 나이아가라 등도 구경했다고 한다. 처음 외국 나들이에 1년 만에 석사가 된 장남을 만나보고 와서인지 그런대로 만족해하는 것 같아 나로서는 고생하는 아내를 모처럼 위로해줄 수 있었던 셈이다.

8월은 마침 방학기간 중이라 차녀 혼자만을 집에 남겨두지 않고도 원행을 할 수 있었다. 그래서 그 기간을 이용하여 2박 3일의 예정으로 두 번째의 설악산 등산 원행을 하기로 했다. 때는 8월 중순이었다. 역시 산우회 멤버와의 원행이었고 내설악에서 외설악으로 가는 코스를 택했지만 지난번과는 달리 이번에는 한계령(寒溪嶺)에서 독주폭포와 중청봉(中靑峰)을 거쳐서 대청봉(大靑峰)으로 등산했다. 대청봉 바로 아래에 있는 벙커에서 1박하고 다음 날 아침 우중에 능선 길을 따라 권금성(權金城)을 거쳐서 하산했다. 하산 길은 좀 미끄럽고 힘들었지만 별 탈 없이 하산할 수 있었다.

원행에서 돌아와 보니 앞으로 1년간의 생활설계를 하는 일이 기다리고 있었다. 그러나 원고 청탁, 특강 요청 등도 제법 많아졌고 또 연구실을 이용하는 생활을 하면서 점점 더 생활에 대한 자신이 생기는 것 같았다. 어떻든 작년에 비해 훨씬 많이 살림에 대해서 안심해도 되겠다는 생각이 들었으며 앞으로도 그럴 것 같았다. 그리고 앞으로는 1년마다의 생활설계가 필요 없겠다는 생각이 들었다.

그러는 가운데에 9월이 되었다. 그런데 뜻하지 않게 1개월 만에 또다시 남설악산이라고 불리기도 하는 점봉산 등산을 위한 1박 2일의 원행을 했다. 이 변호사의 회갑논집을 발간하기로 되어 있는 두레사의 정 사장이 발간이 계획대로 잘 진행되고 있으니 그동안의 수고도 푸는 겸 9월 20일경에 1박 2일 예정의 소풍이나 가자고 하기에 서울에서 그리 멀지 않은 한적한 시골로 가는 줄 알고 쾌히 승낙을 했었는데, 나의 예상과는 달리 본격적인 등산행이었고 그것도 광의의 설악산 등산행이었다. 사실은 이미 작은 아우와 9월 23일, 24일경에 삼형제가 어울려서 춘천(春川)을 출발해서 한계령, 양양(襄陽)을 거쳐서 외설악인 설악동에서 1박한 후 속초를 거쳐서 춘천으로 돌아왔다가 서울로 오기로 약속을 하고 있었기에 애당초부터 설악산 쪽으로 가는 줄 알았더라면 응낙하지 않았을 것인데 그것을 확인하지 않고 응낙을 해버렸으니 안 갈수도 없고 해서 떠나버렸다. 한계령 근처에서 민박을 하고 아침 새벽에 정상을 향해서 등산을 했다. 정상은 1,424미터이지만 그다지 힘들이지 않고 정복할 수 있었다. 역시 설악산의 일부인지라 과연 경관이 아름다웠다. 그러나 이번 원행등산을 계기로 이제는 원행 등산을 안 해도 될 정도로 심적인 여유와 건강에 대한 자신이 생겼기 때문에 몇 군데 가고 싶은 산을 제외하고는 더 이상 원행등산은 안 하기로 하고 대신 건강유지를 위해 일요일마다 서울 근처의 산, 특히 북한산을 산우회 멤버와 어울려 등산하는 것만을 계속하기로 결심했다.

가고 싶은 산은 주왕산(周王山), 무등산(無等山), 소백산(小白山), 덕유산(德裕山), 태백산(太白山) 등이었다.

성황 이룬 이 변호사 논문집 증정

돌아와서 2, 3일 쉰 뒤에 약속한 대로 춘천으로 큰 아우와 함께 내려가서 1박 한 후 예정한 코스를 따라서 외설악으로 가서 또 1박 하고 춘천을 거쳐서 서울로 돌아왔다. 작은 아우는 그 사이에 춘천의 KBS 방송국장으로 와 있었기에 2년 좀 지나서 삼형제가 춘천에서 다시 한자리에 모였고, 이번에는 등산은 안했지만 함께 어울려서 차로 즐거운 강원도 지방 여행을 한 셈이다. 이것은 순전히 작은 아우가 나를 위로하기 위해 배려한 것이었음은 말할 나위도 없다. 따라서 나는 한 달 사이에 한계령으로 말하면 세 번, 설악동(雪嶽洞)으로 말하면 두 번 간 꼴이 되었다.

정한 날짜는 꼭 오고 마는 법이고 또 빨리 오는 법이라고 했다. 사실 그대로였다. 어느 사이에 이 변호사의 회갑기념 논문집 증정식 날이 왔다. 10월 상순이었다. 인권운동에 정력을 쏟은 변호사답게, 관록 있는 중견 변호사답게, 가톨릭 평신도회 간부답게, 많은 동료변호사, 전국 각지에서 모인 많은 사람들, 김 추기경을 비롯한 신부들이 참석한 가운데 식은 대성황리에 또 엄숙하고 뜨거운 축하 분위기 속에서 치러졌다. 나로서는 그렇게 흐뭇할 수가 없었다. 이것이 뒤에 오는 변호사들에게 하나의 자극제가 되었으면 하는 것이 나의 소박한 소망이었다. 논문집에 실린 대부분의 글을 모아서 따로 발간한 책이 다름 아닌 내가 편자의 한 사람으로 되어 있는 《역사와 인간》이다.

12월 초에는 뜻밖에도 집에 경사가 생겼다. 차녀가 갑자기 약혼을 했고 연내에 결혼하지 않으면 안 되게 되었기 때문이다. 혼사에 관한 이야기는 이미 9월부터 있었지만 결혼 상대자가 미국의 오하이오 대학교 대학원의 전자공학 전공의 박사 후보생인 관계로 서신으로만 연락이 오가고 했었는데 12월 초에 아무런 예고도 없이 귀국해서 혼사가 급진전 되었던 것이다. 결혼을 하고서 새해 1월 5일경에는 미국으로 돌아가야 한다고 서두르는 바람에 이쪽도 정신없이 끌려가 남이 보기에는 허둥지둥하는 가운데 12월 28일 수운회관(水雲會館)에서 차녀의 결혼식이 치러졌다. 참으로 많은 하객들이 왕림해서 결혼을 축하해 주었다. 나로서는 그 이상 고마울 수가 없었고 또 그 이상의 결례가 있을 수 없었다.

이렇게 차녀의 결혼으로 해서 정신없이 지내는 가운데 82년은 저물고 83년의 신정이 왔다. 예년 같으면 함께 있으면서 도와주던 차녀가 없어서 섭섭하고 쓸쓸한 기분이 들었지만 여전히 많은 사람들이 찾아와준 데다가 차녀도 결혼에 만족하는 것 같아서 그런대로 예년의 신정과 마찬가지로 지낼 수 있었다. 차녀 내외는 예정대로 1월 5일에 출국했다. 지난번 장남을 떠나보낼 때에는 심란한 마음이 들었었으나 이번에는 즐거운 마음으로 떠나보낼 수 있었다.

기쁜 마음으로 차녀 떠나보내

1월 하순에는 기독자교수협의회가 경주의 보문단지에서 개최하는 국제 세미나에 옵서버의 자격으로 참석을 했다. 머리도 식히고 또 일본의 도쿄대 교수였던 도쿄여자대학의 학장(우리나라의 총장)인 스미야 미키오(隅谷三喜男) 교수도 만날 수 있어서 그렇게 했다. 2박 3일 예정이었지만 나는 1박 하고 서울로 돌아왔다. 그때 지방대학의 해직교수 일부를 만날 수 있었다.

서울로 돌아와서 얼마 안 되어 다시 영남 지방으로 내려갔다. 그동안 대전 근처에 있는 계룡산(鷄龍山)이나 대둔산(大屯山) 등은 그곳에 있는 졸업생 대학교수들과 함께 등산을 한 일이 있지만 대구에 있는 역시 졸업생 대학교수들의 요청도 뿌리칠 수 없었기 때문이다. 대구로 내려가서 기다리고 있던 3명과 합류해서 청송에 있는 주왕산 입구에서 1박 했다. 차에서 내려서 보는 주왕산은 퍽 인상적이었다. 다음 날 아침에 정상(721m)에 올라가 점심을 해 먹고 하산하여 청송약수터를 거쳐서 백암온천에서 1박 했다. 피로한 몸을 충분히 풀 수 있었다. 다음 날 아침 일찍 떠나서 포항 근처에 있다가 보경사(寶鏡寺)를 구경하고 대구를 거쳐서 서울로 돌아왔다. 청송약수는 듣던 대로 참으로 좋았다.

서울로 돌아와 보니 기독자교수협의회로부터 3~6개월 동안 미국 혹은 일본에서 연구생활을 할 수 있을 것 같다는 연락이 와 있었다. 물론 처도 동반할 수 있다고 했다. 그러나 일단 결정은 뒤로 미루기로 했다.

새 학기가 되어도 역시 해직교수 문제에는 전혀 변화가 없었다. 이번 학기가 지나면 만 3년이 된다는 생각을 하니 좀 허전한 생각이 들었다. 다른 해직교수들도 마찬가지 심정이었던 것 같았다. 따라서 자연히 서로 만나서 이야기라도 나누어 갈 필요가 있었다. 그리하여 연로한 편에 속하는 몇 교수들과 한 달에 한 번씩 점심이나 저녁을 같이 하기로 했다.

그런데 알고 보니 상대적으로 덜 연로한 교수 몇 사람들도 그렇게 하고 있었다. 그렇다면 별도로 모일 것이 아니라 합치는 것이 좋겠다는 의견도 있고 해서 5월 들어서부터는 같이 모이기 시작했다.

'오늘의 책' 선정위 위원장 맡아

5월에는 또 예기치 않은 일을 시작하기도 했다. 사람이 살다 보면 예기치 않은 일에 부닥치기 마련이라고는 하지만 뜻하지 않게 상사중재원(商事沖裁院)의 중재인으로서 모 해운회사와 모 재벌 산하 회사 간의 운임에 관한 다툼을 중재하는 일을 맡았던 것이다. 초창기부터 중재인으로 있기는 했어도 이제까지 한 번도 일을 맡지 않았었다. 그런 관계로 맡긴 것 같았다. 일종의 재판관의 역할을 해야 하는 것인데 처음이라 해낼 수 있을지 하는 생각에서 처음에는 망설였으나 새로운 경험을 쌓는 뜻에서 맡기로 했다.

재판하는 식으로 합의된 일자와 시간에 열렸는데 다행스럽게도 중재하는 일은 3개월이 지나서 판정을 내리지 않고 끝낼 수 있었다. 양측이 원만하게 합의를 했기 때문이다.

이때쯤으로 기억된다. 나는 좋은 책을 내기 위해 노력하는 10개 출판사가 만든 '오늘의 책 선정위원회'의 위원장이 되었다. 갖가지 책이 쏟아져 나오는 탓으로 독자가 책의 선택에 어려움을 겪고 있다는 이야기에 발맞추어 어떤 선정기준을 설정해 주는 것이 우리나라의 출판문화를 향상시키는 길일 것이라는 생각에서 그 위원회를 설립했다고 한다.

'오늘의 책'의 선정 작업은 위원들이 3개월에 한 번씩 모여서 지난 6개월 동안 발간된 신간 가운데서 35권 내외로 한정해서 선정하고 선정된 책의 저자나 출판사에는 특별히 제작한 트로피를 증정하는 동시에 선정한 책은 교보문고의 특별코너인 '오늘의 책' 코너에 전시하도록 하면서 현재까지 계속되고 있다.

6월 초에는 마산의 경남대학교에서 특강을 하기로 되어 있었다. 그러나 학교 측의 의도와는 달리 해직교수의 특강이라고 해서 취소되었다. 그런 일이 있은 데다가 광주의 전남대학교와 조선대학교의 해직교수들의 요청도 있었기에 6월 중순에는 무등산 등산과 화순의 적벽(赤壁) 관광을 위한 2박 3일의 원행을 했다. 서울에서는 박 교수와 조선대학교의 해직교수인 권 교수가 동행했다. 그리고 광주에서는 해직교수들 외에 문 시인도 합류했다.

알고 보니 문 시인의 고향이 바로 화순이었다. 광주에서 1박 한 뒤 아침 일찍 등산했다. 무등산 높이는 1,187미터라고 하지만 정상에는 오를 수 없게 되어 있었으므로 1천 미터 약간 넘는 곳을 등산했다고 보면 무방할 것 같다. 별로 등산하기에 힘들지는 않지만 좋은 산임에는 틀림없었다. 하산은 적벽으로 가야 했기 때문에 등산 시의 코스와 정반대 쪽으로 했다. 적벽에 도착한 것은 저녁 6시경이었다. 말로는 이미 오래전부터 듣고 있었지만 실제로 보니 듣던 대로 아름다웠다. 그곳에서 1박 하고 다음 날 광주로 나왔다. 점심을 전남대학교의 해직 교수들과 함께 했다. 그때 전남대학교와 조선대학교의 해직교수들은 특별계획에 따라서 전남과 제주 외의 다른 지방에 있는 대학으로 가도록 한다는 말을 처음 들었다. 충격이 아닐 수 없었다.

내가 쓴 글이 다른 교수 이름으로

7월 초에는 출가한 장녀 내외가 잠정적으로 집에 와 있게 되었다. 재무부 사무관으로 있는 큰 사위가 정부의 연수계획에 따라 미국 시애틀에 있는 워싱턴 주립대학교 대학원 석사과정에서 공부하게 되어 있었기 때문이다. 차녀가 출가한 뒤 한적하기 짝이 없던 집에 생기가 도는 것 같았다.

그러나 7월 말에는 웃지 못 할 일이 생겼다. 시내 삼선교에 있는 H대학의 신문에 8월 1일자로 싣기 위해서 써준 글이 해직교수의 글이라는 이유 때문에 그 대학 교수의 이름으로 바뀌어 실린 일이 바로 그것이다. 말하자면 내 글이 딴 교수가 쓴 글로 둔갑해 버린 일이 벌어진 셈이다. 이미 내가 쓴 글이 편집부 이름으로 또 전 서울대 교수 대신에 '무슨무슨 위원'이라는 이름으로 실리는 등의 일을 경험한 바 있었지만 이렇게 완전히 딴 교수 이름으로 둔갑해 버린 일은 처음 겪는 일이었다. 물론 그 일은 그 교수와는 아무런 상관이 없었다. 도리어 몹시 난처한 처지에 놓여서 괴로워했다고 한다. 뒤에 안 일이지만 이것은 전적으로 그 대학의 학장으로 있는 사람의 정부에 대한 아부에서 빚어진 일이었다. 참으로 불쾌하기 짝이 없었다.

장녀 내외가 와 있는 동안을 이용해서 가보고 싶은 산 중의 하나인 소백산(小白山) 등산을 위한 원행을 하기로 했다. 8월 16일이었던 것으로 기억된다. 그러나 그 원행은 청량리역까지 나갔다가 좌절되어 버렸다. 그 전날 모 석간신문에 난 기사 때문이었다. 사실은 이미 광주에서 듣고 있던 내용의 것이 석간에 실렸지만 일단 가기로 약속을 했으니 그대로 강행했던 것이다. 그러나 일행은 현직교수와 해직교수의 혼성팀이었는데 대체로 해직교수는 떠나지 말고 무엇인가 대책을 강구하는 것이 좋겠다는 의견이 강해 또 해직교수 아닌 사람들만으로도 등산은 할 수 있으니 전혀 미안하게 생각하지 말라는 말도 있고 해서 안 가기로 했다. 연락이 닿은 사람들이 급히 모여서 의논한 결과 재경(在京) 대학의 해직교수끼리라도 모일 필요가 있다는 의견이 다수 의견임이 드러났다. 따라서 날짜, 시간, 장소 등을 결정하고 각기 분담을 하여 연락할 수 있는 데까지 연락해 보기로 했다.

《이코노미스트》(1984. 11. 5)

나의 정치방학 4년(4)

8월 18일 오전 11시에 서소문에 있는 남강(南江)에서 모임을 가졌다. 놀랍게도 외국에 나가거나 지방에 가 있는 사람들을 제외하고는 거의 전원이 모였다. 역시 접촉들은 안 해왔지만 자기 자신의 진로에 대해 궁금하게 여겨온 것만은 틀림없었던 것 같았다. 그 자리에서 합의된 사항은 두 가지였다고 할 수 있다. 하나는 원적(原籍) 대학으로 전원을 즉시 돌려보내야 한다는 것이었고 다른 하나는 앞으로도 이번처럼 각자 회비 부담으로 1개월에 한 번씩 식사를 하면서 의견을 나누어가자는 것이었다. 앞으로 연락을 위해서 연락간사 5명이 서울대, 고려대, 연세대, 이화여대, 성균관대에서 선정되었다. 나도 그 중의 한 사람이었다.

김 총리와 중앙청 후생관서 오찬

8월 22일에 장녀 내외가 미국으로 떠났다. 섭섭할 것은 없었지만 자녀 모두가 미국에 가 있을 것을 생각하니 어딘지 모르게 허전해지는 것만은 틀림없었다. 그 후 얼마 안 있어서 우연히도 고대의 해직교수인 조 교수와 함께 김 총리와 중앙청 후생관에서 오찬을 나누는 기회를 가질 수 있었다. 그때 해직교수의 합의사항을 전달했다. 그리고 전남대와 조선대의 해직교수를 포함해서 해직교수 전체에 대한 문제의 해결방안을 정부에서 연구·검토 중에 있다는 이야기도 들었다. 그 당시만 해도 해직교수를 만난다는 것은 어려운 일이었는데도 불구하고 그런 기회를 준 김 총리에 대해서 대단히 고맙게 생각했다. 물론 지금도 그 생각에는 변함이 없다.

합의사항에 따라서 9월의 둘째 주 월요일 오전 11시에 평창동에 있는 평창면옥에서 두 번째의 해직교수 모임이 있었다. 이날에도 나올 수 있는 사람들은 거의 참석했으며 또 화기애애한 분위기에서 점심을 나누면서 지난번의 첫 번째 합의사항을 다시 확인했다.

10월에 들어서서는 8, 9일을 이용해서 1박 2일의 소백산 등산을 위한 원행을 했다. 예기치 않게 원행을 할 수 있었다. 그것은 전적으로 내가 8월에 가지 못한 것을 섭섭해하는 것을 안 서울대학교 김 교수의 제안에 의한 것이었다. 영주에서 1박을 했다. 그리고 다음 날 새벽에 차로 비로사(毘盧寺) 앞까지 가서 아침을 간단히 하고 거기서부터 등산하기 시작했다. 정상(1,439m)에 다다르기 전에 물이 있는 곳에서 점심을 하고 정상을 정복한 후 희방사(喜方寺), 희방폭포를 거쳐서 하산했다. 역시 듣던 대로 등산을 하는 사람이면 꼭 가 보아야 할 산이라는 것, 물이 귀해서 여름에는 상당히 조심을 해야 하겠다는 것, 희방폭포는 천하일품이라는 것 등을 실감할 수 있었다. 그러나 마침 일요일이었는데 서울로 올라오는 기차 안에서 라디오를 통해 미얀마의 아웅산 사건 소식을 들었다. 충격적이었다.

원적 대학으로의 복귀 다짐

10월의 모임은 바로 그 다음 날인 10일에 있었다. 이번 모임에서는 문교부장관에게 우리의 합의사항을 알리는 일과 몇 가지 질의를 하는 일을 하기로 합의를 했다. 이 합의사항은 말할 것도 없이 그 후 즉시 실천에 옮겨졌다. 그러나 문교부장관에게 보내는 서신을 참고로 알리기 위해서 별도로 보낸 총리실에서만 회답이 왔고 주무부서의 장인 문교부장관이나 역시 참고로 보낸 안전기획부장, 국회 문공분과위원장으로부터는 아무런 회답이 없었다.

10월 하순에는 그동안 미루어왔던 3~6개월간의 미국 혹은 일본에서의 연구생활을 위한 해외여행에 대한 결정을 내리지 않을 수 없었다. 그동안 여러 가지 궁리 끝에 일단 새해 1월에서 3월까지 3개월간 일본의 도쿄대나 오사카대로 가기로 결정을 했었다. 그러나 여러 가지 사정과 주위의 강력한 만류로 그 계획은 포기해 버렸다. 11월 초에는 두 번째의 책인 《분배의 경제학》이 발간되었다. 이 책은 여기저기 흩어져 있는 나의 글을 한길사가 나름의 기준에 의거해서 골라 한 권으로 묶은 것이다. 11월에도 해직교수들은 둘째 주 월요일에 같은 시간과 장소에 모였다. 지난번의 결의사항의 실천 결과에 대한 보고가 있었고 해직교수들의 생각에는 추호도 변함이 없음을 소리 높여서 천명했다. 그러나 해직교수들의 이러한 요구와는 다른 결정이 내려졌고 그 내용이 12월 6일에 발표되었다. 즉 원적 대학으로는 못 돌아가고 다른 대학으로 가는 것은 허용한다는 것이었다. 따라서 12월의 둘째 주 월요일 오전 11시의 모임은 험악한 분위기에 휩싸이지 않을 수 없었다. 그러나 냉정을 잃지 않은 가운데 각자 솔직한 의견을 개진했다. 해직교수들은 각자의 속마음을 솔직히 털어놓았던 것이다. 그 결과 정부의 결정에 따르겠다는 사람의 수가 소수임이 드러났다. 대대수는 여전히 원적 대학으로의 복귀를 주장하는 이른바 '복귀 고수파'였다. 나도 복귀 고수파였다.

그러면 왜 나는 서울대학교 경제학과로 돌아가는 것을 고집했는가. 첫째로 대학교수의 경우에는 복직은 자기가 있던 곳으로 돌아가는 것을 의미한다고 굳게 믿고 있었기 때문이다. 둘째로 나는 1955년부터 서울대학교 상과대학에 있으면서 4·19를 겪었고 그 직후에는 교무과장이 되어 재건의 주역으로서 역할을 하는 가운데에 5·16을 겪었고, 또 70년부터 75년까지 학장으로 있으면서 상과대학을 질적으로 높이려고 나름대로 노력해 왔기 때문이다. 다시 말하면 상과대학에 대해 누구보다도 강한 애착을 갖고 있었기 때문이다. 셋째로 상대적으로 젊은, 그러나 자녀의 교육비 등으로 생활비 부담이 큰 탓으로 경제적으로 나보다 더 어려움을 겪고 있으면서도 학문으로 꽃을 피우고야 말겠다는 열의에 찬 교수들도 원적 대학으로의 복귀를 고수하겠다는데, 어떻게 내가 다른 대학으로 갈 수 있겠냐는 생각이 강하게 들었기 때문이다. 끝으로 나를 둘러싸고 있는 환경이 다른 대학으로 간다는 것을 결코 허용치 않는 그런 것이었기 때문이다.

'해직교수협의회'의 결성

어떻든 정부의 발표가 있은 후 나는 원적 대학으로의 복귀를 강하게 주장했다. 그리고 모 석간 신문의 요청에 따라 해직교수의 변(辯)을 논단에 쓰기도 했다. 바로 그것이 12월 16일자의 이른바 〈가슴을 활짝 연 대화로〉이다. 그 요청은 당사자들은 제쳐놓은 채 제3자끼리 설왕설래한다는 것은 우스운 일이니 그러지 말고 직접 당사자의 이야기를 들어보자는 취지에서였다고 한다. 참으로 고마운 일이 아닐 수 없었다. 또 다른 대학으로 가라는 권유도 다른 대학으로부터의 요청도 완강히 거절했다. 물론 경우에 따라서는 영영 서울대학교 경제학과로 복귀할 수 없을지도 모른다는 생각도 했다. 따라서 배수진을 치지 않을 수 없었는데 다행히도 그동안 나를 잘 아는 졸업생들의 적지 않은 성금이 있어서 어떤 사정으로 이제까지 도와주던 사업을 하는 졸업생들의 원조가 중단되어도 그럭저럭 1, 2년간은 연구실을 유지해 갈 수 있을 것 같은 생각이 든 데다가, 또 집 살림은 정 급하면 장남을 귀국시켜서라도 꾸려 나갈 수 있겠다는 생각이 들어서 일단은 마음의 진정을 찾을 수 있었다.

12월 모임을 계기로 이제까지 모임 방식은 별로 의미가 없게 되었다. 그리하여 의견을 같이한 원적 대학 복직 고수파들은 12월 20일에 해직교수협의회를 결성했다. 그 모임에 사정이 있어서 참석 못했지만 나는 3인으로 되어 있는 운영위원의 한 사람이 되었다.

뒤에 들은 얘기지만 그 모임에서는 이제까지의 합의사항과 주장을 어느 때보다도 강하게 천명했다고 한다. 12월 20일경에는 광주에서 유명한 홍 변호사의 고희(古稀)기념논집의 증정식이 있었다. 나도 글을 썼지만 독감으로 이 행사에는 참석할 수 없었다. 이렇듯 어떻게 보면 정신없이 바쁜, 또 어떻게 보면 기가 차는 생활을 하는 가운데에 가족적인 일대 낭보가 미국으로부터 날아왔다. 그것은 그렇지 않아도 차녀의 해산달이 가까워서 걱정하고 있던 차에 차녀가 크리스마스 이틀 전에 순산에다 득남을 했다는 소식이었다. 나도 처도 진짜 할아버지와 할머니가 되었으니 이제는 진짜로 늙었구나 하는 생각에 슬퍼질 수도 있겠는데 그동안의 걱정이 컸던 탓인지 그렇게 기쁠 수가 없었다.

12월에 있은 졸업생의 사은회에는 참석을 하지 않았다. 고맙기는 하지만 곰곰 생각해 보니 내가 해직될 당시에 그들은 경제학과 학생이 아니고 사회계열 학생이었기 때문이다. 그런데도 참석한다는 것이 어딘지 모르게 쑥스럽게 느껴졌던 것이다.

'민중대학' 개설 원칙 합의

84년의 신정이 다가왔다. 예년과 마찬가지로 많은 사람들이 찾아왔다. 하지만 나나 아내나 가족적으로는 더 크게 허전하고 쓸쓸한 신정을 보낸 셈이다. 이번 신정에는 자녀 모두가 미국에 있는 관계로 얼씬도 하지 않았으니 말이다.

1월의 모임도 종전대로 가졌다. 이 모임에서는 지방에 있는 대학교의 해직교수도 본인들의 희망에 따라 회원으로 가입시키기로 했다. 그리하여 처음으로 가입한 교수는 전남대의 송 교수 등의 여섯 사람이었다. 1월 하순에는 좋은 책을 내오고 있던 10개 출판사의 하나인 지식산업사가 재정적으로 어려움을 겪게 되자 서울대학교의 사학과 교수들을 중심으로 후원회가 발족되었는데 김 사장과의 친분관계로 나는 후원회 회장이 되었다. 이 회장직을 맡은 데는 좋은 책을 내려고 애쓰는 출판사는 어떻게 해서든지 살려야 한다는 나의 생각이 강하게 작용했던 것도 사실이다.

2월의 모임도 역시 종전대로 가졌다. 이 모임에는 전남대의 해직교수 여섯 사람도 참석했다. 광주에서 새벽에 출발해서 참석했으니 그 성의는 대단했다. 이 모임에서는 우리의 주장을 밝히는 글을 내는 것과 대통령에게 건의서를 최단시일 내에 내는 것이 결의되었으며 또 다음 모임은 광주에서 개최하기로 했고 해직교수 아카데미를 앞으로 운영해 가기로 했고, 전북대의 해직교수와 영남대의 해직교수도 본인들의 희망에 따라서 회원으로 가입시키기로 했다. 대통령에게 보내는 건의서는 곧 실천에 옮겨졌다.

3월 새 학기가 가까워지자 다른 대학으로 가는 교수의 명단이 밝혀졌다. 그러나 우리들의 예상에서 별로 벗어나지 못했다. 2월 모임의 결의에 따라서 3월 모임은 광주에서 모였다. 어느 새로 지은 호텔에서였다. 서울에서 대거 광주로 내려갔으며 전북대와 영남대의 해직교수 중에서도 각각 한 사람씩 참석했다. 그날 저녁에는 홍 변호사를 개최자로 하는 해직교수를 위한 환영만찬회가 있었지만 나는 또 다른 서울에서의 약속 때문에 점심을 겸한 회의가 끝난 후 홍 변호사를 집으로 방문하여 첫 대면 인사를 나누고 곧 서울로 돌아왔다.

해직교수 아카데미를 해직교수들이 독자적으로 운영한다는 것은 여러 가지 사정으로 거의 불가능하다는 결론 아래 이미 기독교 단체의 지원을 받기로 했었는데 다행히도 호응도가 높았다. 가장 먼저 호응한 곳은 인천의 카톨릭센터였다. 동 센터는 민중대학을 개설하기로 했던 것이다. 그것이 확정된 것은 4월 초였던 것으로 생각된다.

4월 모임은 경제기획원 뒤에 있는 조그마한 음식점에서 오후 4시에 모였다. 그 모임에서는 바로 그날 낮에 청와대의 이 민정수석비서관이 해직교수의 운영위원 세 사람과 오찬을 같이한 뒤여서 주로 거기서 논의된 것에 관한 보고와 질의가 이루어졌다. 그런데 그 오찬모임은 이미 해직교수들이 대통령에게 낸 건의서에 대한 답변의 한 형태였다고 할 수 있다. 이 모임에서는 또 하순경에 소풍겸 해서 우이동으로 나들이를 가기로 결정을 하기도 했다. 확실한 날짜는 잘 기억이 안 나지만 비가 와서 할 수 없이 어떤 집에서 모였던 기억이 난다. 이 모임에서는 인천의 민중대학은 6월 중순부터 시작하기로 되어 있다는 보고가 있었다.

가톨릭 배려로 로마교황 배알

4월 하순에 나는 중앙대학교에서 학생들에게 특강을 했다. 2년 전에도 학생 경제학회 주최로 학생들에게 현대경제학에 관한 특강을 한 바 있지만 공개적으로 특강을 하기는 이번이 처음이었다. 이것은 전적으로 동 대학교의 제3세계 연구소와 경제학 교수들의 공동 노력의 산물이었다.

5월 초순에 나는 우리나라에 온 로마교황에게 인사를 드리는 기회를 가질 수 있었다. 뒤에 들은 이야기이지만 이것은 해직교수에 대한 가톨릭 측의 특별배려에서 나온 것이었다고 한다. 5월 모임과 6월 모임은 역시 요일과 시간은 같이 하되 장소만은 달리해서 시내 안국동 로터리 근처에 있는 버드나무집에서 모였다. 앞으로는 장소도 고정시키기로 했다. 두 모임에서는 계속되는 우리의 주장과 민중대학의 강의에 대한 보고와 합의가 있었다. 6월 모임은 6월 11일에 있었는데 바로 3일 후인 6월 14일은 우리 해직교수에게 영원히 잊지 못할 날이었다. 그날 드디어 우리가 그동안 계속해서 주장해온 해직교수의 '원적 대학으로의 복귀' 즉 진정한 의미의 복직을 허용한다는 정부의 발표가 있었다. 해직된 지 꼭 만 3년 11개월, 다시 말하면 47개월 만의 일이었다. 참으로 감개무량했다. 얼마 안 있어서 내가 돌아가야 할 서울대학교로부터 복직 수속을 취하라는 연락이 왔다. 서두르라기에 서둘러 필요한 서류를 제출했다. 그때서야 복직에 대한 실감을 느낄 수 있었다. 이제는 발령 나는 것만이 남게 되었다.

1주일이 지난 6월 21에는 특별모임이 있었다. 이 모임에서는 각 대학의 반응에 대한 대학별 보고가 있었고 또 모든 회원이 복직할 수 있도록 공동 노력을 하자는 합의가 있었다. 특히 7월 1일자로 발령을 낼 것이라는 고려대학교의 반응은 고무적이었다.

6월 23일에는 예정했던 대로 한국무역학회의 창립 10주년 기념 심포지엄에서 '자유시장경제와 개입주의'라는 제목으로 기념강연을 했다. 복직 수속을 밟고 난 후 학회에서 한 첫 강연이었기에 긴장은 되었지만 그것은 나에게는 특별히 의미 있는 것이었다. 그리고 6월 27일에는 내가 편자의 한 사람으로 되어 있는《경제학 대논쟁》이라는 책이 모 일간 경제지의 문고로 발간되었다.

7월과 8월에도 해직교수의 모임은 있었다. 8월 16일의 8월 모임에서는 예상한 대로 영남대와 조선대에만 문제가 있음이 드러났다.

나는 대학으로 복직하기에 앞서 이미 약속한 글과 일을 처리하느라고 바삐 지내게 되었지만 그러는 가운데에서도 미진한 일은 가능한 한 떨어버리는 것이 좋겠다는 생각에서 아직 등산하지 못한 덕유산과 태백산만은 꼭 등산하기로 했다. 그리하여 7월 21일에 서울을 떠나 1박 2일의 예정으로 산우회 멤버들과 어울려서 덕유산(1,614m) 등산을 위한 원행을 했다. 철이 철인만큼 매우 붐볐지만 그런대로 가볼 만한 산이라는 인상을 받았다. 약 1개월 후인 8월 18일에는 1박 2일 예정으로 역시 산우회 멤버들과 어울려서 태백산(1,561m) 등산을 위한 원행을 했다. 좀 거리가 멀기는 했지만 길이 좋아서 별로 불편을 느끼지 않고 다녀올 수 있었다. 이 산 역시 한 번은 꼭 가볼 만한 산이라는 인상을 받았다. 다만 태백산은 샤머니즘의 색채가 농후한 산인 것 같은 느낌이 들었다.

8월 22일과 23일에는 인천의 민중대학에서 강의를 했다. 약 2주간의 여름 방학을 끝내고 다시 모인 첫날과 다음 날의 강의였으나 많은 학생들이 나와 진지한 자세로 경청하는 모습을 보니 자연히 머리가 숙여지지 않을 수 없었다.

감개무량한 9월 8일 첫 강의

9월 모임은 학기가 시작되는 9월 1일에 모였다. 이 모임에서도 여전히 두 대학교에서 복직문제가 해결 안 되고 있음이 드러났다. 그러나 영남대의 경우에는 해결의 실마리가 보이는 것 같았지만 조선대의 경우에는 전혀 보이는 것 같지 않았다(해직교수협의회는 그 후 9월 22일의 모임에서 건배를 드는 가운데에 대단원의 막을 내렸다). 이 모임 때만 해도 나 역시 아직 발령을 받지 못하고 있었으나 9월 3일에 드디어 발령을 받았다. 그리고 9월 8일에 첫 강의를 했다. 이번 학기에는 학부 3학년의 '경제변동론'과 대학원 석사과정의 '경제발전론 연구'를 강의하게 되어 있는데 그날은 3학년의 강의를 한 셈이다.

강의를 끝내고 연구실로 돌아오니 꿈만 같았다. 그러면서 나는 지난 만 4년 1개월 동안 졸업생을 포함해서 물심양면으로 많은 도움을 준 사람들, 걱정과 격려를 아끼지 않은 사람들, 언제나 어려움을 함께 해온 친구·동료들에 대한 북받쳐 오르는 고마움, 또 그동안 용케도 버틸 수 있었구나 하는 신기함을 새삼 느낄 수 있었다. 그리고 앞으로도 이제까지의 자세를 그대로 유지해야지, 해직 전보다 더 열심히 연구하고 가르치기 위해서 노력해야지 하고 굳게굳게 다짐을 했다. 그러나 기어이 탈고하여 발간하리라던 《마셜경제학 연구》를 끝내지 못한 게으름에 대한 자책감, 아직 복직하지 못하고 있는 해직자들에 대한 미안한 마음, 알리지 않음으로써 끝내 내가 해직된 사실을 모르고 불귀의 객이 된 장인에 대한 미안한 마음 등은 못내 떨쳐 버릴 수가 없었다.

이제 이 글을 끝맺을 때가 왔다. 사람이란 묘해서 실직을 당하면 처음에는 곧 죽을 것 같아도 살길은 얼마든지 있다. 사람이 사람답게 살려면 비록 어렵더라도 정도 내지 대도를 걸어야 한다. 어려운 처지에 있을수록 건강에 각별히 유의하여 등산이든 낚시든 또 다른 운동이든 각기 알맞은 운동을 지속함으로써 건강을 계속 유지해 가야 한다. 바로 이것이 만 4년 1개월의 해직교수 생활을 청산하면서 남기고 싶은 말이다.

《이코노미스트》(1984. 11. 20)

가슴을 활짝 연 '대화'로

지난 12월 16일자로 전해진 80년 해직교수의 복직에 관한 소식은 해직 당사자인 우리에게 반가운 소식이었다.

이 소식이 더욱 기쁘게 여겨지는 것은 해직교수의 복직 조치가 80년 이후 맺힌 응어리들이 하나씩 발전적으로 풀려갈 조짐일 것이라고 생각되기 때문이다.

이 소식이 보도되자 우리를 알고 걱정해주는 많은 사람들이 전화로 반가운 인사를 해 왔는데 해직교수인 우리는 정작 그 인사를 곧이곧대로 받아들일 수 없는 딱한 처지에 있었다. 사람들은 이 복직 조치로 해직교수들 모두가 신 학기가 되면 학교에 돌아가서 강의를 할 수 있다고 여기는데, 사실은 이번에 문교부가 취한 복직 조치에는 해직교수가 해직 당시 대학의 제자리에는 돌아갈 수 없고, 다른 대학으로 가되 그것도 각 대학들의 형편에 따라 신규 임용하게 한다는 단서조항이 붙어 당사자들은 실제로는 갈 곳이 없었다.

지난 8월에 정부 당국이 광주의 전남대와 조선대의 해직교수들은 다른 지방의 다른 대학에 보낸다는 복직 조치를 발표했을 때 서울에 있는 해직교수들이 모여서 그 조치가 부당하고 해직교수 모두가 일시에 자기의 대학으로 돌아가지 않는 복직은 있을 수 없다는 점을 확인했던 바가 있고, 그때의 우리 생각은 지금도 변함이 없다. 우리의 생각으로는 복직은 아무 조건 없이 제자리로 돌아가는 것을 뜻하는 것이고 그것은 상식이며 사리이다. 해직이 학교의 차원을 넘어서 있었듯이 복직도 정치적인 조치인 것이고 그 조치에는 당연히 상호 간의 품위가 지켜지는 데서 이루어져야 한다고 생각된다. 이러한 생각은 우리만의 독단이 아니다. 지난 8월에도 몇몇 주요 신문이 사설을 통해서 우리와 같은 견해를 표명해 주었고 이번에도 각지(各紙)가 사설에서 우리의 입장을 지지하고 해직교수는 당연히 자기의 대학으로 돌아가야 한다고 주장하였다.

지난 3년 5개월을 돌이켜보면 해직교수 당사자들과 그 가족은 고통스러우나 의연하였고 그들을 아는 사람들은 가슴 아파하였으며 그 사태를 아는 사람은 그들과 더불어 이 시대의 어려움을 절감하였다. 해직교수를 낸 대학과 동료교수들은 우리에게 성금을 보내거나 생활비를 보태주기도 하였고 연구비를 마련해주기도 하여 우리를 격려하고 연대를 표시해주었다.

이로써 해직교수 문제는 학원 문제의 차원에서 우리들만이 아니라 재직교수들과 대학 당국도 모두 아픔을 함께 나누고 있는 일임을 알게 한다. 우리는 이들에게 감사한다. 그 덕분으로 우리는 3년 반여 동안 제각기 자기 분야에서 연구와 저술활동에 주력할 수 있었다.

신문보도에 따르면 몇몇 대학의 당국자들은 복직은 해직교수가 당연히 해직 당시의 자기 대학 제자리로 돌아가는 것을 뜻한다고 하였다. 해직교수가 본래 대학으로 돌아가는 것이 정상적인 복직이라고 생각하듯이 대학에서도 본교 해직교수를 제쳐놓고 타교 해직교수를 신규 채용한다는 것이 사리에 어긋난다고 생각하는 것이다.

해직 당시 어느 해직교수 한 분이 국민학교 학생인 딸아이에게 일러 준 해직의 변이 다시금 생각난다. "애야, 아버지가 나쁜 사람이기 때문에 해직된 것이 아니란다. 단지 정부를 맡은 분들하고 아버지 사이에 나라와 민주주의의 발전을 생각하는 의견의 차이 때문이란다."

이제는 그 의견의 차이를 서로 이야기할 계기를 마련해야 될 때라고 생각한다. 우리는 서로 이야기해야 할 거리를 덮어 두고 가슴앓이할 필요가 없을 것이다. 털어 내놓고 이야기함으로써 우리의 민주주의가 발전할 길을 찾으며 그 조건을 설정해 나갈 수 있다고 본다. 해직교수의 복직 문제는 우리만의 문제가 아니다. 모든 문제 해결의 시발점으로 제기된 것이라고 생각한다.

《동아일보》(1983. 12. 16)

깨끗하고 흔들리지 않는 삶을 위해서

나는 지난 2월 29일에 정년퇴임함으로써 1955년 9월부터 시작된 서울대학교 교수 생활을 마감했다. 나는 일종의 성취감 같은 것을 느끼면서, 신기하다는 생각을 하면서, 담담한 마음으로 정년퇴임을 맞이했다. 사실 나는 어떻든 유종의 미를 거두었기에 성취감 같은 것을 느꼈고, 1980년 7월 31일자로 강제로 해직당한 뒤 1984년 6월 중순까지만해도 원 소속 대학으로의 복직 여부가 결정되지 않았었고 그해 9월 1일 자로 복직한 후에는 정치상황으로 미루어 볼 때 종전대로 처신하는 한 언제 또 다시 해직당할 지 모르는 생활을 계속했다고 할 수 있기에 신기하다는 생각을 가졌고, 해직으로 이미 4년 1개월의 정년퇴임예행연습기간을 겪었고 1982년 5월에 개설한 학현연구실이 기다리고있었기에 담담했다. 솔직히 말해서 나는 서울대학교 교수 생활을 내나름대로는 어떤 일관된 신념을 갖고 해왔다고 할 수 있다.

(ㄱ) 대학이 잘되는 것은 곧 나라나 사회가 잘되는 것을 의미한다. (ㄴ) 대학은 아카데미를 고수해야 한다. (ㄷ) 대학은 신분이 완전히 보장된 교수들의 자율적인 운영에 맡겨져야 한다. 즉 학원민주화가 실현되어야 한다. (ㄹ) 교수는 연구자, 강의자, 사회봉사자이면서 교육자

이기도 하다는 이런 네 가지의 신념이 바로 그것이었다.

(ㄱ)은 대학은 한 나라, 한 사회의 장래 지도자를 양성하는 곳이라는 데에 연유한다. 그러한 의미에서 나는 유능하고 존경받는 교수일수록 대학을 지켜야 하고 정년퇴임을 맞이해야 한다고 생각한다. (ㄴ)은 대학에서 아카데미즘의 상실은 곧 대학의 종언을 뜻한다고 할 수 있는 데 연유한다. 그런 의미에서 나는 교수의 현실참여는 직접적인 방식이 아니고 간접적인 방식, 즉 학술논문이나 글을 통해서 하는 방식으로 이루어져야 한다고 생각한다. (ㄷ)은 교수가 대학의 주인이라는 데 연유한다. 분명히 정년까지 남아서 대학을 지키는 사람은 교수이다. 그런 의미에서 나는 교수회의는 의결기관이어야 하며 총·학장은 교수의 직접선거에 의해서 선출되어야 하고 교수의 신분을 위협하는 데 악용되기 마련인 교수 재임용제는 마땅히 폐지되어야 한다고 생각한다. (ㄹ)은 대학은 진리탐구를 통해서 인격을 도야하는 곳이라는 데 연유한다. 교육자는 학생들의 존경을 받아야 하고 타인의 모범이 되어야 하므로 부단한 자기절제와 극기생활을 필요로 한다. 게다가 제자들은 말없이 스승의 행적을 지켜보면서 기뻐하기도 하고 언짢아하기도 하는 것이 사실이다.

그런 의미에서 나는 교수는 기능인이라는 생각에 빠지지 말고 교육자라는 의식을 강하게 가져야 한다고 생각한다. 그러기에 나는 다음과 같은 일본의 야나이바라 다다오의 짤막한 영문소개 "scholar, teacher, christian and pioneer in japanese colonial studies"가 마음에 든다. 야나이하라 다다오는 2차 대전 전의 군국주의 시대에 도쿄제국대학의 경제학 교수직에서 해직되었다가 일본의 패망으로 8년여가 지난 1945년 10월에 복직한 후 교양학부장, 부총장, 총장을 지낸 일본의 '양심'이다.

앞으로 나는 이런 신념을 굳건히 간직한 채 이제까지 살아온 삶의 방식을 대부분 그대로 유지하도록 노력하면서 살아갈 것이다. 그리고 앨프리드 마셜이 교수 사직 후에 살아간 방식을 참고삼아 살아갈 것이다. 이 말은 좋은 책을 쓰기 위해서 노력할 것이라는 말이다. 마셜은 그렇게도 간절히 바라던 자기 모교인 케임브리지 대학의 경제학 교수로 취임한 지 24년째 되는 해인 1908년에 자진해서 사직했다. 그것은 그의 주저 중의 주저로 알려져 있는 《경제학원리》(1890)의 개정작업과 그것의 속편을 발간하기 위해서였다. 1908년은 그의 나이 66세가 되는 해다. 그럼에도 그는 1907년에 제5판을 낸 《원리》의 개정을 거듭해 1920년에 제8판(최종판)을 냈고, 1919년에는 《산업과 무역》을 1923년에는 《화폐, 신용, 상업》을 발간했고, 그가 마지막 주저로 삼았던 《진보: 그 경제적 조건》을 저술하다가 82세의 생일을 약 2주 남긴 1924년 7월 13일에 사망했다.

물론 또 나는 깨끗하게 늙어가려고 노력할 것이다. 깨끗하게 늙는 것 바로 이것은 나의 소박한 소망 가운데 하나다. 이 소망은 어려운 것인 줄 안다. 그러나 우리 사회, 우리나라의 실정을 감안할 때 이것이 내 나름대로 우리 사회, 우리나라에 이바지하는 것이 아닐까 하는 생각에서 비록 어렵더라도 나 자신은 그런 노력을 지속적으로 행하려고 한다. 잘은 모르지만 깨끗하게 늙는 이들이 많은 사회나 나라, 그것이 바로 선진사회, 선진국이며 또 좋은 사회, 나라가 아닐까 생각한다.

그러나 제아무리 강한 각오를 갖고 있다고 해도 사람은 원래가 약하기 때문에 흔들릴 수도 있고 또 다른 길을 갈 수도 있다고 생각한다. 그렇다면 항상 어떤 강요를 받아야 하는데 나는 그런 강요하는 일을 민교협 회원 여러분에게서 찾고자 한다. 분명 이것은 내 과욕의 소산이 아니리라.

《민교협월보》(1992. 5)

제2편
‘성장의 그늘’에 햇살을

제1장 우리나라에 절실한 것은

우리는 잠자는 거북이인가

《이솝우화》에 토끼와 거북이에 관한 이야기가 있다. 그 내용인즉 산꼭대기를 올라가는 경주에서 거북이가 토끼에게 이긴다는 것이다. 느림보 거북이가 빠른 걸음의 토끼에 이기게 된 것은 토끼가 도중에서 낮잠을 잔 데 기인한다. 즉 거북이는 느림보이지만 낮잠을 자지 않고 꾸준히 산꼭대기를 향해서 올라간 데 반하여 토끼는 걸음은 빠르지만 만심(慢心)하여 도중에서 낮잠을 잤기 때문에 거북이가 경주에서 이겼다. 따라서 이 토끼와 거북이에 관한 이야기는 우리에게 '느리지만 착실한 편이 경주에 이긴다'는 교훈을 남겨주고 있다.

우리는 오늘날 흔히 선진국과 후진국이 토끼와 거북이로 비유되는 것을 본다. 비유에는 알맞은 것도 있고 그렇지 않은 것도 있다. 경우에 따라서는 도리어 얼토당토않은 것이 있다. 그런데 내가 보기에는 선진국과 후진국을 토끼와 거북이로 드는 비유가 바로 그런 것이 아닌가 여겨진다. 왜냐하면 오늘날의 선진국은 결코 도중에서 낮잠 자는 토끼가 아니고 계속해서 질주하는 토끼인 데 비해서 오늘날의 후진국은 도리어 도중에서 낮잠을 자는 느림보 거북이인 것 같이 느껴지기 때문이다. 사실 추월은 고사하고 후진국이 선진국과의 거리차를 점차로 좁혀가기 위해서라도 후진국은, '날아가는' 거북이가 되어야 할 것인데도 불구하고 아이러니컬하게도 거꾸로 되어 있는 것같이 느껴진다. 결국 선진국과 후진국은 《이솝우화》에서 나오는 토끼와 거북이와는 정반대로 되어 있는 셈이며 따라서 《이솝우화》에 이상(異狀)이 생긴 셈이다.

선진국은 낮잠을 자더라도 무방할 것이지만 그 나라의 메커니즘이 그것을 허용하지 않고 도리어 질주를 강요하고 있다. 이것을 우리는 미국 같은 나라에서 실감할 수 있다. 미국에서는 경쟁이 하도 심하니까 주중에는 정신없이 일하지 않으면 안 되며 또 항상 긴장하고 있지 않으면 안 된다. 미국사람들이 얼마만큼 긴장하고 있는가는 '아나신' 같은 불안증 해소약이 대단히 많이 팔리고 있는 것으로도 실증된다. 그러나 긴장상태는 영속될 수는 없다. 그래서인지 그들은 주말을 하나의 낙으로 기다리게 되며 또 주말의 기분, 즉 긴장상태에서의 해방감을 만끽하려고 한다. 아마 그럼으로써 긴장상태에서 일시나마 해방되고 새로운 활력소의 공급을 받게 되어 계속되는 치열한 경쟁에 배겨낼 수 있을 것이다. 이렇게 보면 분명히 그들에게는 주말의 기분을 만끽할 필요가 있다.

그러면 후진국의 실정은 어떠한가. 후진국에는 과잉인구에 기인하는 실업자 내지 잠재실업자가 많아서 그런지는 모르겠으나 많은 사람들이 많은 여가를 향유하고(?) 있는 것 같다. 극단적으로 말하면 그들에게는 주중이 없다고 해도 과언이 아닐 것이다. 그런데도 선진국의 바람은 그들에게도 주말을 허용한다. 그리하여 그들은 주말을 즐긴다. 선진국의 사람들은 주중에 죽어라 일하며 또 긴장상태에 있기 때문에 새로운 활력소의 공급을 받기 위해서 주말을 즐기는 데 대해서 후진국의 사람들은 주중에도 많은 여가를 향유하면서 거기에 또 선진국의 사람들과 마찬가지로 주말을 즐기거나 즐기려고 하고 있는 셈이다. 밤잠을 자지 않고 부지런히 일을 하여야 마땅할 사람들은 도리어 게으르고, 쉬어도 마땅할 사람들은 도리어 부지런을 피운다면, 후진국이 선진국을 추월하는 일은 고사하고 언제 선진국과의 거리차를 좁혀갈 수 있겠는가.

우리나라는 후진국이다. 그러기에 우리나라에는 선진국의 바람이 세차게 불어오고 있다. 즉 '여가 붐'(레저 붐)이 일고 있고, 주말을 즐기고 있고, 들뜬 생활을 하는 사람이 많아지고 있다. 생을 향락하기 위해서 여가를 즐기는 것을 누가 마다할 것인가. 생의 향락은 우리의 삶의 최종적인 목표이기 때문이다. 그러나 여가, 주말을 즐길 처지가 못되는 사람이 그것을 즐기거나 들뜬 생활을 하는 것은 문제이며, 제격에 안 맞으며, 우스꽝스럽다고 아니할 수 없다. 그것은 마치 가난뱅이가 부자도 되기 전에 앞질러 부자 행세하는 것과 같기 때문이다. 아마 그렇게 행세하다가는 영영 부자가 못될 것이다. 우리나라는 현재 부자나라가 되기 위해서 안간힘을 다하여야 할 처지에 놓여 있다. 물론 우리 가운데에도 여가, 주말을 즐길 처지에 있는 사람이 있다. 그러나 우리나라 사람이 일반적으로 뚜렷한 개성(이것은 개인주의와 엄연히 구별된다)을 갖고 있지 못하기 때문에 유행에 민감하다는 사실을 똑바로 인식하고 있다면 그것을 즐길 수 있는 처지에 놓여있는 사람이라 하더라도 되도록 삼가는 것이 좋지 않을까 생각된다. 왜냐하면 유행에 민감하기에 이른바 '전시효과'(demonstration effect), 즉 생활수준이 높은 사람의 생활을 그보다 낮은 수준의 사람이 모방하도록 만드는 유혹이 크게 효력을 발휘하게 되어 결국 점차로 그런 처지가 못되는 사람도 여가, 주말을 즐기려고 하고 또 실제 즐기는 결과를 초래할 것이기 때문이다.

결국 이렇게 보면 우리 각자는 여가, 주말을 즐기려고 하는 것보다는 삼가는 미덕, 뚜렷한 개성, 자기 분수를 아는 미덕을 지니고 차분히 가라앉은 마음에서 이를 악물고 열심히 일하고 열심히 공부하도록 하고, 지도층은 그런 방향으로 솔선수범하면서 우리를 끌어가도록 하는 것이 무엇보다도 필요한 일이라고 할 수 있을 것이다. 그리고 이것이 《이솝우화》가 선·후진국의 경우에도 그대로 적용된 경우이기도 하며 또 우리나라가 진정한 의미에서 후진국의 모범생이 되는 길이기도 하다. 아무쪼록 새해는 이런 방향으로 첫 출발의 해가 되었으면 하는 마음 간절하다. 어떻든 새해에는 나는 이런 방향으로 진일보(進一步)를 위하여 더 한층 분발하려고 한다.

《샘터》(1972. 1)

불행한 고정관념

우리나라에는 언제부터인지 하나의 불행한 고정관념이 있다. 국산품은 품질이 나쁘고 외국제품은 좋다는 관념이 그것이다. 이 관념은 오랜 기간에 걸쳐 여러 요인이 상승작용을 하면서 형성된 것이기 때문에 그 뿌리를 뽑아버리는 데에는 비상한 노력이 필요할 것 같다.

이러한 관념이 생기게 된 근본 원인은 우리나라 생산기술이 미숙한 상태에서 상대적으로 품질이 우수한 상품이 외국으로부터 유입되면서 싹트게 된 것이다. 특히 6·25 동란을 계기로 주한미군과 미국 원조와 더불어 들어온 미국제품은 전쟁으로 생산시설이 파괴됨으로써 극도로 조악해진 국산품과 대조를 이루어 미국제품에 대한 무조건적인 선호를 낳게 하였다. 그러나 근년에 이르러 기술면과 시설 면에서 외국제품에 못지않은 조건으로 생산되며 또 품질 면에서 외국제품에 떨어지지 않는 국산품이 많이 나타나게 된 것은 반가운 일이다.

그런데 이러한 품질의 향상에도 불구하고 국산품은 열등하고 외국제품은 우수하다는 고정관념은 쉽게 사라지지 않고 있다. 그러나 결코 그렇게 생각하는 사람들만을 탓할 수는 없지 않은가 생각된다.

국산품을 애용하자는 구호는 어렸을 때부터 귀가 아프게 들으며 성장하기 때문에 일반국민은 기본적으로 국산품 애용의 태세를 갖추고 있다고 볼 수 있다. 그런데 바로 이러한 태세의 발로를 일부 국산품 생산자의 악덕행위가 꺾고 있는 것이다.

지금까지 국산화 되지 않고 외국제품에만 의존하던 것이 국산화되었다고 하면 일반국민은 시험삼아 사서 써보게 될 것이다. 그리고 외국제품보다는 좀 못하지만 그대로 쓸 만하다고 생각되면 외국 제품을 버리고 이를 계속 사용하게 되며 주위사람에게도 이를 권하게 된다. 그러나 이렇게 사용하기를 몇 달 하면 그 품질은 눈에 띄게 나빠지며 1년쯤 지나면 도저히 사용할 수 없을 정도로 나빠져서 사람들은 다시 외국제품으로 바꾸게 된다. 이렇게 한 번 국산품을 써보다가 외국제품으로 바꾼 사람들은 웬만해서는 다시 국산품을 사용하려 하지 않을 것이다.

현재 우리나라의 생산기술은 일부 정교한 기술을 요하는 분야를 제외하고는 국민의 기호를 충족시키는 데 별로 손색이 없는 것으로 본다. 단지 위에서 본 바와 같은 악덕 생산업자가 적지 않게 있으며 이들은 일시적 폭리를 추구하다가 국민의 국산품에 대한 불신감을 조장함으로써 양심적인 생산업자의 잠재적 시장마저도 말살해 버리고 마는 것이다.

이리하여 현재 우리나라에서는 그 제품이 우수하다는 것을 나타내기 위해서 생산업자들은 외국상표를 그대로 붙여야만 하게 되었다. 즉 우리나라의 기술수준은 그만한 품질을 능히 만들어낼 수 있음에도 국산품 불신의 고정관념을 깨뜨릴 수 없기 때문에 국내 생산업자들은 비싼 기술료 및 상표사용료를 지불하면서 외국상표가 붙은 상품을 만들어 국내에 판매하는 꼴을 보이고 있는 것이다.

가뜩이나 국제수지의 역조 압력에 허덕이고 있는 우리의 처지로서는 이러한 불필요한 지불을 없애기 위해서 그리고 더 중요한 국민의 상호 신뢰감을 되찾기 위해서 국산품의 품질관리와 감독이 더욱 철저히 이루어져야 하겠다.

《서울신문》(1972. 6. 29)

경제성장과 물가

영국의 필립스(W. Philips)는 자기나라의 화폐임금 상승률과 실업률에 관한 장기적인 시계열자료에서 실업률이 낮을 때에는 임금상승률이 크고 반대로 실업률이 높을 때는 임금상승률이 작다는 사실을 찾아냈다. 말하자면 실업률과 임금상승률 사이에 트레이드-오프(비양립적인) 관계가 있음을 찾아냈다. 그러기에 이 관계를 표시하는 곡선은 '필립스 곡선'이라고 불린다.

그러나 이 '필립스 곡선'은 화폐임금의 상승률과 물가상승률 그리고 경제성장률과 실업률 사이에는 적어도 경험적으로는 밀접한 관계가 있으므로 최근에 와서는 더 나아가서 실업률과 물가상승률 또는 경제성장률과 물가상승률 사이의 트레이드-오프 관계를 표시하는 것으로도 해석되고 있다.

사실 미국에서는 실업률을 3퍼센트로 억제하기 위해서는 물가상승률이 4퍼센트를 넘어야 하고, 물가를 안정시키기 위해서는 5퍼센트 이상의 실업률을 감수하지 않으면 안 된다는 것이 알려져 있다. 또 2차 대전 후의 세계의 경험을 보면 경제성장과 물가 사이에는 다소를 불문하고 플러스의 관계, 즉 경제성장이 있으면 물가는 상승한다고 하는 관계가 성립되고 있다.

만약 실업률과 물가상승률 사이 또한 경제성장률과 물가상승률 사이에 이와 같은 트레이드-오프 관계가 성립된다면 고성장(및 완전고용)과 물가안정을 동시에 달성하는 것은 불가능하며 정책당국은 고성장(및 완전고용)과 인플레를 선택하든가, 저성장(및 실업)과 물가안정을 선택해야 하는 딜레마에 맞닥뜨리게 된다고 할 수 있을 것이다.

그러나 그렇다 하더라도 경제성장이 있으면 물가상승은 필연적이라든가 경제성장이 높을수록 물가상승은 클 수밖에 없다는 식의 해석은 잘못이라고 아니할 수 없다. 왜냐하면 비록 경제성장과 물가 사이에 플러스의 관계가 있다고 해도, 그 관계가 큰 경우에는 문제가 되지만 그 관계는 항상 크다고만 할 수 없기 때문이다. 분명히 성장이 높을 때 물가가 크게 상승하면 문제가 된다. 우리나라의 경우는 이에 해당한다고 할 수 있다. 그러나 일본의 경우는 고성장을 지속하면서도 물가상승은 훨씬 완만하다. 그리고 모름지기 정책당국이 추구하여야 할 일은 고성장 속에서도 물가상승을 선진국 정도의 완만한 것으로 또 그것도 한층 안정적인 것으로 지속시키기 위해서 필요한 정책을 찾아내는 것일 것이다.

현재 우리나라에서 물가상승의 완만화, 지속적인 안정화를 저해하고 있는 요인은 결코 고성장만이 아니고 그동안 적절한 산업구조 정책을 추구하지 못한 점, 경영합리화를 위한 노력이 충분하지 못한 점, 경제성장에 대한 적응능력이 중소기업 소비구조유통기구에서 또 대기업에서조차 충분하지 못한 점에도 있다.

따라서 앞으로 물가문제를 다룰 때에는 이런 점에 대한 깊은 반성이 있어야 할 것이다.

1970년대 초반 발표 추정

과정의 중시

　나는 일본의 화교(華僑) 작가가 쓴 《일본인과 중국인》이라는 작은 책에서 중국어와 일본어의 구조적 차이를 나타내는 몇 가지 재미있는 예를 본 일이 있다. 그러나 여기서는 그 중의 두 가지만을 들기로 한다. 하나는 사마천(司馬遷)이 《사기》를 쓰게 된 동기를 나타내는 글 가운데에 부친의 유언으로서 들고 있는 "我爲太史而弗論載"라는 문구이다. 이 문구는 태사(太史)를 어떤 관직으로 보느냐에 따라서 그 뜻이 달라진다. 즉 그것을 '역사를 기술하는 관직'으로 보는 경우에는 부친이 말하기를 "나는 태사라는 직에 있었음에도 불구하고 역사의 저술을 할 수 없었다. …… 매우 유감된 일이므로 나의 유지를 받들어서 역사를 써주기 바란다"고 한 것으로 해석할 수 있으며 '달력을 만들어서 춘경추수의 때를 정하는 관직'으로 보는 경우에는 "나는 태사라는 직에 있었으므로 역사의 저술을 할 수 없었다. ……"고 해석할 수 있다.

　또 하나는 《논어》의 〈학이편〉에 나오는 "曾子曰 吾日三省吾身 爲人謀而不忠乎 與朋友交而不信乎 傳不習乎"라는 문구이다. 이 문구는 '三'과 '省' 사이에 무엇이 숨어 있다고 보느냐에 따라서 그 뜻이 달라진다. 즉 그것은 '回'가 숨어 있다고 보는 경우에는 증자(曾子)는 말하기를 "나는 날마다 세 번 나 자신을 반성한다. 딴 사람을 위하여 일함에 있어서 충실하지 않은 일은 없었는가. 친구와 사귐에 있어서 불신을 사는 일은 없었는가. 가르치면서도 익히지 않은 일은 없었는가"라고 한 것으로 해석할 수 있으며 '事'가 숨어 있다고 보는 경우에는 증자는 말하기를 "나는 날마다 세 가지 일에 대해서 나 자신을 반성한다. ……"고 한 것으로 해석할 수 있다.

중국어에서는 이와 같이 짧은 문구에서도 그것을 옳게 해석하기 위해서는 태사가 어떤 관직이었는가 그리고 '三'과 '省' 사이에 무엇이 숨어 있는가 등에 관한 논의가 필요하며 또 따라서 설득공작이 필요하다. 그러나 그것이 일본어 문구인 경우에는 어떤 관직이었는가 그리고 하루에 세 번이라든지 세 가지 일이라는 것 등이 뚜렷이 밝혀지게 되어 있다. 아니 그것이 밝혀지지 않으면 문장이 성립될 수 없다. 따라서 거기에는 논의의 여지도 또 설득공작의 여지도 존재하지 않는다. 말하자면 이에서 알 수 있는 바와 같이 중국어와 일본어 사이에 구조적 차이가 있는 셈이다.

그런데 그 화교 작가에 따르면 이와 같은 중국어와 일본어의 구조적 차이는 중국인과 일본인의 민족적 성격 차이를 그대로 반영하는 것이라고 한다. 중국인은 미지의 길을 걸어가면서 이정표를 세웠거나 선례를 남긴 민족이기 때문에 결과에 이르기까지의 과정을 중시하며 따라서 설득존중(說得尊重)의 성격을 갖고 있는 데 대해서 일본인은 이미 중국인에 의하여 세워진 이정표 내지 남겨진 선례에 의지해서 걸어온 민족이기 때문에 결과존중〔結果尊重, 바꾸어 말하면 과정경시(過程輕視)〕, 설득경시(說得輕視)의 성격을 갖고 있다고 한다. 미지의 길을 걸어갈 때 그것도 서로 잘 모르는 잡다한 많은 사람이 함께 걸어갈 때에는 자연히 시행착오의 여지가 많으며 따라서 논의와 설득공작이 필요하게 되지만 일단 세워진 이정표에 의지해서 걸어갈 때, 그것도 서로 알 만한 그리 많지 않은 사람이 함께 걸어갈 때에는 시행착오의 여지가 없을 것이며 따라서 논의와 설득공작이 필요하지 않게 될 것이다. 그리고 원래가 세워진 이정표나 남겨진 선례는 결과이며, 따라서 그것에 이르기까지의 과정을 일체 생략하고, 어떻든 이리로 혹은 저리로 가야 한다든지 이렇게 혹은 저렇게 해야 한다는 것을 가르쳐 주는 것에 불과할 것이다. 이렇게 보면 그 화교 작가의 주장에는 수긍이 가는 점이 많았다.

그러면 한국인의 성격은 중국인과 일본인의 성격 중 어느 것에 가깝다고 할 수 있을까? 한번 다 같이 곰곰이 생각해 볼 필요가 있을 것이다. 그러나 내가 보기에는 일본인의 그것에 가깝지 않은가 생각한다(물론 한국어의 구조도 일본어의 그것에 가깝다고 할 수 있다). 따라서 우리 한국인은 과정도 중시할 줄 아는 민족이 되어야 하지 않을까? 왜냐하면 우리나라는 뒤처진 나라이기에 앞서는 나라의 경험을 필요로 하는데 그 경험은 결과뿐 아니라 그 결과에 이르기까지의 과정을 정확히 이해했을 때 비로소 진정한 의미에서 우리나라에 유용한 것이 될 수 있을 것이기 때문이다. 사실 어떤 나라에서 성공한 정책이라고 해서 우리나라에서도 그대로 성공할 것으로 생각하여 적용을 서두를 것이 아니라 그에 앞서서 어떤 나라에서 그 정책이 성공을 거두기까지의 과정에서 직면했던 여러 가지 유리한 조건, 애로 등을 잘 알고서 그들을 우리나라의 실정과 비교해 보는 일이 무엇보다도 필요하고 바람직한 일이며 또 결과적으로 우리나라에게 유용한 것이 될 것이다. 분명히 그렇게 하면 우리는 그 정책의 시행 과정에서 시행착오의 반복을 피할 수 있을 것이고 그 정책은 우리와 밀착된 것이 될 수 있을 것이다.

《상대평론》(서울대, 1974. 6)

지나친 저축

미국의 새뮤얼슨에 따르면 1971년 8월 15일의 닉슨 쇼크 직후에 백악관에서 개최된 비공식 회합에서 미국의 실업가(實業家)는 일본의 실업가에게 "일본인은 지나치게 열심히 일을 한다. 그들은 너무나도 교육을 많이 받았다. 그들은 지나치게 저축을 한다. 그들은 너무나도 약다. 요컨대 일본인은 가공할 만한 경쟁상대자이다"라고 불평을 했다고 한다.

나는 그의 글을 읽고 곧 우리 한국인도 그와 같은 불평을 들을 수 있을는지 하고 묻지 않을 수 없었다. 그것은 우리 한국인도 그와 같은 불평을 들을 수 있으면 얼마나 좋을까 하는 생각에 기인하는지 모른다. 어쨌든 거기서 얻은 나의 결론은 다섯 가지 불평 중 "지나치게 저축을 한다"는 것을 제외하고서는 우리 한국인도 그와 같은 불평을 들을 수 있지 않을까 하는 것이었다.

그러나 이 하나의 예외는 한국인과 일본인의 두드러진 차이를 이루고 있을 뿐 아니라 한국경제가 겪고 있는 여러 가지 어려움을 야기시키는 가장 중요한 요인으로 볼 수도 있다는 점을 잊어서는 안 된다. 따라서 앞으로는 우리 한국인도 지나치게 저축을 한다는 불평을 아울러 들을 수 있도록 노력하여야 하지 않을까. 더욱이 일본경제를 선례로 드는 일이 많으면 많을수록 이 점이 강조되어야 할 줄 안다. 정부와 지도층 인사는 저축할 수 있는 여건을 조성하기 위해서 그리고 각 개인은 저축을 위해서 최선을 다했으면 하고 바란다면 이것은 나의 과욕(過慾)의 탓일까.

물론 여건 조성에 있어서는 부단히, 그리고 세차게 외국으로부터 불어 닥치고 있는 국제적 전시효과(展示效果)의 바람이 그 위력을 국내에서 발휘할 수 없도록 하는 산업정책을 비롯한 갖가지 관련된 정책의 입안·집행이 무엇보다 중요하지만, 지도층 인사의 솔선수범도 그에 못지않게 중요함은 말할 나위도 없다. 이와 같은 여건 조성 없이는 각 개인에게 저축을 위해서 최선을 다하라고 외쳐도 그것은 한낱 구두선에 그치고 말 것이다.

《서울경제》(1975. 12. 3)

슬기로운 선택

　학교에 있다 보니 우리나라에 독특한 이론이 필요하다든지 그것을 가르치거나 가르쳐 주어야 한다든지 하는 이야기를 자주 듣는다. 이것은 선진국의 이론만이 전부이고 옳은 것인 양 또 그것을 모르는 사람은 무식한 사람인 양 그것을 앵무새처럼 전달하는 데 그치는 것에 대한 회의 내지 반발에서 나온 이야기인 줄 안다. 물론 나 자신도 그와 같은 주장을 하는 사람의 하나라고 할 수 있다.

　그러나 나는 결코 국수주의적인 입장에서 그와 같은 주장을 하는 것은 아니다. 나는 어떤 이론이든 일반성과 특수성을 갖게 마련인데 그 중 특수성은 나라를 달리하는 데 따라서 수정될 수 있다는 입장에서 그와 같은 주장을 할 따름이다. 그리고 또 나는 독특한 이론이 독특한 비전을 갖는 이론을 뜻하는 것이라고 한다면 그것은 오랜 시일과 오랜 지식의 축적 없이는 형성될 수 없는 것이라는 생각을 갖고서 그와 같은 주장을 할 따름이다.

　어떻든 현재 우리에게 필요한 것은 선진국의 이론의 직수입도 아니고 전적인 배척도 아니며 우선 그것을 열심히 배우도록 하고 다음에 잘 소화하고 옳게 활용하도록 하는 노력, 바꾸어 말하면 선택의 슬기로움을 갖고서 그것을 열심히 배우려는 노력이 아닌가 생각된다.

예컨대 노동공급곡선을 이용하려고 할 때 인구 과잉국인 우리나라에서는 무턱대고 선진국에 알맞은 형(型) 즉 임금수준이 높아짐에 따라서 노동의 공급이 늘다가 어느 일정한 수준에 달한 연후에는 그것이 도리어 줄어드는 상태를 나타내는 후방경사형(後方傾斜型)을 생각하려 들지 말아야 할 것이다. 대신에 이 형(型)과, 또 다른 형(型) 즉 어느 일정한 임금수준에서 노동의 공급이 계속되는 상태를 나타내는 수평선형(水平線型)을 잘 이해하고 소화하도록 하고, 다음에 이 두 가지 중에서 많은 실업자가 있기 때문에 아직까지는 우리나라의 실정에 알맞은 것으로 볼 수 있는 수평선형을 선택하는 바와 같이 해야 할 것이다.

물론 이때 슬기로운 선택을 위해서는 우리나라의 현실, 고민 등을 잘 알기 위한 노력이 병행되어야 함은 말할 나위도 없다. 그리고 우리나라의 실정을 잘 알기 위한 노력과 병행되는 그와 같은 노력, 즉 선진국의 이론을 열심히 배우고 슬기롭게 선택하려는 노력이 오랜 동안에 걸쳐서 행해져서 지식의 축적이 이루어지면 우리나라에 밀착된 독특한 이론이 형성될 수도 있을 것이다.

《서울경제신문》(1975. 12. 27)

저축과 개성의 발휘

우리는 오늘을 사는 외에 내일을 위한 준비도 하는 것이 보통이다. 그러기에 소비를 억제해서 생기는 저축이 강조된다. 개인의 경우와 마찬가지로 한 나라 전체의 경우도 내일을 위한 준비가 필요하며 따라서 투자가 강조된다. 바로 이 투자가 한 나라의 경제성장을 가져오기 때문이다.

물론 이 투자에 필요한 재원이 우리 개개인의 소비억제를 통한 저축, 즉 자발적인 저축이 한 나라 전체의 합계(한 나라의 자발적인 저축)로 완전히 조달된다면 그 이상 바랄 것이 없지만 현실적으로는 그것 외에 정부의 적자재정과 외자도입에 의해서도 투자재원이 조달되는 것이 보통이다. 그러나 적자재정은 인플레이션을 야기시키며 외자도입은 한나라의 자립도를 낮춘다. 즉 한 나라의 해외의존도를 높인다. 따라서 현실적으로 생각할 수 있는 일은 되도록 적자재정과 외자도입에 의존하는 정도를 낮추고 한 나라의 자발적인 저축에 의존하는 정도를 높이는 것이라고 할 수 있다. 그리고 사실 한 나라의 자발적인 저축이 클수록 일정의 경제성장을 전제로 한다면 앞서 말한 두 가지 재원의 비중이 작아지는 것은 말할 나위도 없다.

결국 이렇게 보면 투자재원 중에서 가장 중시되고 강조되어야 하는 것은 바로 한 나라의 자발적인 저축이라고 할 수 있다. 그러기에 어떤 글에서인가 나는 닉슨 쇼크 직후에 백악관에서 있은 미국 실업인의 모임에서 그들의 일본인에 대한 이야기에 관한 새뮤얼슨의 말을 인용하면서 우리나라의 자발적 저축률이 일본의 그것에 못지않게 높아졌으면 하고 말한 일이 있다. 또 그러기에 우리 개개인의 자발적인 저축은 이런 의미에서도 중시되고 강조되지 않을 수 없다.

그러면 한 나라의 자발적인 저축을 증대시키는 방법은 무엇인가. 여러 가지를 들 수 있을 것이다. 예컨대 정부의 무역정책, 금융재정정책, 지도층에 의한 솔선수범 등과 같이……. 그러나 이들에 못지않게 중요한, 그리고 이들과 병행해서 추진되어야 하는 것은 "저축은 미덕이다"라는 교육을 통한 우리 개개인에 의한 뚜렷한 개성의 발휘가 아닌가 여겨진다. 특히 현재 부단히 선진국으로부터 국제적 전시효과, 즉 우리 개개인의 소비수준을 높이는 유혹의 바람이 세차게 불어 닥쳐오고 있는 것을 생각할 때 그러하다. 사실 우리 개개인의 소비수준을 높이는 국제적 전시효과는 유행을 통해서 그 위력을 발휘하게 되는데 이 유행이 위력을 발휘할 소지를 없애는 것이 다름 아닌 뚜렷한 개성의 발휘라고 할 수 있다. 왜냐하면 여기서 말하는 개성의 발휘는 한 마디로 말해서 각 개인의 특이성의 발휘를 의미하기 때문이다. 예컨대 무엇이 세상에서 유행되고 있는가, 어떻게 하면 세상풍조에 뒤지지 않는가에 대해서 전혀 한눈을 팔지 않고 오로지 자기에게 알맞은 것만을 묵묵히 실천해 가는 것과 같이……. 말하자면 개성의 발휘는 남의 눈을 의식하지 않고 실속과 속멋, 검소와 절약에서 자기의 가치, 자기의 보람을 찾는 것을 말한다. 따라서 그것은 개인주의나 이기주의의 발휘와 전적으로 다르다. 그리고 그러기에 그것은 건전한 것이라고 할 수 있다.

일단 우리 개개인이 뚜렷한 개성을 발휘하게 되면 국제적 전시효과가 위력을 발휘하지 못하게 될 것이고 그렇게 되면 유행이 위력을 발휘할 수 없게 될 것이고, 따라서 소비가 조장될 소지가 없어지게 되어 마침내는 우리 개개인의 자발적인 저축 여력이 증대될 것이 아니겠는가. 앞에서 우리 개개인에 의한 뚜렷한 개성의 발휘를 강조한 것은 바로 이에 말미암는 것이다.

어떻든 갖가지 저축증대책과 병행되는 우리 개개인에 의한 뚜렷한 개성의 발휘를 통해서 우리나라의 자발적인 저축이 크게 증대되기를 바란다면 이것은 나의 과욕의 탓일까.

《조선일보》(1976. 4. 6)

국민의 정책불신

나는 일요일이면 불가피한 일이 없는 한 일행과 함께 주로 북한산을 찾는다. 그러나 그렇지 못한 때에는 이따금 새벽이나 오후에 집 근처의 관악산을 오른다. 지난 일요일에도 오후에 관악산을 올랐다. 조금 험한 길을 택해서 연주대를 향해 가고 있는데 도중에 다정히 인사를 하는 낯선 어떤 직장인을 만났다. 내가 어떤 사람인지를 아는 비교적 젊은 사람이었다.

연주대까지 오르는 사이에 이야기를 주거니 받거니 한 것은 물론이다. 그 중에 그가 한 말 한 토막을 옮겨본다.

제 친구들뿐 아니라 젊은 직장인들 중에는 정부가 과소비니 무어니 하며 과소비를 막아야 한다고 말하는 것에 매우 불쾌감을 갖고 있는 사람들이 많습니다. 부동산 가격의 폭등으로 내집 마련의 꿈이 산산조각 난 판에 저축을 하려는 사람이 어디 있겠습니까. 게다가 과소비하는 사람들은 거의가 부동산 투기에 재미를 본 불로소득층의 사람들이 아닙니까. 그런데 정부는 그 부동산 가격의 폭등을 막지 못했습니다. 그러면서 무슨 주제에 그런 소리를 할 수 있단 말입니까. 그런 사람들은 대체로 이렇게 생각하는 것 같습니다. 저는 다행히도 집을 갖고 있습니다만 큰 일입니다. 어쨌든 현재 정부정책, 나아가 정부에 대한 불신이 대단합니다. 그 보도에는 농민들이 정부에 대한 불신이 대단하다던데 어느 정도 이해가 갑니다. 그러니 어떻게 하면 되겠습니까.

그의 이 말은 집으로 돌아오는 동안 내내 나의 귀청을 울렸다. 지금도 마찬가지다. 그러나 나는 답답함을 금할 수 없다. 그에게 줄 뾰족한 답을 가지고 있지 못하기 때문이다. 그러면서도 한 가지 분명한 것은 정부에 있는 사람들이 국민 다수가 진정으로 간절히 바라는 바가 무엇인지를 알려는 겸손한 자세와 그 바라는 바를 얼마나 실질적으로 충족시켜 주었는가를 내세우는, 즉 진정으로 실속 있는 성과를 중시하는 자세를 견지하는 것이 무엇보다도 필요한 일이 아니겠는가라는 생각을 해본다.

《내외경제신문》(1981. 8. 9)

냉철한 머리와 따뜻한 가슴

나는 이 난(欄)의 첫 글을 무엇으로 쓸 것인가 곰곰이 생각해 보았다. 그러다가 마침내 앨프리드 마셜(1842~1924)의 〈경제학의 현상〉을 다루기로 했다. 그것은 경제학자의 임무가 무엇인지, 경제학을 배우는 젊은이들의 기본적인 태도가 무엇이어야 하는지를 잘 말해 주고 있는 것이라는 생각이 들었기 때문이다. 그리고 그것은 학생 시절에 나를 사로잡았을 뿐 아니라 오늘날까지 나에게 커다란 영향을 미쳐왔기에 어떻게 보면 내가 어떤 생각을 하고 있는지를 대변해 주는 것이기도 하다. 우선 그것의 몇 구절을 보기로 한다.

우리가 사회문제를 전체로서 다루려고 할 때 도움이 되는 유일한 수단은 상식에 의한 판단 속에서 구해진다. 현재에 또 먼 장래에 걸쳐서 그것은 궁극의 판정자가 되지 않으면 안 된다. 경제이론은 그것에서 그 최고의 권위를 뺏으며 또 그 일의 처리의 방법 혹은 그 순서에조차 간섭하려고 하지 않는다. 다만 그 일의 일부를 원조하려고 한다. 상식은 복잡한 문제를 한꺼번에 다루는 일은 하지 않는다. 그것은 우선 문제를 몇 개의 구성 부분으로 분해하고 순차로 그들 부분을 음미하고 끝으로 종합해서 결론을 부여하려고 한다.

　경제학자는 사실을 악착같이 추구해 가지 않으면 안 된다. 그러나 단순한 사실만으로 만족해서는 안 된다. 역사학파(독일)의 위대한 사상가들에 대해서는 무한히 감사하지 않으면 안 되지만, 과거가 현재의 문제에 대해서 직접 해명의 빛을 비춘다고 하는 데 대해서는 회의적이어야 한다. 그는 이보다도 한층 힘이 드는 일과 항시 대결해 가지 않으면 안 된다.

　즉 여러 가지 원인이 독립적으로 혹은 다른 것과 결합해서 작용할 때의 행동양식을 알기 위해서 사실을 구명하고, 이 지식을 토대로 해서 경제이론의 분석수단을 쌓아 올려, 이 수단을 이용해서 사회문제의 경제적 측면을 처리해 가지 않으면 안 된다. 이렇게 해서 사실의 빛에 비추어서 일을 할 것이다. 다만 이 빛은 직사(直射)되는 것이 아니고 과학에 의해서 반사되고 응집된 것이 아니면 안 된다. ……

　왜 이처럼 많은 사람들의 생활이 진애(塵埃)와 오탁(汚濁)과 비참 속에 빠져들어가 있는 것일까. 왜 깡마르고 피로한 얼굴과 비굴한 마음이 아직도 존재하는 것일까. 그것은 주로 부(富)가 충분하지 않기 때문이며 또 존재하고 있는 부의 분배와 사용이 잘 되어 있지 않기 때문이다……. 사는 데 좀더 쾌적한 방이라든가 좀더 맛있는 것이 주어지고 덜 격렬한 일과 더 많은 휴식이 얻어진다면 우리 국민 대다수는 현재와 달리 훨씬 수준이 높은, 훨씬 고상한 생활을 보내는 힘을 갖게 될 것이다……. 우리의 시대만큼 커다란 사회문제로 가득 채워진 시대는 일찍이 없었다……. 지금 대학인의 대다수가 자기가 살고 있는 시대의 중요한 문제를 분명하게 생각하는 것을 배우고 연구한다면 그 개인적인 영향을 통해서 얼마큼 큰 힘을 초래할 수 있는가를 생각해 보아라. ……

누구든 물질적 수단의 결점 때문에 인간다운 시간을 보낼 기회에서 배제되어서는 안 된다고 소리 높여 외치는 것을, 왜 과격한 사회주의자들이라든가 무지한 선동가들에게 맡길 필요가 있는 것일까. 이 문제의 논의에 전력투구하는 사람의 대다수는 그들이 고치고자 하는 폐해를 도리어 자주 늘리는 착상을 성급하게 제출한다. 왜냐하면 그들은 곤란하고 복잡한 문제를 생각하는 훈련을 결하고 있기 때문이다. 이 훈련은 세계에는 매우 드물며 케임브리지에만 풍부하다. ……강한 인간의 위대한 어머니인 케임브리지가 세계로 배출하는 사람은 냉철한 머리와 따뜻한 가슴을 갖고서 자기 주위의 사회적 고뇌와 싸우기 위해서 그 최선의 힘의 적어도 얼마라도 기꺼이 바치며, 또 교양 있는 고상한 생활을 위한 물질적 수단을 모든 사람에게 부여하는 것이 어느 정도까지 가능한가를 명백히 하기 위해서 자기의 전 능력을 다하지 않고서는 안심하고 만족하지 않는다고 결심한 사람들이다. 그런 사람들을 더욱더 많이 배출하기 위해서 나의 모자란 재능과 한정된 힘의 모두를 기울여서 할 수 있는 일을 다하고자 하는 것이 나의 가슴속 깊이 간직하고 있는 염원이며 또 최고의 노력이다.(강조점은 인용자가 붙인 것)

이상의 몇 구절을 통해서 마셜이 경제학에서 상식의 역할 및 사실과 과학의 협동의 필요성을 강조하고 있음을, 또 경제학을 배우려는 젊은이들은 사회문제, 경제문제에 대해서 눈을 떠야 한다는 것을 호소하는 한편, '냉철한 머리'와 '따뜻한 가슴'을 스스로 배양해야 한다는 것을 단언하고 있음을 알 수 있을 것이다. 여기서 '냉철한 머리'와 '따뜻한 가슴'도 인상적이지만 국민 대다수의 고상한 생활, 혹은 교양 있는 고상한 생활도 인상적이라고 아니할 수 없다.

마셜은 영국의 케임브리지 대학교의 경제학부의 창설자인 동시에 경제학파의 하나인 케임브리지 학파 혹은 신고전학파의 창시자이다. 그러기에 그가 오늘날의 경제학에 끼친 영향은 지대하다. 그런 그가 케임브리지를 졸업한 후 펠로로 있다가 결혼을 하면서 동교(同校)를 떠났다가 1885년 1월에 그리던 모교로 돌아와서 한 교수 취임사 즉 개강사(開講辭)가 바로 〈경제학의 현상〉인 것이다.

현재 우리 주위에서는 자칫 경제학의 과학성만을 내세우는 사람들을 흔히 볼 수 있고, 또 경제학을 배우는 사람들은 마치 돈벌이를 잘 하는 사람이 되려는 사람 혹은 취직에 유리하기 때문에 배우는 사람으로 보거나 떠들어대는 사람들을 또한 흔히 볼 수 있음을 감안할 때, 이상의 마셜의 말은 그런 사람들에 대한 일종의 경고로 볼 수 있지 않을까 생각된다. 과학이라고 해서 상식이나 현실을 외면할 수는 없는 것이다. 경제학은 현실인간의 행동의 소산으로서 경제현상을 다루는 학문이기 때문에 현실과의 관련을 포기하면 그 순간부터 경제학은 성립될 수 없는 것이다. 이런 사실이 간과될 때 다름 아닌 경제이론의 추상화 현상이 일어나게 된다. 어떤 사람은 그 현상을 경제이론의 암모나이트화 현상이라고 부르고 있기도 하다. 암모나이트는 이미 멸종한 암몬패(貝)를 말한다. 현재 주류경제학으로 하여금 비현실적이라고 비판을 받게 하는 것 가운데 하나가 바로 시장이라는 장(場)에만 있는, 그리고 합리적으로 행동하는 인간 즉 '경제인'(호모 이코노미쿠스)이라는 가정임을 생각하면 이 말은 수긍이 갈 것이다. 결코 현실인간은 시장이라는 장에만 있는 인간도 아니고 합리적으로만 행동하는 인간도 아닌 것이다.

한편 경제학을 배우는 사람들 가운데에는 그런 이미지나 떠들어대는 말과는 달리, 사실은 사회문제·경제문제에 깊은 관심을 갖고 있고 국민 대다수의 고상한 생활 혹은 교양 있는 고상한 생활을 가능하게 하는 길을 찾고 있고 '냉철한 머리'와 '따뜻한 가슴'을 배양하고 있는 사람들이 도리어 많다고 할 수 있다. 아니 백보를 양보해서 말하더라도 그러기 위해서 애쓰고 있는 사람들이 많이 있는 것은 사실이다. 또 모름지기 그래야만 하는 것이다.

앞에서 든 마셜의 말은 경제학을 하는 사람들에게 주는 말이다. 그러나 그 말은 경제학을 하는 사람들에 한하는 것이 아니고 적어도 지성인이라면 경제학을 배우지 않는 사람들일지라도 모름지기 경청해야 할 말이라고 할 수 있을 것이다.

《재정》(1983. 7)

한국경제의 현실과 문제점

현재(1983년) 우리나라의 경제는 지표상으로나 거시적으로 보아 경기가 회복 국면에 들어서고 있으며 어느 부문에선 과열되었다고 볼 수도 있으나 전반적으로는 이제 침체를 벗어나려는 단계다.

종래 우리 경제성장의 견인 역할을 해온 수출이 후반기에 들어 좀 나아졌다고 하지만 아직 불투명하고 내수부문의 회복도 1981년과 1982년에 거듭된 경기부양책으로 건설, 주택, 내구소비재 부문만이 회복된 것으로 보아야 한다.

따라서 수출동향 등을 좀더 두고 보아야 경기회복이 어떻게 되겠다고 확실히 이야기할 수 있을 것이다.

그리고 우리 경제가 경제발전 단계의 어디쯤에 와 있는지 규정하는 것은 상당히 어려운 문제다. 어느 부문에선 선진국 수준이라고 내세울지 모르지만, 경제발전 단계를 말할 때 흔히 인용되는 로스토의 이론에 따른다면 우리 경제는 도약단계에 있지 아직 성숙단계에 들어서지는 못했다고 본다.

산업구조의 측면에서는 공업구조로 볼 때 제조업 전체의 부가가치 중에서 중화학공업의 부가가치가 1977년부터 50퍼센트를 넘어 고도화

되었다고 할 수 있다. 산업별 비중도 3차산업, 2차산업, 1차산업의 순으로 선진형을 닮았지만 그 실상은 크게 다르다. 선진국들은 경제가 발전하는 과정에서 점차로 3차산업의 비중이 커졌다.

우선 돈의 흐름이 이상한 것은 돈이 너무 많이 풀렸기 때문이다. 그런데다 수출이 잘 안돼 제조업 전반이 왕성하게 회복되지 못하고 경기부양책의 일환으로 부동산투기 억제대책이 완화되어 돈이 그쪽으로 흐르게 된 것이다. 이 밖에도 우리 생활이 나쁜 뜻에선 비정상적인, 좋지 않은 방향으로 들떠 있는 것이 원인이다. 해외경기가 침체되고 수출규제도 강화되며 국제금융 환경마저 안 좋아 수출이 부진한 때에 경기부양책이 내수 진작에 치중함으로써 주택부문과 컬러 TV나 자동차 등 내구재 소비가 크게 늘어났다. 물가도 안정되었다고 하지만 그전에 너무 많이 뛰어오른 데다 올해(1983년)의 물가상승도 대만, 싱가포르 등 경쟁상대국에 비해서는 상대적으로 높아 수출경쟁력은 약화되고 있는 것이다. 따라서 경쟁력을 강화하고 수출부진을 타개하기 위해서도 물가안정 노력은 계속되어야 한다.

다음으로 돈의 흐름을 바로잡아 양성화시키고 제도금융으로 끌어들이려면 부분적으로나마 공금리를 상향조정해야 한다. 물가안정으로 실질금리가 보장된다고 하지만 예금자들에게는 먹혀들지 않으며, 금리 인상이 기업 부담을 과중하게 한다는 반론도 있으나 사금융에 의존하는 것을 감안한다면 문제가 될 수 없다.

우리의 외채 규모가 커진 것은 1979년 이래 국제수지 적자가 늘어났기 때문이다. 수출은 늘리면서도 수입은 줄이는 방향으로 나가야 국제수지가 균형되고 외채도 늘지 않게 된다. 그런데 우리나라는 수출을 늘리면 수입도 늘어나는 산업구조를 갖고 있는 데다 수입자유화도 확대하지 않을 수 없는 여건이니, 그렇게 한다면 언제 국제수지가 균형을 이루겠는가? 그렇게 볼 때 지난 7월의 수입자유화 조치는 우리로선 과한 수준이며 좀더 점진적이고 단계적으로 해야 한다.

아울러 기업들도 종래와 같이 환율인상이나 특혜지원 등으로 수출을 늘리는 것이 불가하다는 점을 인식하여 경영합리화와 기술개발로 경쟁력을 키워나가는 피나는 노력을 해야 한다. 특히 수출업계는 선거를 앞둔 미국의 경기가 회복되어 한동안 수출이 잘 되겠지만 선거를 치른 뒤 호황이 곧 사그라진다는 전망에도 대응하는 전략을 갖추어야 한다.

그리고 우리 경제규모에 비해서 너무 많은 외채는 더 늘려서는 안 될 것이며, 국제수지를 균형 또는 흑자로 이끌어 외채를 줄여가야 한다. 우리 외채는 국민 1인당 1천 달러 꼴로 GNP의 68퍼센트에 이르고 있어 브라질보다 무거운 편이다.

생각건대 국민소득이 2천 달러를 넘으면 경제발전이 반드시 가속화된다고 보지 않는다. 브라질, 아르헨티나, 멕시코 등도 국민소득이 이미 2천 달러를 넘어섰으나 그 나라들을 선진국이라 부르지는 않으며, 터키는 OECD 회원국이지만 우리보다 국민소득 수준이 낮다. 따라서 1인당 국민소득 수준이 선진국의 절대적 기준은 될 수 없다.

우리가 선진국이라 하면 첫째 국부가 많고, 둘째 경제가 자력성장구조, 자생력을 갖추었으며, 셋째 산업 간, 지역 간, 규모 간에 균형 있는 발전이 이루어졌고, 넷째 외자 공여국이며, 다섯째 무역의존도가 낮고, 여섯째 소득분배가 균등하며, 일곱째 사회보장제도가 발달된 나라를 말한다.

그 중에서도 가장 중요한 것은 자체의 힘으로 지속적 성장이 가능한 자력성장구조라고 본다. 국부를 쌓아 자생력을 갖게 되려면 우리로서는 상당한 시간이 필요하다.

아울러 균형발전을 위해 대기업과 중소기업, 공업과 농업이 밀접한 관계를 맺어 상호보완적인 발전을 이룩하게 하고, 지역 간의 불균형도 하루속히 개선되어야 할 것이다.

지역 간 균형발전을 위해 지역발전과 산업발전을 같이 추진해야 하며, 특히 농촌의 구매력이 커지도록 해야 한다. 여기서 농산물 가격정책이 중요한 역할을 하게 되는데, 쌀, 보리의 가격을 적정선으로 인상한다고 해서 안정기조가 깨진다고는 보지 않는다. 아울러 경제가 서울에 집중되는 요인을 찾아 그 기능을 적극적으로 지방에 분산하는 작업도 서둘러야 할 것이다. 근본적으로 없는 사람들의 소득을 올려주는 것이 가장 중요하다. 그러려면 공업부문보다 상대적으로 저조한 농업, 영세 상공업을 육성하고 중소기업도 진흥시켜야 한다. 아울러 소득격차를 확대하는 심한 인플레를 잡아 물가안정을 지속시키면서 주택, 상하수도 등 사회개발사업을 확대해야 한다.

이 밖에도 사치세 등을 올리는 방법으로 부유층의 건전한 생활을 유도하고, 특히 미국 등 잘사는 나라의 생활을 모방하려는 국제적 전시효과를 방지해야 할 것이다. 있는 사람의 돈을 빼서 가난한 사람에게 가게 하는 조세정책에 의한 소득분배는 현실적으로 어려울 것이다.

선진경제로 가는 길은 험난한 길임을 전제할 때 단시일 내에 갈 수 있으리란 생각을 말아야 한다. 우선 정부는 종합적인 입장에서 모든 것을 다루어야 한다. 실례로 국토종합개발계획과 경제사회개발계획이 유기적 관계를 가졌는지 의문이다.

그러한 입장에서 외채를 줄이고 산업, 지역 간의 균형을 도모하여 사회개발을 확충하고, 소득분배 개선, 물가안정, 물자절약 등을 추진해야 할 것이다. 기업들은 타인자본 의존을 지양, 재무구조를 개선하고 경영합리화와 기술개발을 촉진시켜서 자력에 의한 수출증대를 꾀해

나가야 한다. 특히 우리나라 기업들이 소비대중을 의식하는 자세를 갖는 것도 시급하다.

국민들은 건전한 소비생활로 저축을 증대하며 한탕주의의 생활자세, 투기 심리를 이제부터 털어버리고 차분히 살아가도록 노력해야 할 것이다.

《재정》(1983. 9)

자율화의 바람직한 방향

우리나라는 경제체제로서 자본주의(엄격하게는 자본주의적 시장경제)를 채택하고 있다. 자본주의란 생산수단(자본·토지)이 사유화되어 있고, 시장기구(때로는 가격기구라고 불리기도 한다)가 개별적인 경제활동의 조정기구로서 역할을 하는 경제체제를 말한다. 즉 조정기구에 한해서 말하면 '무엇을, 어떻게, 누구를 위하여'라는 한 나라의 기본적인 경제문제의 해결을 시장기구에 맡기고 있는 것, 즉 시장원리에 맡기고 있는 것이 자본주의다.

따라서 자본주의를 경제체제로서 채택하고 있는 나라(자본주의국)에서는 경제계획 내지 경제개발계획은 사회주의(엄격하게는 사회주의적 계획경제)를 경제체제로서 채택하고 있는 나라(사회주의국)에서의 경제계획과는 자연히 그 성격을 판이하게 달리할 수밖에 없다.

사회주의는 생산수단이 국유 내지 공유되어 있고, 계획기구가 개별적인 경제활동의 조정기구로서 역할을 하는 경제체제이기 때문이다.

사실 오늘날의 선진 자본주의 여러 나라도 제2차 세계대전 후부터 경제운용에 계획화의 도입을 생각하기 시작했는데, 이런 추세에 하나의 커다란 영향을 준 것이 다름 아닌 프랑스의 제1차 계획(1947~1950)

이라고 할 수 있다.

그런데 그 후 현재에 이르기까지 계속되는 프랑스의 경제계획은 사회주의 여러 나라의 명령적이거나 강권적인 성격을 띠고 있는 경제계획과는 달리 지시적 혹은 유도적 계획이다. 다시 말하면 그것은 공공부문에 속하는 프로젝트를 제외하고는 각 사기업에 그 생산활동에 대한 틀과 가이드라인을 주는 데 그치는 유연한 성격의 경제계획이다. 다른 선진 자본주의국의 경제계획도 마찬가지다. 그러면 우리나라의 그동안의 경제개발계획은 유도적 계획(간단히 유도계획)이었다고 할 수 있는가. 경제체제로서 자본주의를 채택하고 있는 한 당연히 유도계획이어야 했음에도 불구하고 그렇지 못했던 것이 사실이다.

제3차 계획(1972~1976)이 실시될 무렵부터 이른바 민간주도형 경제라는 말이 등장하기 시작했고, 이어 제4차 계획(1977~1981)부터 유도계획화가 계획서에 내걸렸으며, 제5차 계획에서도 그랬기 때문이다.

민간주도형 경제란 시장경제의 저널리스트적인 표현에 불과하다. 기업활동의 자율화, 금융의 자율화 등에서 알 수 있듯이 정부의 지나친 개입을 배제하고 개별적인 경제활동을 시장기구의 조정기능에 맡긴다는 것이다. 수입의 자유화, 자본의 자유화도 동일한 맥락에 선 것이라고 할 수 있다.

물론 1950년대에 등장하기 시작한 선진국 경제학자들의 저개발국(혹은 개발도상국)의 경제발전에 관한 이론, 즉 경제개발론은 경제발전의 주체로서 사기업이 아닌 정부를 중시할 뿐만 아니라, 정부를 단지 사기업만을 위해서 존재하는 것이 아니라 그 자체가 적극적·능동적인 역할을 담당해야 하는 것으로 생각한다.

또한 경제개발론은 사기업의 사적 합리성이 사회 전체의 공통이익(사회적 합리성)과 모순되는 면을 갖고 있음을 중시하고 있는 것이 사실이며, 또 경제발전기구로서 시장기구는 불충분하므로 정부의 기획·통제기구가 필요하다고 생각하고 있는 것도 사실이다. 게다가 오늘날의 경제학에 지대한 영향을 끼친 케인스(J. M. Keynes)가 전제를 설정하고 있기는 하지만 정부의 적극적인 개입을 주장한 것도 사실이다. 그의 이론을 따르는 사람들, 즉 케인스 지지자들도 마찬가지이다.

그 케인스가 설정한 전제는 "영국 정부는 과거와 미래를 불문하고 설득이라는 방법을 구사하는 지적 엘리트층에 의해서 계속적으로 지배된다"는 것이 주된 내용이다. 해러드(R. F. Harrod)는 이것을 '하비로드의 전제'라고 부르고 있다.

그런가 하면 그동안 우리나라는 경제개발 전략이나 정책으로서 수출주도적 공업화를 통한 고도성장의 실현을 채택해 왔다. 그럼으로써 경제운용에 있어서 경직성을 면치 못했다.

따라서 이렇게 보면 그동안 지나친 정부의 개입은 일단 이해가 갈 것이다.

그러나 그런 지나친 정부의 개입은 독과점화, 정책금융의 과중, 금융대출 편중, 기업 재무구조 악화, 금융비리 등 여러 가지 면에서 많은 부작용을 야기하고 있는 것이 오늘날의 현실이다. 기업활동의 자율화, 금융의 자율화 등이 최근 새삼스럽게 강조되고 있고, 또 신문지상에 오르내리고 있는 이유는 여기에 있다.

그뿐 아니라 정부의 개입에 반대하는 입장을 취하고 있는 보수주의자 혹은 자유주의자들이 비판하고 있는 것처럼, 현대사회에서는 정치적·사회적 환경이 '지적으로 뛰어난 사람들이 공공의 이익을 합리적으로 평가해서 정책결정을 할 수 있다'는 케인스의 전제가 성립될 수 없다고 하는 편이 도리어 타당할지 모른다.

그러나 비록 그렇다고는 하더라도 그동안 지나친 정부의 개입으로

야기된 갖가지 부작용을 해소하는 방안으로서 민간주도형 경제 내지 유도계획화를 내세워 기업활동의 자율화, 금융의 자율화를 추진한다고 해서 과연 그 부작용이 해소된다고 할 수 있을까? 자율화를 추진하기에 앞서, 혹은 병행해서 자율화의 장애요인을 제거하기 위한 구조개선, 제도정비 등의 여건 내지 환경조성, 기반조성을 서두르는 것이 한결 긴요한 일일 것이다. 그러할 때 비로소 자율화는 한낱 구두선이 아닌 소기의 효과를 거둘 수 있을 것이다.

만약 그렇지 않고 자율화만을 내세울 때에는, 그리고 만약 자율화만 하면 부작용이 해소될 수 있을 것 같은 착각을 국민들이 갖게끔 할 때에는 정부는 무책임한 일을 한다거나 혹은 책임전가를 하는 데 지나지 않는다는 비난을 면하기 어려울 것이다.

현시점에서는 어디까지나 자율화가 진정으로 성과를 거둘 수 있도록 하는 유리한 여건 내지 환경조성, 기반조성이 더욱더 중시되지 않으면 안 된다. 그리고 그것은 분명히 정부가 해야 할 일이다. 수입자유화, 자본자유화에 대해서도 마찬가지 말을 할 수 있다. 어떻든 언제나 우리에게 가장 중요한 일은 기업체질의 강화, 경제체질의 강화라는 사실을 중시하여 정부는 그것에 실질적으로 기여하는 방향으로 자율화·자유화를 추진해 주었으면 한다.

《경제를 되새기며》(1983. 10)

우리나라에 절실한 것은

미국의 경제학자인 로스토는 비행기가 지상에서 정비를 끝내고 이륙을 해서 일정한 고도를 유지하면서 소정의 방향만 지키면 목적지의 상공까지 갈 수 있다는 데에 착안하여 경제성장론을 전개했다.

그는 성숙단계에 이른 나라, 다시 말하면 자력으로 성장이 가능한 선진국이 그동안 겪은 경제성장의 과정에는 그들이 어느 역사적인 시점에서 준(準)정체단계로부터 이륙기, 즉 그가 말하는 도약단계를 겪었음을 찾아냈다.

오늘날의 저개발국(개발도상국)도 이와 동일한 과정을 겪는 것으로 보아 저개발국의 경제성장 내지 경제개발과 관련해서 도약단계를 특별히 강조하고 있다. 그러기에 그의 경제성장론은 특별히 경제성장의 도약이론이라고 불리기도 한다.

그에 따르면 이 도약단계를 거쳐서 실현되는 성숙단계에 후속하는 성장단계는 고도 대중소비 시대라고 한다. 이 시대는 일단 고속도로망과 자동차 등으로 상징된다고 한다.

그런가 하면 그는 1970년대에 들어와서부터는 경제 내지 경기의 장기파동(50~60년을 주기로 하는 변동 내지 순환)에 대해서도 관심을 갖기 시작하여 오늘날의 선진국에서 경기변동 내지 경기순환의 시대 구분을 제시하기도 한다.

그에 따르면 세계경제는 1972년부터 장기파동의 제5상승기를 맞이했다고 한다. 즉 세계경제는 현재 장기파동의 제5상승기에 처해 있다는 말이다. 바로 그 로스토가 1983년에 두 번째로 우리나라에 와서 '한국 1960~2000'이라는 제목으로 대중강연을 한 바 있다. 또 어떤 신문사의 기자와 대담도 했다.

그에 의하면 우리나라는 1960년대 중반에 도약단계에 들어섰다고 한다. 그리고 그는 원래는 도약단계에 들어서서부터 약 60년 뒤에야 성숙단계에 이르는 것으로 주장했으나 그것을 수정한 듯, 우리나라는 아직은 도약단계에 있지만 세계경제 여건에 어떤 돌발사태가 없다면 1990년대에는 경제성장의 성숙단계, 즉 선진국의 단계에 들어설 것이라고 했다.

또한 세계경제 여건에 어떤 돌발사태만 없다면, 혹은 경제성장률이 7퍼센트를 계속 유지한다면 2000년에는 고도 대중소비의 이점을 누리는 단계에 이를 것이라고 말하고 있다. 단, 고도 대중소비의 이점을 누리는 단계가 그의 고도 대중소비 시대를 말하는지는 분명치 않다.

그러나 여기서는 이런 그의 전망보다는 그가 그런 전망을 하는 데 설정한 전제와 그가 지적한 한계, 그리고 우리 경제가 직면하고 있거나 앞으로 직면해야 할 도전을 더 중시하고자 한다. 왜냐하면 그것이 우리 경제를 끌어가는 데 한층 더 크게 도움이 된다고 할 수 있기 때문이다.

그는 전망에 있어서 분명히 "세계경제 여건에 돌발사태가 없다면, 혹은 경제성장률이 7퍼센트를 지속한다면"이라는 전제를 붙이고 있다. 그리고 도전으로서 그의 제4차 산업혁명의 신기술의 흡수와 에너지를 비롯한 기초자원 개발을 들고 있다.

그러면서 그는 농업개발을 위한 노력의 강화를 특히 강조하고 있는 것이다. 여기서 그의 제4차 산업혁명은 1975년부터 등장하기 시작한 마이크로칩과 유전공학, 레이저, 로봇, 새로운 합성물질, 통신 분야에서 신기술의 등장을 말한다.

그리고 그의 제1차 산업혁명은 1780년대의 면방직, 제철 및 증기기관기술의 등장을, 제2차 산업혁명은 1840년대의 철도 및 제강기술의 등장을, 제3차 산업혁명은 1900년에서 1910년의 내연기관, 일련의 새로운 화학제품 및 발전(發電)기술의 등장을 각각 말한다.

원래 농업은 공업에 대해서 식량, 원료, 노동력, 자본을 공급할 뿐 아니라 제품의 시장으로서 역할을 한다. 따라서 농업은 중시되지 않을 수 없다. 그런데 로스토도 애초부터 경제개발을 위해서는 농업 혁명의 중요성을 강조하고 있는 것이 사실이다.

우리나라가 그동안의 경제개발 과정에서 농업의 역할에 대해서 얼마나 의미를 부여해 왔는가를 반성해 본다면, 로스토가 농업개발을 강조하는 말을 아무리 경청해도 부족할 것이다. 물론 이 밖에도 그의 말에는 경청할 만한 것이 많다. 그러나 그의 생각이나 이론에 하나의 커다란 문제가 있다는 점을 결코 간과해서는 안 될 것이다.

그는 도약단계의 특징의 하나로서 국민소득(GNP 등)의 (예컨대) 5퍼센트 이하에서 10퍼센트 이상으로 생산적 투자율의 증가를 들고 있으면서도, 그가 미국인이고 미국의 경험을 중시해서 그런지는 모르지만, 투자의 재원 내지 공급원이 무엇이냐에 대해서, 바꾸어 말하면 투자재원이 내자냐 외자냐에 대해서 별로 심각하게 유의하고 있지 않은 것 같은 느낌을 주고 있다.

미국은 채무국으로 있다가 제1차 세계대전 이후에 채권국으로 바뀐 것이 사실이다. 또 오늘날의 선진국 가운데에는 채무국에서 채권국으로 바뀐 경험을 가진 나라가 몇몇 있다. 그러나 저개발국에는 상황이 선진국의 경험을 그대로 살릴 수 없게 되어 있다고 해도 과언이 아닌 것 같다. 우리가 겪고 있는 외채상환의 부담 과중도 어떻게 보면 이 말을 뒷받침해 주는 것이라고 할 수 있지 않을까.

애초부터 투자는 대부분 내자로 조달하도록 내자동원의 극대화를 도모해가야 하며, 또 외자절약의 극대화도 강조되어야 한다.

그렇다면 앞으로 우리나라에 절실한 것으로서는 적어도 농업개발의 박차, 새로운 기술의 흡수 및 개발, 내자동원 및 외자절약의 극대화의 세 가지를 들 수 있을 것이다.

《재정》(1983. 10)

이솝우화의 교훈

이솝우화에 소의 배처럼 커지려고 무턱대고 물로 배를 채우다가 배 터지는 개구리를 그린 부분이 있다. 이것은 자기 분수를 모르는 사람 혹은 개성이 뚜렷하지 못한 사람에 대한 하나의 경고로 볼 수 있다. 그런데 오늘날에 와서는 후진국 내지 저개발국의 사람들을 이 우화 속의 개구리와 같은 처지로 몰아넣는 효과가 있다. 그것은 국제적 전시효과이다. 이것은 가난한 후진국의 사람들로 하여금 부유한 선진국 사람들의 소비생활을 모방하도록 만드는 유혹을 말한다.

사실 오늘날 많은 후진국이 직면하고 있는 고민 중의 하나가 바로 이 국제적 전시효과를 어떻게 방지하느냐 하는 문제이다. 선진국 사람들의 소비생활을 후진국의 사람들이 따른다면 자연히 생활에 무리가 생기게 되며 마침내 걷잡을 수 없는 상태에까지 이르게 됨은 당연한 일이라고 할 수 있다. 설사 그렇게까지는 안 된다고 하더라도 소비가 조장될 소지가 많고 나아가서 저축 여력이 감소될 가능성과 외국 빚을 짊어질 가능성이 많은 것은 분명하다. 오늘날 일본이 선진국의 대열에 끼게 된 것은 경제개발 초기에 '근면은 미덕이다'라는 그 당시의 사회풍조로 이 국제적 전시효과를 방지하고 기술만 그 당시의 선진국으로부터 도입하는 것에 성공한 데에 연유한다고 한다.

우리나라에서 국제적 전시효과가 얼마나 위력을 발휘하고 있는가는 우리들이 얼마나 유행에 민감한가에서 특히 잘 알 수 있을 것이다. 집에서 쓰는 것을 보아도, 길거리, 버스, 지하철, 기차 등에서 입고 있는 것, 들고 있는 것을 보아도 유행의 위력은 명백하다.

어떻게 보면 경제학자인 갤브레이스의 말을 빌리지 않아도 업체가 그것을 부채질하는 면이 많은 것 같다. 또 패션 쇼 등도 그런 것 같이 생각된다. 그러나 자기 분수를 모르고 유행을 쫓다 보면 낭비를 하게 되어 개인적으로는 저축할 여력을 못 갖거나 적자생활을 하지 않을 수 없게 되며 나라 전체로서는 저축 부족이 초래되며 외국 빚을 짊어지게 되는 것은 뻔한 일이다. 이것은 결코 바람직스러운 일이 아니다. 그런가 하면 현재 우리나라의 국내 저축률과 외국 빚의 규모 등을 감안할 때 저축 증대와 외국 빚의 감축은 중요한 우리 경제의 과제라고 아니할 수 없다. 그동안도 국내 저축의 증대가 강력하게 추진되어 왔고 현재도 추진되고 있는 것이 바로 이에 기인한다. 앞으로도 강력한 국내 저축의 증대는 지속되어야 할 것이다.

저축의 증대를 위해서는 낭비의 제거와 소비의 절약이 필요하며 또 낭비의 제거와 소비의 절약을 위해서는 재정·금융정책·수단의 동원이 전제가 되지만 우선해서 우리들이 자기 분수를 지키거나 개성적이거나 개성을 발휘하거나 하여 국제적 전시효과 내지 유행을 방지해야 함은 두말할 필요가 없다. 그런 의미에서 우리나라에서는 현재 개성적인 것 내지 개성의 발휘가 강조되어야 한다. 물론 개성적이라는 것은 개인주의적이라는 것과 다르며 또 개성의 발휘는 개인주의 내지 이기주의의 발휘와 전적으로 다르다. 왜냐하면 개인주의는 개성과 개인의 자각에 기초를 두는 것이지만, 개성과 개인의 자각은 반드시 개인주의에만 있는 것은 아니며, 또 개성의 발휘는 예컨대 무엇이 세상에서 유행되고 있는가, 어떻게 하면 세상 풍조에 뒤지지 않는가에 대해서 전혀 한눈을 팔지 않고 오로지 자기에게 알맞은 것만을 실천해 가는 것과 같이 각 개인의 특이성의 발휘라고 할 수 있기 때문이다.

이처럼 개성적인 것 내지 개성의 발휘, 그것도 뚜렷한 개성의 발휘는 유행을 등지는 것이므로 유행이 위력을 발휘할 소지를 없애 줄 것이다. 그러나 이 국제적 전시효과는 우리들의 소비생활에만 그치지 않고 사고에까지 큰 영향을 미치고 있는 것 같다. 즉, 그것은 우리들로 하여금 선진국의 것은 무엇이든지 좋다든가 옳은 것으로 생각하게 만들고 있다. 말하자면 사고에서마저 개성 내지 자기 분수를 지키지 못하게 만들고 있는 것이다. 이것은 우리들의 외국상품 선호의 성향이 강한 것, 외국에서 유행하고 있는 학설 내지 사상을 무비판적으로 수용하려고 하는 우리나라 학계의 동향 등에서 잘 알 수 있을 것이다.

또는 헤겔이 말하는 추상적인 사고를 하는 사람들 내지 이른바 ‘프로크루스테스의 침대’의 우(愚)를 범하고 있는 사람들이 우리 주위에 많이 있는 것에서 알 수 있다고 해도 좋다.

〈추상적인 사고를 하는 사람은 누구인가〉라는 작은 논문에서 철학자인 헤겔은 다음과 같이 말하고 있다. “어떤 죄인이 처형장으로 끌려가는 것을 보고 있던 아낙네들이 그 남자를 보고 미남이라고 했다. 그런데 어떤 시민이 그 말을 듣고 ‘죄인을 미남이라고 하는 사람들이 어디 있어’ 하고 성을 내며 외쳤다. 이 시민은 죄인이라는 추상개념으로 산 인간을 생각하고 있는 사람이며 그 생각하는 바는 추상적이다.”

희랍의 옛이야기에 의하면 프로크루스테스라는 희대의 악한이 있었다. 그는 침대 하나를 준비하고 있다가 키 큰 손님이 오면 잠자는 사이에 침대의 길이에 맞추어서 다리를 잘라서 죽이고 키 작은 손님이 오면 침대의 길이까지 다리를 늘여서 죽였다고 한다. 그러기에 모든 것을 어떤 하나의 규준 내지 척도에 무리하게 끼워 맞추어서 생각하는 것을 프로크루스테스의 침대의 우를 범하는 것이라고 말하는데, 말하자면 그 시민은 이 우를 범한 셈이다.

그러나 죄인이라고 해서 하나에서 열까지 나쁜 것이 아니고 죄인이 미남이라고 해도 조금도 지장이 없을 뿐 아니라 미남이기 때문에 도리어 죄인이 되었는지도 모르지 않는가. 산 사람을 생각하는 데 추상개념으로 생각하면 이와 같은 무리가 발생하는 것이다.

이렇게 보면 현재 우리나라에서 진정으로 필요한 것은 개성이 뚜렷한 사람들, 혹은 뚜렷한 개성을 발휘할 줄 아는 사람들인 것 같다. 다시 말하면 소비생활에서나 사고에서 국제적 전시효과에 영향을 받지 않는 사람들이 무엇보다도 필요하다는 말이다. 어떻든 오늘날의 후진국으로 하여금 후진국의 멍에를 벗어나게 하는 데 있어서, 소비생활에서의 국제적 전시효과의 방지가 결정적으로 중요한 역할을 하는 것같이 개성의 뚜렷함, 즉 사고에서의 국제적 전시효과의 방지 또한 못지않게 중요한 역할을 하는 것임에 틀림없다.

물론 이 소비생활과 사고에서의 국제적 전시효과를 방지하는 데 정부 인사와 일반 사회지도층의 솔선수범이, 또 그 효과가 위력을 발휘할 소지를 조금도 허용하지 않는 건전한 환경의 조성이 결정적으로 중요한 전제가 된다. 이 환경의 조성과 관련해서는 영국의 앨프리드 마셜의 생각이 시사하는 바 많다고 할 수 있다. 그는 케임브리지 대학의 경제학부의 창립자인 동시에 좁은 의미의 신고전학파 즉 케임브리지학파의 창시자이다. 그러기에 오늘날의 경제학에 끼친 그의 영향은 지대하다. 그런데 그는 부의 분배의 불평등을 시정하는 그 나름의 방법으로서 실업가로 하여금 경제기사도(經濟騎士道), 즉 사업에서의 과시 욕구가 아니고 사업에서의 우월 욕구, 바꾸어 말하면 사업에서의 뛰어남 내지는 우월성 그 자체에서 희열을 찾으려고 하는 태도에 투철할 것을 강조하면서 그에 그치지 않고 나아가서 실업가가 경제기사도에 투철하지 않고서는 배길 수 없는 환경의 조성을 역설했던 것이다. 이 환경의 조성에 있어서 여론의 역할이 중시된 것은 말할 여지가 없다.

《재정》(1984. 8)

눈물 흘리는 국민주택

최근에 목동 신시가지의 1차분 아파트의 분양신청에 관한 신문보도가 있었다. 그 보도 가운데서 특히 나의 시선을 끈 구절은 '채권매입액 눈치로 우왕좌왕', '채권액 눈치작전 운운'이었다. 왜냐하면 내가 잘 아는 어느 부인이 이미 겪은 일이 새삼 연상되었기 때문이다.

그러면 왜 채권매입액에 대해서 눈치작전을 펴지 않을 수 없는가. 그것은 바로 채권매입액 크기의 순으로 분양자를 결정하게 되어 있는 현행제도 때문이다. 얼마를 써 넣어야 당첨될 것인지 모르니 그럴 수밖에 없을 것이 아닌가.

그 부인이 겪은 일은 대충 이러하다. 그 부인은 몸이 좋지 않은 데다가 집을 보아줄 사람이 없어서 갑자기 집을 비우지 않을 수 없을 때 문을 잠그고 나갈 수도 없어서, 일단 뒤늦게나마 아파트로 이사하기로 결심을 했다. 작년 초에 2백만 원짜리 예금을 주택은행에 했고 따라서 올해 초부터 이른바 1순위자에 해당하게 되어 서너 차례 31평의 아파트를 신청했다고 한다. 현재 살고 있는 단독주택을 팔면 31평형보다 큰 것을 살 수도 있지만 식구 수 등을 감안할 때 그 형이 알맞다고 생각했던 것이다.

그러나 정작 신청을 하려고 하니 채권매입액을 얼마로 할 것이냐로 고민하지 않을 수 없었다. 그때마다 당첨에 필요한 액수는 얼마라고 복덕방업자들이 귀띔해주더라는 것이다. 그 액수는 31평형의 경우 수요자가 많아서 그런지는 몰라도 대체로 2천만 원이거나 2천5백만 원이었다고 한다. 자기로서는 생각할 수도 없는 것이기 때문에 받아들이지 않고 자기 나름대로 감당할 수 있다고 생각되는 액수, 정확히 말하면 그 반도 채 못 되는 액수를 적어 넣었다고 한다. 그랬더니 매번 실패하더라는 것이다. 그래서 자기는 현재 아예 분양신청을 포기하고 있는 상태에 있다고 했다.

그러면서 매입채권을 현재 시세로 팔면 10퍼센트밖에 못 받으니, 청약자의 입장에서 보면 아파트의 실제 분양가격은 공시된 분양가격의 10퍼센트 할인한 액수 이상만큼 더 많은 가격이 되는 셈이 아니겠느냐고 물으면서, 채권매입액이 정부의 국민주택기금으로 들어간다고는 하지만 어딘지 잘 납득이 안 가는 점이 있다는 이야기도 했다.

나는 지금도 그 부인의 말에 공감을 느끼고 있다. 종전대로 신청을 받고 추첨을 했더라면 아파트를 분양받을 수 있는 가능성을 충분히 갖고 있는 사람, 즉 분양가격만큼 돈을 갖고 있는 실수요자가 이 제도로 해서 신청자격을 박탈당하고 있는 것과 마찬가지 상태에 놓여 있다고 말할 수 있기 때문이다. 어쩌면 그런 실수요자 중에는 아파트를 마련하려는 꿈에 오랫동안 먹는 것조차 아껴가면서 겨우 그 액수를 마련한 사람도 많을는지 모른다. 집이 우리의 생활에서 불가결한 것이라고 한다면 적어도 제도 자체가 애초부터 이런 사람들을 소외시키는 일이 있어서는 결코 안 될 것이 아닌가. 처지는 사후적으로 결정되기에, 언제나 불확실하다고 할 수 있는 당첨자의 채권매입액보다 적은 채권매입액의 신청자의 경우도 마찬가지일 것이다.

　물론 제도 자체를 자주 바꾸는 데에는 문제가 있다. 또 현행 제도에도 장점은 많이 있다. 그러나 관점을 어디에 두느냐에 따라서 장점과 단점은 얼마든지 달라지는 것이다. 그러나 분명한 것은 정부가 할 일이 어려운 처지에 있는 사람들, 진정으로 집을 바라는 실수요자들을 방치하지 않는 것이라고 한다면, 현행 제도를 이런 점에 비추어서 검토해볼 필요가 있다. 게다가 프리미엄을 없애기 위해서라고 했지만, 현행 제도 아래에서 과연 그 프리미엄이 없어졌는가 하면 결코 그렇지도 않다. 그런가 하면 국민주택자금이 매년 어느 규모가 되었고 그것이 어떻게 사용되었는가에 대해서 일반국민들에게 어떻게 알려지는지가 불분명하다. 불신하는 것은 아니지만 그것의 사용명세가 어떤 식으로든 일반국민에게 알려질 필요가 있을 것 같다.

　어떻든 이번 목동아파트 분양 시에 어떤 45평형 신청자가 하루 종일 다른 신청자들의 눈치를 살피고 복덕방업자들의 이야기를 종합해서 막판에 채권매입액을 5백만 원 써 넣고 “서울시가 공영개발의 명목으로 짓는 아파트를 돈 놓고 돈 먹는 식으로 신청해야 한다니 너무하다”고 말했다고 하는데, 정책 당국은 이 말을 결코 소홀히 넘겨서는 안 될 것이다. 또 목동 개발에서의 이익을 놓고 어느 서울시 공무원이 “돈이 남는다고 어느 개인이 차지합니까. 결국 그 돈은 서울시 돈이 아닙니까”라고 말했다고 하는데, 그런 공무원의 사고방식은 앞으로는 지양되었으면 한다. 이 공무원의 말은 어딘지 모르게 아파트, 단독주택, 토지 가격의 앙등을 초래한 지난날의 부동산 개발방식을 그대로 반영하는 것 같은 인상을 주는 것이기 때문이다. 결코 지난날의 부동산 개발방식이 재현되어서는 안 된다.

《조선일보》(1984. 9. 5)

낙관경제론과 비관경제론

심한 미 · 일 의존도

1960년대 중반부터 우리나라는 수출주도형으로 경제를 이끌어왔다. 다시 말하면 수출을 경제성장(GNP의 증가)의 엔진으로 삼아왔다. 그리하여 한 해 수출액이 작년에는 약 245억 달러나 된다. 물론 그동안 수출상대국의 수를 늘리면서 수출확대를 도모해왔다. 그러나 수출은 역시 미국과 일본에 크게 의존해온 것이 사실이다. 그러다 보니 자연히 우리나라 산업은 주로 미국과 일본시장을 겨냥해왔다. 경제성장을 추구하다 보니 에너지와 원료재 내지 1차산품을 해외에 크게 의존하지 않을 수 없었다. 그런가 하면 우리나라는 작년 말 현재로 4백억 달러를 약간 넘는 외채 즉 외국 빚을 짊어지고 있다. 그것도 따지고 보면 미국과 일본에 크게 의존하고 있고 또 국제금리가 변하는 데 따라서 지불할 이자액이 변하게 되어 있는 이른바 연동금리외채가 큰 비중을 차지하고 있는 그런 내용의 것이다.

따라서 우리나라는 자연스레 해외시장, 특히 미국과 일본시장의 동향 등에 대해서 민감하지 않을 수 없다. 정부가 연초에 밝히게 되어 있는 경제운영계획을 수립할 때 미국, 일본 시장을 주로 하는 해외시장의 동향, 에너지와 1차산품의 국제가격 동향, 미국 금리를 주로 하는 국제금리의 동향 등을 반드시 감안하게 되어 있는 것은 바로 이에 기인한다.

이렇게 보면 미국과 일본, 그리고 이들을 포함하는 OECD(일단 선진국협력기구로 해석하면 된다) 회원국의 경제전망, 이들 나라에서의 수입규제동향, 원유의 현물시장 가격동향 등에 관한 그때그때의 보도나 최근에 잇달아 있은 미국에서의 우리나라산 컬러TV에 대한 덤핑판정-재심판정-재심판정 착오 발견 등의 보도, 미국에서의 철강 수입규제조치 등에 관한 보도, 1차산품 국제가격 하락 등의 보도, 미 금리 하락 조짐 내지 미 장단기금리 하락추세 등의 보도에 경제를 안다는 사람들이 관심을 기울이는 것은 충분히 이해할 수 있을 것이다. 그리고 그런 보도에 업자나 정부 당국이 일희일비하는 것도 이해할 수 있다.

석유파동의 교훈

그러나 어떤 것에 관한 것이든 반드시 낙관적 내지 긍정적인 관점과 비관적 내지 부정적 관점이 있는 법이다. 또 대개의 경우 업자나 정부 당국은 낙관적인 견해를 갖는 것이 상례라고는 하지만 최근의 일련의 사태에 직면해서 업자나 정부 당국이 사태를 어딘지 모르게 낙관적으로, 어떻게 보면 안이하게 보려는 것 같은 인상을 주고 있지 않는가라는 생각이 든다. 어쩌면 이런 생각은 지난 1970년대 전반에 있은 제1차 석유파동 때의 경험을 강하게 반영하는 것일지도 모른다. 다시 말하면 그때 사태의 심각성을 제대로 파악하고 슬기롭게 대처했더라면 제2차 석유파동에 직면해서 겪은 그 심했던 경제적인 어려움은 덜했으리라는 아쉬움에서 나온 생각인지도 모른다. 또 제1차 석유 파동에 직면해서 미국과 일본이 취한 태도를 대비해 볼 때 일본이 더 현명했었다는 생각에 연유할는지도 모른다. 분명히 같은 선진국이지 만 미국은 자유세계의 리더라는 위치에 있었기에 어쩔 수 없었을는지 모르나 좀 안이하게 대처한 데 비해서, 일본은 사태를 심각하게 받아 들이고 대처한 탓으로 제2차 석유파동에 직면해서 미국이 어떻게 보 면 허둥댄 데 비해서 일본은 여유를 보였고, 현재까지도 경제적인 면 에서 자유세계의 우등생 내지 모범생의 지위를 누리고 있다고 할 수 있다.

내실 있는 정책을

낙관적으로 사태를 보거나 그것에 대처하는 것은 희망을 갖기 위해 서 또 희망을 주기 위해서 필요한 일임에 틀림없다. 그러나 경제윤리 는 냉혹한 것이며 또 각국은 자국의 이익을 철저히 추구하게 되어 있 다. 따라서 업자나 정부 당국은 현재 미국 등에서 진행되고 있는 경제 적인 조치나 움직임을 낙관적으로만 받아들이려고 하지 말고 비관적 인 관점에서의 지적도 살려서 낙관적도 비관적도 아닌 입장, 즉 냉정 한 입장에 서서 현실을 현실대로 받아들이고 슬기롭게 대처해가도록 해야 할 것이다. 이때 그동안의 경험을 거울로 삼아야 함은 말할 나위 도 없다. 그리고 당면 문제의 해결에 급급한 나머지 장기적인 대처가 소홀히 되는 일이 있어서는 안 된다. 말할 것도 없이 이 장기적인 대 처 속에는 적어도 내실 있는 관·민의 경제외교, 수출시장의 미·일에 의존에서 벗어나기 위한 내실 있는 수출상대국 수의 증대, 즉 수출시 장의 다변화와 그것을 뒷받침해주는 공장개편 내지 산업개편, 수출부

진이 있을 경우 그 충격을 완화하기 위한 국내시장의 육성, 외채구조
의 개선 등이 포함되어야 할 것이다.

《조선일보》(1984. 10. 3)

기업가의 요건

미국의 조지프 슘페터처럼 경제발전에 있어서 기업가의 역할을 강조한 경제학자도 없을 것이다. 물론 오늘날 선진국의 다른 경제학자들도 그에 못지않게 기업가의 역할을 중시하고 있다. 아마 이것은 오늘날, 선진국의 대부분이 정부의 주도적인 역할 없이 경제발전을 해온 데 기인하리라.

그런데 내가 기업가와 관련해서 항상 생각하고 있는 것에 세 가지가 있다. 하나는 지이 도표(Z chart)이고 다른 하나는 일제 시대에 있었던 일본의 모 대학 학장(우리나라의 경우 총장)의 일화이고 또 다른 하나는 기업의 사회적 책임에 대한 올바른 인식이다.

지이 도표는 한 도표 속에 (A) 1일, 1주일, 1개월과 같은 1단위 기간 내의 판매량, 생산량 등을 표시하는 동시에 (B) 연초 혹은 월초로부터 판매량 누계, 생산량 누계 등을 표시하고 또 (C) 과거 1년간 혹은 과거 1개월간의 판매량 합계, 생산량 합계 등을 표시하는 도표를 말한다. 그 성질상 (B)의 선과 (C)의 선은 1년 말 혹은 1개월 말에는 반드시 만나게 된다. 한 나라의 경제가 정상적인 상태에 있고 그 기업이 보통의 경영 상태에 있다고 하면 (C)는 급격한 상향, 하향의 선으로는 되지 않으므로 (B)의 선과 (C)의 선은 ‘>’자형이 되며 (A)의 선은 그 하부를 ‘—’자형으로 횡단하므로 전체 모양이 ‘Z’자형으로 된다. 지이 도표라고 불리는 것은 바로 이에 기인한다. 이에서 알 수 있는 바와 같이 이 지이 도표는 상품의 판매량, 생산량 등을 표시하여 최근의 성적을 보는 동시에 전체의 경향이 발전적인가 후퇴적인가를 판단하는 데 매우 편리한 도표이다.

일본 모 대학의 학장에게는 여러 가지 일화가 많지만 여기서는 그 중 하나만을 들기로 한다. 이 학교 경제지리 담당의 모 교수와 관련된 일이다. 그 교수는 부임 초부터 병을 앓게 되어 한 번도 강의를 하지 못한 채 병상에 누워버렸다. 그 당시에는 보통 3개월 쉬면 휴직이 되어 감봉이 되었다. 그러나 그 교수에게는 3개월이 지나도 또 반년이 지나도 봉급 전액이 부쳐져 왔으며 결국 1년 동안 그것이 계속되었다.

그런 일도 있고 해서 1년 만에 병상을 떠나 등교한 그 교수는 학장 앞에 가서 미안해하는 자세로 “건강도 회복되었으므로 이제부터는 하루도 쉬지 않고 강의를 열심히 하겠습니다”라고 말했다. 학장으로부터 약간의 꾸지람을 듣지 않을까 하고 걱정을 하고 있자니까 학장은 “○○ 교수 자신 있습니까. 건강이 무엇보다도 중요하므로 무리를 하지 않는 것이 좋을 것입니다”라고 부드러운 목소리로 위안의 말을 던졌다. “아닙니다. 의사가 완쾌되었다고 보증하고 있으므로 이제부터는 열심히 근무해서 1년간 쉰 것을 보충하겠습니다”라고 그 교수는 더욱더 미안해했다. 그 다음 날 그 교수에게 학교 서무과로부터 “긴급히 출두하라”는 속달편지가 날라들어 왔다. 그 교수는 무슨 일인가 하고 무거운 마음으로 학교로 나갔다. 그랬더니 뜻밖에도 “1개월간 ○○으로 출장을 명함”이라는 출장명령서가 나와 있지 않은가. 3일간이라든가 1주일간이면 몰라도 1개월간의 출장이라는 것은 도무지 있을 수 없는 일이다. '무리하지 말고 휴양을 하고 오시오' 하는 함축된 의미가 담겨 있는 셈이다. 그 교수는 그날 밤을 뜬눈으로 지새웠으며 이런 학장 밑에서라면 목숨을 바쳐서라도 일을 해야 하겠다는 결의를 단단히 했다고 한다.

기업의 사회적 책임은 우리나라에서도 논의되어 온 지 오래다. 대체로 기업의 사회적 책임을 묻게끔 만드는 것은 폭리, 공해 발생, 불량상품의 제조, 판매 등의 현상 때문일 것이다. 뿐만 아니라 원칙적으로 기업의 사회적 책임에 대한 논의라는 것은 많은 기업이 대규모화하고 독과점적 지위를 누릴 수 있게 됨으로써 사회에 미치는 영향력이 커지면 커질수록 우리에게 실감을 주는 것이 된다.

그러면 오늘날에 있어서 기업의 사회적 책임은 무엇이라고 할 수 있는가. 물론 자본주의사회에서 기업의 동기는 이윤추구이고 그 목표는 부단한 자기 확대라는 것은 널리 알려져 있는 사실이라고 할 수 있다. 그러나 비록 그렇다고 하더라도 그 책임은 일반적으로는 값싸고 품질 좋은 상품과 서비스를 생산하여 공급하는 것이고, 특히 우리나라에서는 정부의 특혜적 지원 없이도 국제적 경쟁력의 강화를 통해서 수출을 확대하고 나아가서 경제성장, 고용 증대 등에 기여할 뿐 아니라 더 나아가서 경제성장에의 기여라는 명분하에 저임금의 지속을 추구하는 일 등을 지양하는 것이 아닌가 생각된다. 그리고 사회적 책임을 다하기 위해서는, 기업은 경영합리화 노력의 극대화를 추구해야 할 것이다. 물론 여기서 말하는 경영합리화 노력은 다음을 주된 내용으로 하는 것이다.

㉠ 연구개발을 위한 적극적인 투자 → 기술 향상 → 생산성 향상. 생산성 향상은 품질 향상, 원가 절감을 통해서 국제경쟁력의 강화 → 수출 확대를 가능하게 한다.

ⓛ 금융비용, 영업비용의 절감. 각종 비용의 절감은 한편으로는 원가 절하 → 가격하락을 가능하게 하고 다른 한편으로는 자금압박의 완화 → 타인자본에 의존도 저하(재무구조 개선)를 가능하게 한다.

ⓒ 주식공모를 통한 자금 조달(직접금융). 직접금융은 자금압박의 완화 → 타인자본에 의존도 저하를 가능하게 한다.

ⓔ 적극적인 국제적 마케팅 활동. 마케팅 활동은 해외시장의 개척 → 수출 확대를 가능하게 한다. 마케팅 활동은 품질 및 가격과 함께 국제 경쟁력을 구성한다.

ⓜ 경영자에 대한 교육강화. 교육의 강화는 경영자의 안목을 넓히며 경영능력을 강화함으로써 새로 직면하게 되는 문제 혹은 경영상의 여러 가지 애로의 타개를 가능하게 한다.

이때 이런 다섯 가지를 주 내용으로 하는 경영합리화 노력의 극대화를 자진해서 추구하는 기업가의 사기를 북돋우어 주기 위해서는, 정부는 기업에 의한 경영합리화 노력을 적극적으로 지원하는 한편, 경영합리화 노력을 소홀히 하거나 횡포를 부리는 기업에 대해서 철저히 법적 규제와 단속을 행하도록 해야 할 것이며, 또 소비자는 감시자로서의 역할을 철저히 하면서 고발하고 저지하는 일에 적극적으로 참여해야 할 것이다.

이상의 세 가지 외에도 진정한 기업가가 되기 위해서 갖추어야 할 요건은 많을 것이다. 그러나 적어도 이 세 가지가 암시하는 것 즉 항상 기업의 부분과 전체를 함께 보는 눈, 무언(無言) 중에 자기 종업원을 특별히 보살피는 마음가짐과 따뜻한 정으로 대하는 자세, 경영합리화 노력의 극대화 추구가 곧 기업이 사회적 책임을 다 하는 것이라는 인식을 기업가가 가진다면, 반드시 그 기업은 흥할 것이며 또 사회의 칭송도 틀림없이 받을 것이다. 바람직스러운, 진정한 기업가는 바로 이런 기업가를 말한다. 장차 기업가가 되고자 하는 사람들은 이 점에 특별히 유의할 필요가 있을 것이다.

어떻든 이제는 사이비 기업가의 등장도 있어서는 안 되며 또 민간 주도형 경제로의 전환을 외치면서도 정부의 특혜적 지원에 의존하려는 기업가도, 수출 확대, 고용 증대에의 기여, 나아가서 경제성장에의 기여라는 명분 아래 근로자와 소비자를 우롱하는 기업가도 있어서는 안 될 것이다. 진정한 기업가만이 발붙일 수 있어야 할 것이다.

《재정》(1984. 10)

21세기를 생각하며

　흔히 우리 주위에는 경제성장만 되면 또는 1인당 국민소득만 높아
지면 선진국권에 접근하고 만사가 다 해결되는 것으로 착각하는 듯한
사람이 많다. 그러한 지표로 한 나라의 국민경제를 파악하려는 것은
마치 사람을 신장으로 파악하려는 것과 같다고 할 수 있을 것이다. 키
가 자라면서도 몸이 쇠약해지거나 기형적으로 되는 사람이 있듯이
GNP가 증가하면서도 경제체질이 약화되거나 경제가 기형화해 가는
나라도 있을 수 있다.

　우리가 앞으로 15년 후 선진국권에 진입하는 것을 목표로 하는 것
은 좋다. 그러나 외채 감축, 계층 간 소득격차 해소, 가속적인 도시화
등 구조적인 난제를 그 기간 안에 과연 어느 정도 해결할 수 있느냐가
문제이다. 네 차례에 걸친 경제개발계획을 통해서 우리가 얻은 교훈이
있다면 계획은 의욕적이어야 하지만, 어디까지나 실행가능성의 범위
내에서만 그래야 한다는 점이다. 그렇다고 미래를 비관적으로만 보는
것은 결코 아니다. 다만 계획의 규모는 국민경제가 동원할 수 있는 자
원의 한계를 넘지 말아야 한다는 사실을 강조하고 싶을 따름이다.

　이러한 난제들을 풀어가다 보면 자연히 선진국권에 진입할 수 있다

는 생각이 든다. 장밋빛 청사진을 제시하기에 앞서 현재 우리 경제를 옭아매고 있는 매듭을 풀어나가는 데 국민적 에너지가 집중돼야 할 것 같다.

현재의 기술진보 속도를 생각하면 인류는 20세기 말이 아니라 그 이전에도 또 한 차례의 산업혁명을 겪을 것으로 보인다. 이는 물론 인류의 장래를 밝게 해줄 것임에 틀림없다. 그만큼 생활의 질이 향상되고 생산성이 높아져 더 많은 과실을 안겨줄 수 있을 것으로 기대되기 때문이다. 그러나 첨단기술이 평화적으로 이용될 경우에 한해서이지 자칫 군사력강화 따위로 악용될 때는 인류를 멸망으로 인도할 수 있는 가능성도 배제할 수 없다. 결국 인류의 장래는 인간의 양심이나 양식에 달려 있다고 할 수 있다. 기술진보 노력과 함께 심성을 개발하는 노력이 동시에 강구돼야 하는 까닭도 바로 여기에 있다고 생각한다.

또한 우리의 입장에서는 고용문제를 생각하지 않을 수 없다. 현재 진행되고 있는 기술진보는 결국 종래와 동일한 생산기능을 유지하기 위해서 필요한 노동력의 투입이 적어도 될 뿐 아니라 생력화(省力化)의 극한인 무인화(無人化)의 가능성을 내포하고 있다. 따라서 기술진보 내지 기술혁신은 '생력화=고용의 둔화'라는 관계를 성립시킨다. 때문에 우리와 같이 과잉인구를 갖고 있는 나라에게는 심각한 고용문제를 야기시키거나 가중시킬 가능성이 크다. 이와 함께 하루빨리 도입기술 의존형의 기술진보에서 벗어나야 한다. 자주적 기술개발 의존형의 기술진보를 실현해야 한다. 첨단기술이라고 해서 유행병처럼 따라가지 말고 우리 실정에 맞는 기술을 특화하여 집중 육성해야 한다는 얘기이다. 그것은 기술 면을 통한 외국에의 의존이 초래되는 것을 방지하고 로열티의 지급 부담을 덜어줄 수 있기 때문이다. 이제는 그동안의 외국기술 도입으로 적지 않은 분야에서 자체 개발을 할 수 있는 기반이 상당한 정도로 마련됐다고 본다. 이 같은 노력들과 함께 지도자들의 솔선수범을 전제로 근검, 절약의 고삐를 늦추지 말아야 함도 강조하고 싶다.

21세기의 과제로서는 남북한의 통일과 지방자치제 실시, 인권 신장, 물가 안정, 중산층 육성, 농업 육성, 중소기업 확대, 공해 문제 등을 들 수 있겠다. 또 사회 면에서는 인간소외 문제가 심각하게 될 것으로 보이며 특히 노인과 청소년 문제, 사회단층 현상의 심각성이 우려된다. 이에 교육제도를 개혁하여 독서하는 국민풍토를 만들고 서구문화의 분별 수용, 토착화에 힘써야 할 것이다.

이 같은 과제는 앞으로의 15년 동안 어떻게 노력하느냐에 따라서 판가름 날 것이다. 하지 않고 내버려두는 것은 곧 나빠지는 것을 의미한다. 한두 가지 문제만을 부각시키는 일은 피하고 전체를 조화 있게 풀어나가는 노력이 따라야 할 것으로 보인다.

《주간매경》(1985. 1)

미 달러의 향방

미국의 브루킹스 연구소는 우리나라에서도 잘 알려져 있는 연구소다. 현재 그 소장으로 있는 사람은 1960~1964년에 재무차관을 지낸 로자(R. V. Rosa)이다.

그런데 로자에 따르면 1980년 이후의 미 달러고(高)를 초래한 요인에는 다음의 다섯 가지가 있다고 한다. ① 달러가 항상 국제결제통화로서 사용될 수 있는 것 ② 달러표시 자산의 안전성, 즉 미국 국내에서 자산을 보유하든 다른 나라에서 달러표시 자산을 보유하든 달러자산은 안전성이라는 점에서 높은 평가를 받고 있었다는 것 ③ 수익성과 성장성의 매력이 충만한 미국경제 ④ 달러표시 채권의 고금리의 매력 ⑤ 투기의 대상으로서의 매력 즉 달러가 더 높아지는 것은 아닌가라는 기대 하에서 투자가가 자산 선호를 달러로 이동시킨 것.

그는 나아가서 이들 요인에 각국의 특수한 사정도 있어서 마르크, 프랑, 파운드의 달러에 대한 환율이 급락한 것과 엔이 여전히 달러에 대해서 과소평가되어 오고 있는 것도 가세한 것으로 생각하고 있다. 그리고 그는 이들 요인 가운데에서 ④의 미국의 고금리가 가장 중요한 것으로 여기고 있다.

그런가 하면 로자는 달러고가 미국경제와 세계경제에 끼친 영향은 각각 다음과 같다고 한다. 우선 미국경제에 끼친 영향으로서는 ① 인플레이션의 저하 ② 국내에서 경쟁심의 환기 ③ 보호주의의 증대 ④ 미국의 대외채무 증가의 네 가지가 들어질 수 있다고 한다. 다음에 세계경제에 미친 영향은 다음의 네 가지라고 한다. ① 각국이 대미 수출을 증가시킨 것 ② 미국 이외의 여러 나라에서도 수입은 달러표시로 행해지는 일이 많기 때문에 달러고 분(分)만큼 달러표시의 수입비용이 상승한 것 ③ 저축 유출 ④ 저개발국이 갖고 있는 누적채무의 악화.

한편 로자에 따르면 달러의 장래에 대해서는 ① 현상대로 잘될 것이다 ② 2, 3년 내에 커다란 위기가 일어날 가능성이 있다 ③ 잠재하는 위기를 회피하기 위해서 긴급 시 대응계획의 작성이 필요하다는 세 가지 시나리오가 있다고 한다.

현상대로 잘될 것이다

이것은 현재 미국 행정부가 말하고 있는 것이 옳다고 하는 생각이다. 이 설의 줄거리는 다음과 같다. 우선 경기의 확장은 지속되며 재정지출은 서서히 삭감되어 가는 외에 세 부담을 무겁게 할 필요도 없으며 감세마저 실시될 가능성이 있다. 다른 한편 개인이라든가 법인의 소득이 증가하고 세수입이 증가하므로 재정적자는 감소한다. 또 소득의 상승에 따라서 저축도 증가하며 또 재정적자도 삭감되기 때문에 금리는 하락한다. 그렇게 되면 인플레이션은 진정되게 되며 달러의 환율도 서서히 하락하게 될 것이다.

그 결과 국제수지 적자는 경상수지 적자, 무역수지 적자 할 것 없이 감소하게 될 것이다. 그러나 경기는 지속적으로 확장해 가기 때문에 수요 면에서의 감소는 없으며 따라서 미국의 무역업자도 걱정할 일이 없게 된다. 왜냐하면 미국경제는 확대를 지속하므로 종래대로 충분하게 수입을 흡수해 갈 수 있기 때문이다.

위기가 일어날 가능성이 있다

한편 위기설 논자들은 현재의 지속적인 경기확장의 이면에는 위기의 싹이 숨어 있다고 주장한다. 즉 행정부가 그리는 재정적자 삭감의 효과가 나타나기 전에 고금리 때문에 경기확장의 기초를 이루는 기업의 설비투자라든가 주택구입이 감소해 버릴 것이 아니겠는가라고 주장한다. 그들은 논거로서 ① 금융기관의 고금리 ② 미국 내외의 채무 문제와 이에 의한 은행의 유동성 감소 ③ 외국인의 달러 자산 보유자가 달러에서 이탈할 가능성의 세 가지를 든다. 그들은 현재의 재정적자가 현 수준보다도 줄어드는 일이 없다고 생각하고 있다. 도리어 적자가 증가하는 것이 아닌가라고 생각하고 있는 것 같다.

긴급 시 대응계획의 작성

이것은 의식적으로 계속해서 적자 삭감책을 취할 필요가 있다는 견해이다. 바꾸어 말하면 재정적자의 삭감으로 서서히 달러고를 시정하기 위해서 일시적인 조치로 증수(增收)를 도모하면서 세제를 본격적으로 검토하여 개혁안을 작성하려고 하는 견해이다. 적어도 금융계의 찬성을 얻고 있는 견해이며 로자 자신도 찬성하고 있는 것이다. 만약 이 견해에 따라서 의식적으로 적자 삭감을 위한 조치가 취해지고 이것이 금융계에 의해서도 평가되게 되면 금리는 서서히 하락할 것이며 또 달러의 가치도 하락하게 될 것이다.

끝으로 로자는 제1의 견해와 제2의 견해의 타협의 결과로서 제3의 견해가 채택될 가능성이 크며 만약 그렇게 되면 여전히 달러는 지배적인 역할을 지속하게 될 것이라고 보고 있다. 그러나 다른 한편에서 엔의 역할도 증대하게 될 것이라는, 즉 엔은 달러와 함께 국제통화제도 중에서 주요 기축통화로서의 역할을 더 많이 하게 될 것이라는 전망을 하고 있다. 따라서 그는 앞으로는 미·일 양국에 더해 제3의 나라(아마 서독이 될 것이다)의 3개국이 핵이 되어 통화제도는 움직여 갈 것이라고 생각하고 있다. 어떻든 그에 따르면 가까운 장래에 이 3개국의 주요 기축통화 사이에 더 친밀한 협력관계가 구축되는 것은 틀림없으며 이것은 상당히 유망한 것이라고 한다.

상술한 로자의 견해 내지 전망이 맞을지 안 맞을지는 모를 일이다. 그러나 분명한 것은 만약 앞으로도 달러고가 여전히 지속된다면 그것이 세계경제에 미칠 영향 중 ②~④ 즉 마이너스 요인이 그대로 존속할 것이라는 점이다. 그렇다면 그동안 플러스 요인인 ①보다도 이들 마이너스 요인이 늘 컸다는 것이 사실이라고 할 때 우리나라로서도 그 경우에 대한 대비를 소홀히 할 수 없음은 말할 나위도 없다. 특히 ④를 심각하게 받아들여야 할 것이다. 마침 올해에는 재계(財界)에서도 외채감축을 위해서 진력할 것이라는 것을 천명한 바 있다.

국내적인 노력이 무엇보다도 우선해야 하겠지만 해외요인에 대한 대비도 결코 가볍게 여길 수 없음을 감안할 때 더욱이 그러하다고 할 수 있다.

그뿐 아니다. 달러고가 미국경제에 미친 영향 중 ③ 보호주의의 증대가 있음에 유의할 필요가 있다. 만약 달러고가 지속된다면 이 영향은 역시 그대로 존속할 것이 아니겠는가. 그렇지 않아도 대통령선거 후에 예상되는 경기둔화 내지 불경기로 우리나라 상품에 대한 수입규제의 강화가 우려되고 있는 터에 달러고가 그대로 지속된다면 우리나라 상품 수출에 대한 어려움은 더욱더 커질 가능성이 있다고 할 수 있을 것이다. 게다가 우리나라의 환율 결정방식이 달러에 의존하고 있는 관계로 달러고는 곧 원고도 의미한다면 달러권 외의 지역에 대한 수출의 부진도 예상된다고 할 수 있을 것으로 여겨진다.

따라서 로자의 전망이 맞고 안 맞고는 관계없다고 하지만 달러의 향방에 대한 우리 나름의 정밀한 분석에 의거한 전망을 갖도록 하는 것이 사전 대비를 위한 꼭 필요한 일의 하나라고 할 수 있을 것이다.

《재정》(1985. 7)

제2장 경제경험을 살리자

외국인 투자도 외채다

케네디 공항의 내국인 우선 수속

지난 8월 중순에서 하순에 걸쳐 미국을 다녀왔다. 5년마다 열리는 학회에 참석하기 위해서였다. 나는 미국에 도착한 첫날 밤 늦게 케네디 공항에서 하나의 해프닝을 겪었다. 어떻게 보면 미국의 자칫하면 숨겨지기 쉬운 한 면을 목격할 수 있었다고 해도 무방할 것 같다. 그날은 그곳에 갑작스럽게 비가 와서 대혼잡이 일어나서 그런 광경이 벌어졌다고 한다.

비행기가 착륙하자 교통 혼잡으로 기내에서 약 40분간 대기하지 않을 수 없다는 방송이 있었다. 그런데 또 비행기에서 내려서 입국과 세관수속을 받기까지 미국 시민(한국인이라도 미국 국적을 갖고 있는 사람 포함)을 제외한 다른 사람들(그 대부분은 한국인이었다)을 거의 같은 시간 동안 수속장 못 미친 복도에서 기다리게 하는 것이 아닌가.

다른 비행기에서 내린 미국 시민까지도 계속적으로 먼저 수속을 시키다 보니 그렇게 된 셈이다. 물론 자국민의 우선 보호라는 명분을 내세워 그랬으리라는 것쯤은 이해할 수 있었다.

그러나 약 2시간 동안이나 그것도 밤 12시 넘어서야 수속장을 벗어나니 참는 데에도 한계가 있을 것은 사실이다. 기분대로라면 그 자리에서 한국으로 되돌아가고 싶은 생각이 간절했었다. 그러면서도 한편 나는 과연 김포공항에서 이처럼 대혼잡이 일어났다고 할 때 우리 공항 직원들도 한국인을 먼저 수속시키기 위해서 외국인들을 장시간 기다리게 할 수 있을까 하는 의문에 잠겼던 것이 사실이다.

한편으로는 물론 그렇겠지 하고 생각하면서도 다른 한편으로는 혹시 한국의 이미지를 좋게 하기 위해서, 동양인의 미덕을 발휘하기 위해서 등의 좋은 명분을 내세워 외국인들을 먼저 수속 밟게 할는지도 모른다는 생각이 강했던 것이 또한 사실이다. 후자의 생각은 패배주의자적 생각이라고 해도 좋다. 그러나 그동안 국내에서 그런 패배주의자적 생각을 갖게끔 하는 여러 사건을 직접 목격했거나 전해들은 일이 있으니 어찌할 수 없지 않은가.

"우리가 왜 외국어를 배워야 합니까?"

귀국해서 얼마 안 되어서 이런 나의 우려를 뒷받침하는 것 같은 사건을 겪었으니 우연이라면 우연이라고 하겠다.

나는 이따금 택시를 탄다. 택시를 탈 때마다 운전기사에게 경기 등의 경제문제, 기타 신문이나 라디오·TV만으로는 제대로 실감을 느낄 수 없는 일을 묻는 버릇이 있다. 그들이야말로 각양각색의 사람들을 손님으로 맞이하기 때문에 그들의 차 안에서의 이야기를 통해서 현실에 대한 여론을 그들 나름대로 파악할 수 있다고 생각하기 때문이다.

그날은 일행이 있어서 묻지 않았다. 그러나 무엇이 계기가 되었는지는 모르지만 운전기사가 말을 하기 시작했다. 이 말은 다른 많은 운전기사들의 생각을 나타내는 것이기도 하다고 하겠다.

이야기의 내용인즉 운전기사의 영어, 일본어 교육에 관한 것이었다. 그는 한마디로 왜 우리들이 외국어를 배워야 하느냐고 묻고 자기는 전혀 그럴 필요가 없다고 생각한다면서 다음과 같이 자기가 겪은 일을 털어 놓았다.

어느 날 일본인 손님을 태웠다. 그래서 배운 서투른 일본어로 인사를 하고 어디로 가느냐고 물었다. 그랬더니 그는 비웃는 듯도 하고 우습다고 여기는 듯한 태도를 취하면서 김포 공항까지라고 일본어로 답하더라는 것이다.

뒤에 공항에 도착해서 우리말로 인사하면서 차에서 내리는 것을 보고 안 일이지만 그는 자기가 일본어로 한 말을 우리말로 해도 능히 알아들을 수 있는 일본인이었다고 한다.

우리말로 외국인 모시는 택시운전사

그렇지 않아도 자기 세대는 반일교육을 받은 세대인지라 반일감정을 갖고 있던 터에 그런 일을 당하니까 일종의 민족적인 모욕감을 느끼게 되더라고 했다. 그리하여 그런 일을 겪고 난 후부터는 외국어를 더 배운다고 해도 앞으로는 일체 모든 외국인들에게 외국어를 쓰지 않고 우리말만을 쓰기로 작정했으며 그것을 최근에 어떤 미국인한테 실천했다고 한다.

우리말로 어디 가느냐고 물었더니 그는 몹시 당황하면서 영어로 김포공항을 가자고 하더라고 한다. 그러나 모르는 체하고 또 다시 우리말로 물으니까 그때에는 몸짓, 손짓을 하면서 김포공항으로 가자고 하더라는 것이다.

외국인들의 편의를 위해서 우리 운전기사들이 외국어를 배울 필요가 있다고 하지만 자기 식으로 해도 결국은 문제가 해결되지 않느냐고 하면서 우리들이 미국이나 일본에 갔을 때 우리말로 그들이 어디 가느냐고 묻느냐고 도리어 우리들한테 되묻는 것이 아닌가.

자기는 고등학교를 나왔기에 조금만 노력하면 외국인 손님들을 태우는 데 별로 지장을 받지 않을 수 있지만 앞으로도 우리 민족의 자존심을 위해서 계속해서 우리말로 외국인 손님들을 태우겠다고 강조했다. 게다가 피곤하기 때문에 외국어 교육을 받아도 머리에 잘 들어가지 않더라고도 했다.

그러나 그러면서도 자기는 결코 정부가 하는 일에 반대하는 사람은 아니고 되도록 순응하려고 하는 사람이며 또 앞으로 계속해서 큰 국제행사가 있다는 것을 모르는 사람도 아니라는 말을 덧붙이는 것을 잊지 않았다.

외국·외국인 더 의식하는 일 없는가

물론 이 운전기사에 대해서는 우물 안의 개구리라든지 국수주의적이라는 비난을 가하는 사람들도 있을 것이다. 그러나 그때 차 안의 정황에서 미루어 볼 때 결코 그렇지 않다는 생각이 들었다.

그는 어디까지나 민족적 긍지, 민족적인 주체의식을 내세우면서 우리나라의 실속을 차리는 것, 우리나라의 주체성을 살리는 것을 강조했다고 할 수 있다.

과연 우리에게 우리 국민·우리나라보다도, 외국인·외국을 더 의식하는 일은 없는지, 다시 말하면 외국인·외국이 어떻게 보는지, 어떻게 생각하는지 등에 더 신경을 쓰는 일은 없는지. 과연 우리에게 외국인·

외국·외국 것을 우리 국민·우리나라·우리 것보다 더 우월하다고 여기는 일은 없는지. 과연 우리에게 결과적으로 우리나라 이익의 증진보다도 외국 이익의 증진에 더 기여하는 바와 같은 우를 범하는 일은 없는지. 과연 우리나라는 후진국이니 선진국의 압력에 배겨낼 수 없다는 것과 같은 비굴한 생각을 하는 일은 없는지.

아직 나는 이들 물음에 대해서 자신 있는 해답을 갖지 못하고 있다. 그러나 미국에서 겪은 일은 나로 하여금 그 운전기사의 생각을 높이 사게끔 만드는 것만은 틀림없다. 뒤에 안 일이지만 내가 겪은 그런 해프닝은 예사로운 일이라니 더욱이 그러하다고 할 수 있다.

우리도 우리 실속 차려야

그러기에 나는 우리나라의 실속을 차리는 것, 우리나라의 자주성 내지 주체성의 발휘를 특히 강조하지 않을 수 없다. 이때 위정자, 사회지도층, 정부관료 등의 솔선수범이 꼭 필요한 전제가 됨은 말할 나위도 없다. 이들이 주는 영향은 직접적이고 또 지대하기 때문이다.

이런 두 가지 일을 겪고 난 뒤의 일이어서인지 몰라도 102개 업종의 개방과 절차간소화를 골자로 하는 이번의 외국인 직접투자 조처를 보는 나의 심정은 한마디로 말해서 착잡하기 그지없다. 그것은 어쩐지 때마침 미국 하원에서 통과된 젠킨스 법안과 좋은 대조를 이루는 것 같은 느낌이 드는 데에 기인하는지도 모른다. 젠킨스 법안이 마땅히 있을 법한 것이라고 한다면 이번의 외국인 직접투자 조처는 앞에서 말한 나의 우려를 가속화시키는 것 같다는 생각이 드니 그럴 수밖에 없지 않은가.

원래가 외국인 직접투자는 기업의 직접경영권의 지배를 목적으로 하는 투자를 말한다.

따라서 이것은 기업의 직접경영권의 지배를 목적으로 하지 않는 외국인 간접투자(즉 증권투자)와 다르다. 이 외국인 직접투자의 목적 내지 동기로서는 대체로 공여국 측에서는 시장 확보, 노동력 확보(관리자 포함), 자원 확보, 수출거점 확보 등이 그리고 도입국 측에서는 자본부족의 보전, 기술도입(생산기술, 경영기술 포함), 원료수입 확보, 수출 보장, 국내시장에서의 유리한 경쟁 등이 들어진다.

따라서 우리나라도 1962년 이후 계속해서 외국인 직접투자의 문호를 넓혀 왔다. 그러나 작년인 1984년 6월 말까지는 투자가 가능한 업종을 열거하고 제한된 범위 내에서 투자를 인가하는 입장을 취해 왔다. 그것이 같은 해 7월 1일부터 바뀌었다.

즉 정부는 투자가능업종 열거방식 대신에 특별히 고시하는 금지 내지 제한업종 이외에는 투자가 가능하도록 했다. 따라서 외국인 직접투자가 대폭 완화된 셈이다. 이번 조처가 바로 그것의 확대조처임은 말할 나위도 없다.

이번 조처로 외국인 직접투자를 금지 내지 제한해 온 339개 업종 중 102개 업종에 대한 외국인 직접투자가 허용되었다. 그리하여 산업표준분류상 전체 999개 업종 중 외국인 직접투자가 허용된 업종은 이제까지의 666개 업종에서 762개 업종으로 늘고 금지 및 제한업종은 339개 업종에서 237개 업종(금지 53개, 제한 184개)으로 줄었으며 외국인 직접투자 허용(내지 자유화)률은 66.1퍼센트에서 76.3퍼센트로 높아졌다. 투자가 허용된 업종의 특기할 만한 예를 들면 금융·보험·부동산 및 용역업 중 기존 업체와 합작을 조건으로 하고 있는 자동차보험, 화재해상보험, 기타 손해보험(단 생명보험은 불포함) 그리고 제조업 중 역시 합작을 조건으로 하고 있는 자동차 제조업, 엔진 제조업, 자동차부품 제조업이다.

사실은 그동안 원리금 상환 부담이 따르지 않는다고 해서 국제수지가 악화될 때마다 외국인 직접투자의 유치가 강조되어 왔다. 1984년 7월 1일 조처와 마찬가지로 이번 조처도 다분히 이런 뜻이 담긴 것이라고 할 수 있을 것이다.

그러나 이번 조처는 개방정책의 일환이며 적극적으로 외국인 직접투자를 유치하기 위한 투자환경 개선책이며 외자조달 확대를 기도한 것이기도 하다고 한다.

확대일로의 외국인 투자

우리나라에 대한 외국인 직접투자의 인가액은 금년 3월 말 현재로 27.13억 달러(1,721건), 도착액은 16.31억 달러에 이르고 있다. 그러나 취소 내지 외국인 지분을 우리나라 사람이 인수한 경우를 제외하면 현존 인가액은 22.04억 달러(1,083건)이며 또 도착액 중 원금 회수된 3.58억 달러를 제외하면 그 잔액은 12.73억 달러이다. 대체로 도착액은 대대적인 중화학공업화의 추진 탓으로 1972년 이후에는 1980년을 제외하고서는 매년 1억 달러를 웃돌았다.

그리고 특히 1984년에는 그것이 1.71억 달러나 된다. 한편 과실송금액은 금년 3월 말까지 5.57억 달러에 이르고 있으며 외국인 직접투자가 장기자본 도입총액 중에서 차지하는 비중은 4퍼센트 내외인 것으로 알려져 있다.

이번 조치로 해서 외국인 직접투자는 크게 늘 가능성이 있다. 물론 앞에서 말한 외국인 직접투자의 목적 내지 동기에서 그것의 장점 내지 이익이 무엇인지를 짐작할 수 있을 것이다. 그러나 그것에는 이익만이 있는 것이 아니라 단점 내지 불이익도 많다.

외국인 직접투자도 외채

일반적으로 외국인 직접투자의 이익으로서는 ① 자본 부족을 해결해 준다. ② 기술진보와 경영관리의 근대화를 초래해서 산업의 국제경쟁력을 강화시킨다. ③ 수출의 증가와 국제수지 개선에 기여한다. ④ 고용의 증가를 초래한다. 그리고 외국계 기업은 고임금을 지불함으로써 국내 임금의 제고를 위한 압력을 가한다. ⑤ 경쟁의 자극을 통해서 경제의 체질을 강화하고 제품의 질을 좋게 하며 가격도 싸게 해서 소비자를 보호한다. ⑥ 위험의 분담을 가능케 한다. ⑦ 더 많은 조세수입을 가능케 한다. ⑧ 외부경제의 창출을 통해서 국내 투자를 자극한다 등이 들어진다.

이와 달리 불이익으로서는 ① 외국계 기업이 국내시장에서 독과점적 지위를 누리는 것을 가능하게 한다. ② 국내 기업의 자금조달을 곤란하게 할 수 있다. ③ 경쟁 국내산업의 파산 또는 자회사의 업무내용 개편을 통해서 실업을 발생시킬 수 있다. ④ 정부의 경제정책 실시에 장애물이 될 수 있다. ⑤ 수입제한 조치를 우회하는 방법일 수 있다. ⑥ 국내 저축을 감소시킨다. ⑦ 교역조건을 악화시키며 또 국제수지를 악화시킨다. ⑧ 산업구조의 불균형을 초래할 수 있다. ⑨ 대외채무 부담의 영속화를 초래할 수 있다 등이 들어진다.

이상은 여러 사람들의 주장을 한데 모아 본 것이다. 따라서 얼른 보면 상충되는 것이 있는 것 같기도 하고 또 이해가 잘 안 가는 것이 있는 것 같기도 할 것이다. 그러나 분명한 것은 입장의 차이에 따라서 그렇게 될 수 있다는 사실이다. 그리고 이해관계의 차이에 따라서 보는 시각 내지 입장의 차이가 생긴다는 사실이다. 어떻게 승패가 분명히 가려지거나 딴 돈의 액수와 잃은 돈의 액수가 분명히 가려질 수 있는 각종 경기나 도박의 경우처럼 이 경우에도 이익과 불이익이 확연하게 가려질 수 있으면 좋겠는데 그렇지 않으니 판가름하기가 어려울 수밖에 없을 것이다.

그러나 이 경우에는 어디까지나 우리나라의 실속 차리기, 우리나라의 자주성 내지 주체성의 발휘에서 해답의 열쇠를 찾는다면 판가름은 쉽게 날 것으로 생각된다. 그럴 때에는 앞에서 든 불이익의 ④와 ⑨가 강하게 부각될 것이기 때문이다. 우리나라의 경우 각 경제개발 5개년 계획에서 반드시 자립경제 내지 경제자립이 강조되어 오고 있지 않은가. 또 우리나라에서 그동안의 경험도 불이익에서 가장 중시되어야 하는 것이 무엇인지를 잘 말해 주고 있다고 할 수 있지 않은가.

따라서 외국인 직접투자의 추진에 있어서는 갖가지 이익을 내세우거나 원리금 상환 부담이 없다거나 외자 조달 확대원의 하나라든가 등을 내세워서 서두를 것이 아니라 앞에서 든 두 가지 불이익에 특별히 유의하면서 불이익을 극소화시키고 이익을 극대화시키는 방향으로 나가는 것이 무엇보다도 절실한 일이라고 할 수 있다. 이것은 그동안의 우리나라 경험을 잘 살피는 길이기도 하다. 만약 '소유는 내국인, 기술은 외국기업, 자본은 공공 소스로 하는' 외국인 직접투자 유치책에 매력을 느낀다면 그것은 한낱 이상(理想)에 지나지 않는다고 일소에 붙일 수 있을까.

국민적 합의하에 결정해야

나는 이상에서 외국인 직접투자에 대한 나의 생각을 밝혔다. 결코 나의 생각이 옳다고는 생각하지 않는다. 다만 이제는 외국인 직접투자에 대한 각자의 생각을 모두 털어놓고 논의하고 그 결과를 잘 정리해서 진정한 국민적 합의를 얻는 것이 절실히 요청되는 때라는 생각에서 그랬을 뿐이다. 더욱이 궁극적으로는 내국인이 인수해야 할 몫(分)을 나타내므로 엄밀한 의미에서는 외국인 직접투자액도 한 나라의 외채에 포함시켜야 한다는 의견이 있고 보면, 또 실제로 그것을 포함시켜서 한 나라의 외채를 생각하는 사람이 있고 보면, 진정한 국민적 합의를 얻기까지의 절차는 불가결하다고 할 수 있다. 어떻든 앞으로는 정부의 경제정책의 결정은 진정한 국민적 합의를 전제로 해야 한다는 것을 간과해서는 안 될 것이다.

《월간조선》(1985. 11)

세계경제의 시한폭탄

헬무트 슈미트는 1974년 5월부터 1982년 10월까지 서독 수상을 지냈으며 현재 연방의회 의원으로 있다. 그는 또 경제 베테랑으로도 잘 알려져 있다. 게다가 그는 1930년대와 같은 과오를 범하지 않기 위해서 지스카르 데스탱 전 프랑스 대통령과 함께 1970년대 중반에 세계 주요 7개 선진국 정상회담을 제안한 사람이기도 하다.

그런 그가 84년 가을에 10번째로 일본을 방문했고 그때 '세계경제의 전망과 일본에 대한 기대'라는 제목으로 강연을 한 바 있다. 그는 이 강연에서 세계경제는 현재 다음과 같은 6개의 시한폭탄을 안고 있다고 역설하였다.

① 저개발국의 누적외채의 위기, ② 미국의 재정적자, ③ 미국의 재정적자에서 발생한 미국 고금리로 일본이라든가 서독 등에서 고정설비에 대한 투자가 이루어지지 않는다고 하는 투자부족의 문제, ④ 무역전쟁의 가능성, ⑤ 일본경제의 구조적인 흑자체질, ⑥ 제3세계의 기아문제 등이 바로 그 6개의 폭탄이다. 이 6개의 폭탄 중에서 첫 번째부터 다섯 번째의 시한폭탄은 그 대부분이 최근 수년 동안에 발생하였기에 비교적 대처하기 쉬우며 해결이 가능하나 여섯째의 기아 문제

만은 가장 어렵고 해결에 시간이 걸린다는 것이다.

어떻든 그는 여섯 번째를 제외하고서는 정치지도자 혹은 정책책임자의 의지만 있으면 2~3년 안에 해결되리라고 보고 있다. 그러면서 그는 그 중 미국의 재정적자, 일본경제의 구조적인 흑자체질, 무역전쟁의 가능성에 대해서 특별히 언급하고 있다.

그는 분명히 미국의 재정적자와 그 결과로서의 고금리·달러고는 충분히 해결 가능한 것이지만 정책책임자는 이것의 성격을 잘 이해하고 있지 않으며 이해하려고도 하지 않는다고 《인터내셔널 헤럴드 트리뷴》지에 게재된 로안의 〈달러, 5개국 재무장관회 참석자들은 적극적인가〉라는 기사를 인용하고 있다.

그는 그들이 적극적인가 아닌가에 관해서는 두 가지 측면이 있다고 주장한다. 첫째는 달러가 좀 높으니까 무엇인가 해야겠다는 측면이다. 슈미트 전 수상은 이 측면에서는 5인의 재무장관은 그런대로 적극적이라고 보고 있다. 그러나 달러를 낮추기 위해서 중앙은행이 시장에 적극적으로 개입할 것인가 아닌가라는 둘째 측면에 대해서는 매우 의심스럽다고 보고 있다. 그는 선진 5개국의 재무장관 및 중앙은행 총재가 달러고 시정을 위해 협조·개입할 것이라는 성명을 발표하면서도 실은 본격적으로 해결할 의사가 없다고 말하고 있다.

일본경제의 구조적인 흑자체질에 대해서도 그는 같은 주장을 하고 있다. 물론 미국과 일본의 무역, 혹은 금융 면에서의 관계는 세계 다른 나라들에 비해서 매우 불균형하다.

미국은 작년에 1천5백억 달러를 초과하는 경상수지적자를 기록했을 것으로 예상되며, 이에 반해서 일본은 5백억 달러의 경상수지흑자를 기록했을 것으로 예상된다. 그런데 슈미트 수상에 따르면 정치지도자는 미국의 경상수지적자와 일본의 경상수지흑자, 즉 무역마찰을 양국

간의 문제로 해석하여 미국은 일본에게 시장개방을 요구하고 일본에서는 미국제품을 사도록 호소하고 있지만 이코노미스트의 입장에서 보면 이것은 결코 양국 간의 문제가 아니라 두 나라의 국내문제에 지나지 않는다는 것이다.

즉 하나는 미국경제의 불균형의 문제이고 다른 하나는 일본경제의 불균형의 문제이다. 미국경제의 불균형은 저축하는 이상으로 소비하고 있는 데에 문제가 있으며, 일본의 불균형의 문제는 소비하는 것보다 더 저축하는 데 문제가 있다는 것이다.

따라서 그는 미·일 간의 문제를 미국인이 소비를 억제하든가 저축을 행하거나 혹은 일본인이 더욱더 소비를 하며, 고정설비에 투자하든가 저축을 감소시키거나 하는 것으로 해결된다고 본다.

그러나 미·일 간의 구조적인 불균형이 지속되면 마침내는 세계적인 무역 전쟁이 야기될 위험성이 커지며 또 환율의 불균형이 확대되고 세계의 통화위기가 야기될 위험성도 강하며 실질금리가 더 높아지고 실업이 증대하는 위기도 커질 것으로 생각하고 있다. 그러기에 그는 일본에 대해서 다음과 같은 제언을 하고 있다.

그의 제언 중 한번 음미해 볼 만한 내용으로서는, 첫째, 사회복지를 확충하여 소득의 이전을 증대시킴으로써 국내소비를 높이는 것, 둘째, 국내의 인프라스트럭처(사회적 생산기반) 건설, 특히 주택건설에 대한 투자를 증가시키는 것, 셋째, 아시아의 근린국에 대한 정부개발원조를 더 증액시키는 것 등이다.

그는 끝으로 일본경제가 매우 건전하고 전망이 밝은 것은 사실이지만 "정치적·심리적으로는 세계 다른 나라들을 위해서 일본의 경상수지흑자를 대폭 삭감하는 것이 바람직스럽다. 나는 일본만이 세계 제1의 악한으로서 다른 나라의 공격대상이 되는 광경을 보고 싶지 않다"

는 말을 덧붙이고 있다.

슈미트 수상은 또한 일본은 자국의 사정이 세계 각국에 이해되고 있는 것으로 생각하고 있을는지 모르지만 사실 그것은 잘못이며 또 만약 미국인과 유럽인도 일본을 이해하고 있다고 생각한다면 그것도 역시 잘못이라는 것이다. 따라서 아직은 일본과 다른 나라들 간에 커다란 문화적 차이가 있기 때문에 장시간에 걸쳐서 이 차이를 해소해 가는 것이 현명하다는 생각인 것 같다.

어쩌면 슈미트 수상의 강연은 일본에서 행해져 일본경제와 관련된 탓으로 6개 시한폭탄 중 일본과 직접 관계가 있는 '미국의 재정적자', '무역전쟁의 가능성', '일본경제의 구조적 흑자체질' 등에 치중한 감을 주고 있다고 할 수도 있다.

그러나 저개발국의 누적외채의 위기도 정치지도자의 의지만 있으면 2, 3년 안에 해결될 수 있다는 그의 생각은 매우 흥미로우며 또 희망적인 것이라고 아니할 수 없다. 그는 누적외채의 위기는 중남미, 아프리카 등의 저개발국(동구권 국가 포함)에게만이 아니고 미국, 유럽 및 일본의 금융기관에게도 매우 위험한 상태라는 것을 강조하면서도 이처럼 낙관적인 견해를 표방하고 있다.

따라서 한번 오늘날의 선진국 정치지도자들이 그의 이러한 생각에 견해를 같이해서 이 누적외채의 위기에 대해서라도 강한 관심을 나타내 본격적으로 해결하려는 의지의 표명과 그에 상응하는 노력을 해주었으면 하는 생각이 간절하다. 그리고 욕심을 부린다면 비록 그의 말대로 가장 어렵고 해결에 시간이 걸리는 것이라고는 해도 제3세계의 기아 문제에 대해서도 그들이 온갖 정력을 경주해 주었으면 한다. 인간의 생명은 존귀하고 또 존귀한 것이기 때문이다.

《재정》(1986. 1)

국내산업에 밀착된 수출을

우리도 이젠 우리 자신의 경험에 비추어서 경제개발계획이나 수출계획을 평가할 수 있을 만큼의 경험을 쌓아왔다고 할 수 있다. 솔직히 말해서 그동안 우리나라의 수출은 국내산업과 별로 밀접한 관련을 갖지 않은 채로 독주를 거듭해 왔고 국내산업은 그것을 뒤쫓아 억지로 뒷받침하려고 애써 온 것 같은 느낌이 든다.

최근에 대두된 수출주도형 산업구조로의 개편론이나 현재 추진을 다짐하고 있는 중화학공업화에의 노력이 바로 이와 같은 우리의 느낌을 실증해 주는 것이라고 할 수 있다. 현재의 시점에서 산업개편론 또는 산업구조 개선론은 으레 중화학공업화를 의미하는 것으로 받아들여지고 있으며 또 그래야 마땅하다고 확신한다. 중화학공업화를 이룩하면 자본재 수입과 중간재 수입의 감소가 초래되며 기형적인 공업구조가 개선되고 수출상품의 다양화가 가능해지며 그에 따라 수출 총액의 증가가 가능해지기 때문이다. 특히 원료의 국산화가 외쳐지고 있는 이 때 우리나라의 자원부존 조건을 고려한다면 중간재를 공급해 주는 중화학공업의 발달은 절대로 필요한 일이다.

그러나 여기서 한 가지 우리가 주의하지 않으면 안 될 점이 있다.

그것은 수출계획치를 달성하기 위한 노력과 중화학공업화의 노력이 단기적으로 부합될 수 있을까 하는 문제이다. 만약 양자가 단기적으로도 부합한다면 별문제가 없겠지만 그렇지 못한 때에는 양자택일의 문제가 일어나지 않을 수 없다. 말하자면 단기적으로 수출계획치를 달성하지 못하는 한이 있더라도 장기적인 관점에서 중화학공업화의 노력을 추진할 것인가, 그렇지 않으면 장기적인 관점에서 중화학공업화의 노력보다는 우선 당면의 수출계획치를 달성하기 위한 노력을 추진할 것인가의 선택 문제에 부딪치지 않을 수 없다. 물론 어떤 사람은 수출계획치를 달성하기 위한 노력을 한다고 해서 중화학공업화의 노력이 소홀히 되는 것은 아니라고 말할 것이다. 그러나 수출계획치의 달성에만 집착을 하다 보면 하나의 가능성으로서, 예컨대 어떤 상품 하나의 수출의 전망이 매우 좋다고 할 때 그것의 수출을 극대화하기 위해서 이제까지와 마찬가지로 특혜적 지원을 계속할 것이고 그렇게 되면 한정되어 있는 재원에서 남는 부분은 그다지 많을 수 없고 따라서 자연히 다른 상품들의 수출을 가능케 하기 위한 지원은 소홀히 될 수도 있을 것이다.

수출주도형 산업구조로의 개편이, 우리가 현시점에서 얻은 결론처럼, 중화학공업화로의 산업개편이 아니라 당장 수출이 가능한 상품을 만드는 산업은 무엇이든 크게 일으킨다는 것으로 이해되고 추진된다면 그 결과는 어떻게 될 것인가? 이것은 어디까지나 하나의 가능성으로서 든 것이지만 이제까지의 경험에 비추어 볼 때 이와 같은 우려가 기우에 그치지 않고 현실화할 가능성이 없지도 않은 것 같다.

따라서 좀더 차분한 마음으로 돌아가 장기적인 관점에 서서 수출계획치를 달성하기 위한 노력과 중화학공업화의 노력의 부합을 추구하는 길을 모색하는 것이 더욱더 절실하고 긴요한 일이라고 할 수 있을 것이다. 그리고 수출주도형 산업구조로의 개편은 어디까지나 중화학 공업화의 노력에 중점을 두어서 국내산업의 수출능력을 함양시켜 수출과 국내산업의 밀착화를 도모하는 것으로 받아들여져야 할 것이다.

《경제학교수와 경제현실》(1986. 2)

조급과 편시안은 금물

나는 이따금 마음의 조급이 어떤 결과를 초래할 것인가를 생각하곤한다. 그리고 그때마다 내 나름대로는 조급은 조급의 악순환을 초래할 것이라는 결론을 내린다. 여기서 조급의 악순환은 '조급 → 여유 부족 → 관용 부족·각박 → 노이로제·지탄받는 행동 → 고독감·격리감 → 불안·초조 → 조급'을 말한다고 생각하면 된다.

만약 남이 알아주지 않는데 자기 혼자 '나는 보통사람이 아니다'라는 생각에 빠진다면 악순환의 정도는 더 한층 심해질 것이다. 왜냐하면 반대심리가 강하게 작용할 것이기 때문이다. 그뿐 아니다. 조급히 굴 때에는 일을 저지르거나 혹은 욕속부달(欲速不達)이라는 말이 있듯이 일을 다 이루지 못하게 될 것이다.

그러면 조급의 악순환을 단절하는 길은 무엇인가. 이 역시 나 나름의 결론에 따르면 그것은 한마디로 '축적의 힘'을 터득하는 일이 아닌가 생각한다.

한번 큰 저수지를 생각해 보자. 저수지의 물은 초롱물이 고여서 생긴다. 그런데 물이 많이 고이기까지는 상당히 긴 시일이 걸리는 것은 말할 나위도 없다. 일단 시일이 걸려서 저수지에 물이 많이 고이면 그것을 이용하여 발전을 할 수 있고 또 그것을 관개에 이용할 수도 있다. 그리고 수문이 열렸을 때의 그 파괴력은 대단히 클 것이다. 물론 물이 많이 고이면 고일수록 발전량이 늘고 관개에의 이용량도 늘고 또 그 파괴력도 커질 것이다. 그런데 물이 많이 고이려면 오랜 시일이 걸리는 것이 보통이다. 즉 축적에는 오랜 시일이 필요하다. 따라서 축적의 힘을 터득한다는 것은 다름 아닌 오랜 시일을 기다릴 줄 안다는 것이라고 할 수 있다.

그런데 축척의 힘을 터득할 필요성은 영향력이 있는 사람들의 경우일수록 절실하다고 아니할 수 없다. 만약 그런 사람들의 경우 조급한 마음을 갖는다면 조급의 악순환은 사회에 나쁜 영향을 미칠 수 있을 것이기 때문이다. 그러기에 사회지도층은 아무나 될 수 없는 것이 아니겠는가.

그러나 적어도 좀 생각하는 사람이라고 한다면 더욱이 영향력이 있는 사람들이라고 한다면 더 나아가서 단시안적 내지 편시안적이 아니기 위해서 노력할 필요가 있다. 통계학의 용어로는 오픈 엔드적이 아니기 위해서 노력할 필요가 있다는 말이 된다. 여기서 오픈 엔드적이라는 말은 통계표에서 원용된 것이다.

지금 통계표를 생각해 보자. 통계표에는 대개의 경우 급(級) 내지 계급(階級)이 있게 마련이다. 예컨대 3만 원에서 5만 원까지의 임금을 받는 직공이 몇 사람인가를 밝히려고 하는 경우, 이 3만 원에서 5만 원까지가 그것이다. 말하자면 급은 어떤 일정의 범위를 정하고 그 범위에 들어가는 사람, 혹은 물건이 얼마인가를 밝히려고 할 때 이 일정 범위를 말한다고 일반화할 수 있다.

급은 이처럼 양단(兩端)을 갖는 것이 보통이다. 그러나 경우에 따라서는 양단 가운데 어느 하나가 없고 열려 있는 수가 있다. 3만 원까지라든가, 5만 원 이상이라든가와 같이 바로 이 경우를 오픈 엔드라고 한다.

따라서 짝지어서 다루어야 정상적인 데도 불구하고 어느 한 쪽만을 떼어서 특별히 강조하거나 중시한다면 그것은 마치 급의 양단 가운데 어느 한 끝이 열려 있는 것처럼 다루고 있는 것으로 비유될 수 있으므로 오픈 엔드적이라고 할 수 있을 것이다.

그렇다면 수입을 고려하지 않고 수출만을 강조하는 일이나 저축을 고려하지 않고 투자만을 강조하는 일 등은 바로 오픈 엔드적인 것의 예가 되는 셈이다.

물론 수출과 투자는 각각 그것만으로도 충분히 큰 의의를 갖는다. 수출은 생산을 자극하고 고용을 늘리고 외화를 획득하고 나아가서 국제수지를 개선하는 등의 효과를 거두며, 투자는 성장을 초래하고 고용을 증대하고 우리의 소비수준을 높이는 등의 효과를 갖는다. 그리고 수출업자와 기업가는 그들대로 각각 수출과 투자만을 강조하지 않을 수 없을 것이다.

그러나 만약 수출의 증대가 수입의 증대를 초래하여 국제수지의 개선은커녕 그것의 악화를 가져온다면, 또 증대되는 투자의 재원이 국민 저축 내지 국내 저축에 의해서 조달되지 않고 그것의 적지 않은 부분이 외자에 의해서 조달된다고 하면, 수출의 강조도 투자의 강조도 그 의의를 대부분 상실하게 된다고 할 수 있지 않을까.

현재 엔고, 유가 하락 등의 영향을 놓고 야단들이다. 물론 언제나 마찬가지로 낙관적인 이야기만 보도되고 있는 것이 사실이다. 즉 긍정적인 면만 강조되고 있다. 그러나 역시 그 영향에는 부정적인 면 또한 크다. 결국 현재 행해지고 있는 각종 보도는 위에서 말한 오픈 엔드적이라고 할 수 있는 셈이다. 따라서 하루 빨리 그런 과오에서 벗어나서 긍정적인 면과 부정적인 면을 다 같이 보고 판단하는 슬기로움을 국민들이 보일 필요가 있다고 하지 않을 수 없다.

어떻든 정부의 정책, 경제운용방향 등과 관련해서는 오픈 엔드적이어서는 안 된다고 말할 수 있다. 아니 한 끝과 다른 끝을 함께 보는, 다시 말하면 양단을 짝지어서 생각하거나 보는 일이 절실하다고 할 수 있다. 현재 과정보다도 결과를 더 중시하는 풍조가 성행하는 것 같은 느낌이 든다고 하면 더욱이 그러하다고 할 수 있을 것이다.

《재정》(1986. 3)

3저 호기와 우리의 자세

　어떤 의미에서는 현재 3저 시대의 흥분으로 들떠 있는 것 같다. 그래서인지는 몰라도 우리나라의 최대 수출시장인 미국에 대한 수출도 미국의 경기호전으로 호조를 보일 것으로 전망하는 것 같다. 그러나 금년 11월 6일에 미국의 중간선거가 있음을 감안할 때 보호무역주의가 더욱 강화될 것이 예상되며 따라서 강화된 수입규제로 해서 반드시 우리나라의 대미수출이 나아질 것이라고는 말할 수 없을 것 같다.

　사실 최근의 보도는 미국 의회에서 우리나라 상품에 대한 수입규제의 강화 움직임을 예고하고 있다. 그렇지 않아도 작년 8월 초에 'Texas One 사건'이 있었다고 한다. 텍사스 주의 하원의원 보궐선거에서 민주당의 어떤 후보자가 선거구 내의 도산한 제철소의 예를 들고 나와 '달러고의 영향은 이러하다'고 호소하여 근소한 차로 당선한 일이 그 사건의 내용이다. 이런 사건이 있은 직후 즉시 민주당의 전국위원회가 '통상문제는 표가 된다'고 판단하여 적극적으로 그 문제를 활용하게 되었음은 말할 나위도 없다.

　이번 중간선거는 하원 435개 의석의 전부와 상원의석 3분의 1의 개선(改選) 및 각 주의회 등의 지방자치제 선거를 말한다. 현재 하원의

의석 분포는 민주당이 과반수를 차지하여 253명이고 공화당이 182명이다. 이제까지의 선거에서 이만 한 차가 역전된 일이 없으므로 이번 중간선거에서도 민주당의 우세는 흔들리지 않을 것이라고 한다. 문제는 임기 6년의 상원의원 선거인데 이번에는 34명을 새로 뽑게 되어 있다. 의원 정족수가 100명이므로 3회에 한 번은 33명보다 1명이 많은 34명을 뽑게 되어 있는데 바로 금년이 이에 해당되기 때문이다. 현재의 의석 분포는 공화당이 53명, 민주당이 47명이다. 그리고 개선(改選)될 34석의 내역은 공화당의원 22명, 민주당의원 12명이다.

그런데 공화당의 개선의원 중에는 아직 정치적 기반이 약하면서도 6년 전에 레이건의 인기를 업고서 당선된 초선의원이 16명이나 있는데다가(민주당의 초선의원은 1명) 공화당의 원로의원 4명이 은퇴한다고 한다. 그러기에 민주당이 현재보다 의석을 넷 정도 늘려서 과반수인 51석을 차지할 가능성이 크다는 전망이 나오고 있기도 하다. 바꾸어 말하면 상원에서도 역전될 가능성이 크다고 할 수 있다. 설사 역전까지는 안 가더라도 공화당의 대(大)고전이 불가피한 것은 사실인 것 같다. 만약 하원에 이어서 상원에서도 민주당이 우세를 차지한다면 레이건의 통상정책은 크게 후퇴하거나 의회와 타협을 하지 않을 수 없게 될 것이다.

물론 하원은 선거구민의 의사를 잘 반영하여 종래부터 보호무역주의적인 경향이 강한 데 반해서 상원은 1주 1선거구로 정원이 2명인 탓으로 선거구보다는 나라 전체의 움직임에 더 신경을 쓰게 되어 있어 상대적으로 자유무역론자가 많은 것으로 알려져 있다. 그러나 상원의원이라고 해도 맹렬한 선거전에 휩싸이면 생각이 흔들리지 않는다는 법이 없는 것이다.

그런데 알려진 바에 따르면 하원의장인 오닐(T. O'neil) 의장은 금년의회에서의 목표를 보호무역주의로 설정했다고 한다. 그의 영향력이 대단히 크다는 것은 주지의 사실이다. 뿐만 아니다. 중간선거 후에는 레이건의 레임덕이 한층 더 진행될 것으로 전망된다. 이렇게 볼 때 미국에서 보호무역주의의 강화는 분명한 사실이라고 하지 않을 수 없다.

그렇다면 레이건의 통상정책 수행의 주요 수단인 〈1974년 통상법 제301조〉의 적극적인 발동은 불 보듯 뻔하다고 할 수 있지 않을까. 통상법 제301조는 "미국 산품이 상대국 시장 진입에 불공정한 대우를 받았을 때에는 미국 대통령이 그 나라에 대해서 보복수단을 취할 수 있다"는 것을 내용으로 한다.

그런데 금후의 뉴라운드에서 문제가 될 서비스 무역의 자유화에도 이 조항을 크게 활용하기 위해 〈1984년 통상관세법 제304조〉에서 자유화해야 할 16가지의 서비스 업종을 구체적으로 열거하여 이 제301조를 교섭 촉진을 위한 보강수단으로 삼고 있다고 한다.

미국은 현재 소련, 동유럽, 호주, 뉴질랜드, 남아프리카에서만 무역수지 흑자를 내고 있을 뿐 기타 나라에서 모두 적자를 기록하고 있다.

그런데 1984년을 볼 때 놀랍게도 그 적자의 약 절반을 아시아의 한국, 일본, 대만, 홍콩의 4국이 차지하고 있다. 즉 미국은 1984년에 IMF 기준으로 1,074억 달러의 무역수지 적자를 갖고 있는데 그 중 이들 아시아 4국에 대한 것이 528억 달러나 된다. 그 내역을 보면 한국 37억 달러, 일본 340억 달러, 대만 100억 달러, 홍콩 51억 달러이다.

이에서 미국이 얼마만큼 아시아 4개국 경제와 깊은 관련을 맺고 있는가를 알 수 있을 것이다. 이것은 거꾸로 말해서 미국이 보호무역주의를 강화했을 때 아시아 4개국이 지대한 영향을 받지 않을 수 없음을 의미한다고 할 수 있다.

한편 일본은 1984년에 통관기준으로 미국과 한국, 대만, 홍콩의 아시아 3국에 대해서 446억 달러의 무역수지 흑자를 갖고 있다. 그 내역을 보면 미국 331억 달러, 한국 30억 달러, 대만 28억 달러, 홍콩 57억 달러이다. 바꾸어 말하면 일본에 대해서 미국은 331억 달러, 한국은 30억 달러, 대만은 28억 달러, 홍콩은 57억 달러의 무역수지 적자를 갖고 있다.

이에서 대체로 아시아 3국은 대일적자를 대미흑자로 메우고 있음을 알 수 있다. 이처럼 일본과 아시아 3국은 미국의 시장을 전제로 해서 움직이고 있는 셈이다. 따라서 현재로서는 미일간의 무역마찰의 격화가 예상되며 또 한국 상품에 대한 수입규제의 강화도 역시 예상된다고 할 수 있다.

사정이 이렇다면 결국 우리로서는 들떠 있지만 말고, 혹은 낙관적으로만 보지 말고 미국의 보호무역주의 내지 수입규제의 강화를 전제로 해서 미국의 경기호전에 따른 수출 증가분과 수입규제에 따른 수출 감소분을 면밀히 따져서 대미 수출액을 전망해야 할 것이다.

미국은 1984년 현재로 우리나라의 수입에 있어서는 제2위에 머물고 있지만 우리나라의 수출에 있어서는 제1위를 차지하고 있다. 그리고 그 비중은 제2위인 일본의 15.7퍼센트에 비해서 그 배가 넘는 35.8퍼센트나 된다. 한마디로 압도적으로 큰 비중을 차지하고 있다.

우리나라의 산업구조상 대일 수출의 증가를 기대하기 어렵다면 우리나라 수출의 증대를 위해서는 어쩔 수 없이 대미 수출의 증가에 기대할 수밖에 없는데 만약 그것이 제대로 실현되지 않는다면 미국이 최대의 수출시장인 한 금년의 수출에 어떤 차질이 빚어질 가능성은 얼마든지 있다고 말할 수 있지 않을까. 이런 사정을 감안한다면 3저의 시대라고 하여 들떠 있을 것이 아니라 오히려 냉정을 찾아야 한다.

《재정》(1986. 4)

지금은 허리띠를 졸라맬 때

1985년 현재로 외채잔액은 467억 달러에 이르는 것으로 알려져 있다. 그것은 대체로 GNP의 53퍼센트에 해당하는 액수이다. 그러니 외채문제는 자연히 국민의 커다란 관심사가 될 수밖에 없다. 사실 외채절감을 위한 캠페인을 벌이고 있다고는 해도 최근에 YMCA 지도자 모임에서 있었던 외채문제에 관한 특강을 통해서 얼마나 국민들이 외채문제에 대해서 관심이 큰가를 실감할 수 있었다. 그리고 따지고 보면 《경제백서 1985》의 부록의 형태로 발간된 외채백서도 국민들의 이같은 커다란 관심의 반영물이 아닌가 하는 생각이 든다.

그러면 외채절감 내지 외채증가 폭의 축소를 위해서는 무슨 일을 해야 하는가. 그해 그해의 투자재원이 국민저축으로 완전히 조달 내지 충당된다고 하면 외자를 필요로 하지 않음은, 즉 이른바 해외저축이 0 임은 말할 나위도 없다. 왜냐하면 보통 투자재원은 국민저축과 해외저축으로 조달되기 때문이다. 따라서 외채절감을 위해서는 국민저축을 증대시키는 일이 반드시 필요하다고 할 수 있다.

그런데 국민저축은 개인 가계에 의한 저축, 기업에 의한 저축, 정부에 의한 저축으로 구성된다. 즉 국민저축률은 가계저축률, 기업저축률,

정부저축률의 합이다. 따라서 가계저축, 기업저축, 정부저축률의 제고가 강조되지 않을 수 없다. 저축은 소비와 합쳐져서 소득을 구성하므로 이것은 소비절약 내지 소비억제가 강조되지 않을 수 없음을 말하기도 한다. 게다가 소비절약은 수입을 감소시키거나 수입의 증대폭을 감소시킴으로써 국제수지(경상수지)를 개선하기도 한다. 결국 이렇게 보면 외채절감을 위해서는 저축증대와 소비절약 내지 소비억제가 동시에 강력히 요청되는 셈이다.

사실 우리나라는 일본 등에 비해서 소비율은 높고 저축률은 낮은데 특히 가계저축률은 일본의 약 반밖에 안 된다. 따라서 특히 가계저축의 증대 내지 가계저축률의 제고가 긴급한 일이라고 할 수 있다. 물론 여기서 말하는 가계저축은 은행에 예금을 하거나, 수익유가증권을 사두거나, 보험에 들거나, 투자신탁에 들거나 하는 것을 말한다.

한편 생산활동을 하는 기업이 필요로 하는 자금을 어떻게 국내에서 조달하는가를 생각해 보면 은행예금 등의 일반적으로 말하여지는 저축이야말로 생산활동과 직결되는 것임을 알 수 있다. 또 기업이 필요로 하는 자금은 외국차관(외국 빚)에 의해서도 조달됨을 생각할 때 국내에서 행해지는 이런 형태의 저축이 많아질수록 기업의 외국 빚은 적어질 수 있을 것이다.

그러면 일본의 그와 같은 매우 높은 가계저축률은 무엇에 기인한 것일까? 그 이유로서는 여러 가지를 꼽을 수 있을 것이다. 그러나 필자로서는 제2차 대전 후의 생활양식의 급격한 서구화 과정 내지 소비패턴의 급격한 서구형으로의 변화 과정에서도 가능했던 검소하고 절약하는 환경의 영향을 가장 중시하고자 한다. 그리고 제1차 오일쇼크 때 보여준 일본인의 특유한 기질도 무시할 수 없을 것 같이 생각된다. 물가상승에 기인하는 보유금융자산의 실질적 감소분의 보전을 위한 피나는 노력 말이다. 1972년까지 11.0퍼센트 선에 머물렀던 가계저축률이 1974년에 16.7퍼센트, 1975년에 16.1퍼센트로 된 것이 실증하듯이 1974~1975년에 도리어 가계저축률은 현저하게 높아졌던 것이다. 그 이후도 그것은 12퍼센트 선 이상을 유지해오고 있다.

그러기에 나는 무엇보다도 검소하고 절약하는 환경의 조성을 위한 정부와 사회지도층 인사의 지속적인 노력 내지 솔선수범을 강조하면서 우리 각자의 저축하고자 하는 굳건한 마음가짐과 노력, 그리고 강한 개성의 발휘, 특히 부유층의 저축을 위한 노력을 강조하지 않을 수 없다. 그런 의미에서 우선 나는 우리 각자가 알뜰주부상 수상자, 저축과 얽힌 미담의 소유자가 되어야 하며 저축과 소비절약의 정신을 높이 사는 사회분위기가 절실하게 필요하다고 말하고 싶다.

더불어서 나는 전체적·종합적인 관점에서 이른바 국제적 전시효과가 그 위력을 발휘할 소지를 사전에 제거하기 위한 정부의 조치, 정부에 의한 사치풍조 내지 사치조장행위의 강력한 법적규제 등이 또한 절실하다고 말하고 싶다. 여기서 국제적 전시효과는 우리나라 국민들로 하여금 선진국 국민들의 높은 소비 생활을 모방하도록 자극하는 매력을 말한다. 이에서 알 수 있는 것처럼 이 효과는 우리로 하여금 소비수준을 높이는 역할을 한다. 따라서 이런 점에 슬기롭게 대처하기 위해 정부는 조세정책, 수입정책, 외자도입정책, 국산화정책, 매스컴정책, 문교정책, 출판정책, 관광정책, 레저정책 등의 수립과 집행에 있어서 이 효과의 상쇄를 위한 특별 배려를 할 필요가 있는 것이다.

그러나 저축증대와 소비절약을 위해서는 물가안정과 각종의 저축유인의 활용이 필요하다는 것도 잘 알려져 있다. 따라서 끝으로 나는 이 측면에서 정부와 금융기관의 적극적인 노력이 못지않게 절실하다고 말하고 싶다.

저축은 자금조달과 외국 빚의 감소를 가능케 함으로써 기업에 도움이 되고 또 우리나라의 외채 절감 내지 외채 증가폭의 감소에도 도움이 되는 것이다. 물론 그것은 우리 개인의 나은 생활, 장래에 대한 대비를 가능하게 하는 것이기도 하다. 이처럼 저축은 개인·기업·국가의 이익을 동시에 충족시키는 것이라고 할 수 있다. 그렇다면 저축을 가능하게 하는 소비절약에 대해서도 마찬가지 이야기를 할 수 있을 것이다. 빡빡한 생활 속에서 저축을 한다는 것이 무척 어렵게 느껴질 수도 있겠지만 마음 먹기 따라서 얼마든지 가능한 것이 또한 저축이다.

낭비를 부끄럽게 여기고 저축을 미덕으로 아는 사회분위기 조성을 위해서 정부·사회지도층 인사·개인의 3자가 일치하여 노력해갈 필요가 있다. 이 점은 제아무리 강조해도 지나치지 않을 것이다. 그러나 그 주역은 어디까지나 개인이라고 할 수 있기 때문에 우리 각자는 현재 자신의 경제생활을 되돌아보고 외국 빚을 많이 지고 있는 나라의 국민으로서 최소한 부끄러운 생활 태도는 버려야 할 것이다. 유행을 별로 의식하지 않는 생활과 무턱대고 선진국의 새로운 소비재나 새로운 소비산업, 향락산업 등이 우리의 생활 또는 우리나라에 꼭 필요한 것으로 여기지 않는 생활의 자세, 다시 말하면 우리나라가 마치 선진국 또는 선진국에 가까운 나라인 것 같은 착각에 빠지지 않는 생각이나 행동에 있어서 공무원과 사회지도층 인사의 솔선수범을 재삼재사 강조하지 않을 수 없다.

어쨌든 다시는 피땀 밴 외채상환 성금을 낸 외국인투자기업 노조원의 분통이 터지는 일이 없도록 되었으면 좋겠다. "……노인부터 젖먹이까지 국민 1인당 평균 1백만 원 이상 외국 빚을 지고 있다는 거 아닙니까. 그런데도 사회 일각에서 호화사치성 소비재나 심지어는 뱀, 지렁이까지 수입하면서 외화를 낭비하는 것을 보고 있자니 분통이 터질 때가 한두 번이 아닙니다(《동아일보》 1985년 6월 6일자)."

　이것은 성금을 갖고 온 한 외국인투자기업 노조 간부의 말이었다.

《동아약보》(1986. 5)

국익 우선하는 경제정책 펼쳐라

스프링켈(B. W. Springkel)이라는 이름을 아는 사람은 별로 없을 것이다. 그러나 그는 현재 미국 대통령 경제자문위원회 위원장으로 있다. 그런 그가 지난 5월에 있은 도쿄정상회담 후에 일본에서 특별강연회를 가진 바 있다. 그런데 그 강연 가운데에는 우리에게 참고가 될 만한 것 두 가지가 담겨져 있다.

하나는 이 회담에서 7개 선진공업국 정상이 국제통화제도의 성과의 개선을 위해서 합의한 각국의 경제정책의 조정제도에 대한 언급이다. 물론 이 제도는 사실은 그 이전의 정상회담, 각료회의(그 중에서도 특히 작년의 G5, 1982년의 베르사유 정상회담)에서 내걸었던 경제정책조정을 보다 더 효과적인 것으로 하기 위해서 강화한 것이라고 할 수 있다. 그에 의하면 이 정책조정제도에 대해서는 다음의 세 가지 측면이 특히 강조되어야 한다고 한다.

첫째로 정책조정에 있어서의 노력은 환율의 특정 범위의 달성이라는 좁은 관점에 초점을 맞추어서는 안 되며 보다 넓은 형태로 경제운용성과 경제정책의 주요 지표가 검토되어야 한다는 것이다. 그리고 주요 지표로서는 GNP성장률, 인플레율, 금리, 실업률, 재정적자의 비율,

경상수지·무역수지, 통화증가율, 외환보유액, 환율 등이 고려된다. 분명히 회담에 참석한 정상들은 정책협조의 목표는 ① 비인플레적 경제성장을 촉진한다. ② 고용과 생산적인 투자에 시장에 근거한 자극을 준다. ③ 무역 및 해외투자를 개방한다. ④ 환율을 보다 더 안정적으로 촉진한다고 말하고 있다.

둘째로, 각국은 자국의 경제목표를 내걸며 경제정책이라든가 성과에 대해서 중요한 지표를 예측하는 것에 책임을 갖고 있다는 것이다. 그와 같은 경제목표라든가 예측 등의 적합성을 그룹으로서 평가해 가는 것이 정책협조의 본질이다. IMF의 전무이사는 전통적으로 그러한 역할을 부여받고 있지만 어떤 기관도 어떤 나라에 그 "국익에 반하는 정책을 실시하는 것을 강제할 수 없으며 그렇게 하는 것"을 요청받지도 않는다. 따라서 책임은 각국에게 있다.

셋째로, 의도되고 합의된 방향에서 현저한 괴리가 생긴 경우 각국은 적절한 교정책에 관해서 양해에 도달하도록 최선의 노력을 하는 것을 서약하고 있는 것이다. 이것은 소폭의 혹은 피할 수 없는 괴리까지 모두 교정조치를 취하여 조정하는 것을 의미하는 것은 아니고 현저한 괴리의 조정만을 의미한다. 또 정상들이 합의한 교정노력은 무엇보다도 정책의 원리원칙에 초점을 맞춘 것이다. 그러나 외환시장에의 개입이 유효한 경우의 그 개입까지 배제해 버리는 것은 아니다.

그는 이렇게 정책조정제도의 세 가지 측면을 밝힌 후 주요 지표의 검토를 통한 정책조정에 의해서 고정환율제의 기본적인 결함, 즉 특정 환율이라든가 환율범위에 경직성을 갖기 때문에 다른 주요 정책목표의 관점에서 보면 극히 값비싼 대가를 지불해 버려 종국에는 정책면에서의 충돌로 붕괴해 버린다고 하는 결함을 피할 수 있다는 점, 7개국 정상들이 개방된 다각적 무역제도에 위협을 주는 보호주의적 조치에 대해서 대항해 가는 데 합의를 보았다는 점, 지속 가능한 비인플레적 경제성장을 목표로 한, 예측가능한 정합성이 있는 경제정책, 바로 이것이 어떠한 국제통화제도 하에서도 세계경제로 하여금 바람직스러운 성과를 갖도록 하기 위한 처방전이라는 점 등을 부연하여 덧붙이고 있다.

다른 하나는 미일 간의 무역불균형의 시정을 위해서 일본이 해야 할 일에 대한 권고이다. 그는 일본은 수출주도형의 성장을 시정할 필요가 있으며 국내에서 창출된 수요에 의한 성장에 의존하는 방향으로 나갈 필요가 있다고 말하고 있다. 세계시장에서의 일본의 중요성, 증대하는 일본의 무역흑자, 보호주의의 고조 등으로 수출의 증대는 종래처럼 일본의 성장의 추진력이 될 수 없다고 보고 있다. 그러나 그는 금융완화·재정확대, 새로운 '기관차론'의 채택은 인플레의 촉진, 금리인상, 성장둔화 등을 초래할 뿐이라고 생각하므로 그것의 채택에는 반대하고 그 대신 일본의 구조조정을 강력히 요청하고 있다.

그는 이를 위해서 즉시 이용할 수 있는 수단으로서 세제개혁, 일본 시장에 대한 외국제품의 개방확대를 포함한 시장의 규제완화를 들고 있다.

내수를 강력하게 확대하지 않고 1990년까지 용인할 수 있는 무역균형을 달성하기 위해서는 엔화의 더 한층의 급상승이 필요하게 된다. 그러나 강력한 내수에 의해서 창출되는 성장이 있으면 일본의 경상수지흑자를 감소시키는 일은 엔화의 급상승 없이도 가능하다.

외국제품의 개방확대는 일본경제의 구조개혁을 달성하기 위해서 불가결하며 이것은 무역흑자감소라고 하는 목표에도 합치된다. 그는 이렇게 말하고 있다.

이미 앞에서 나온 바에서 알 수 있듯이 7개국 정상들은 보호무역주의적 조치에 대해서 반대하는 입장을 취하기로 합의했다고 한다. 그러나 스프링켈의 이 말을 그대로 받아들여도 되는지 의심스럽다고 아니할 수 없다. 도리어 현재 우리나라가 미국으로부터 당하고 있는 일을 생각할 때 나에게는 그의 그런 말에 강한 의문을 제기하고 싶은 심정이 든다.

역시 앞에서도 본 바와 같이 어느 나라를 막론하고 자국의 국익을 우선하고 있는 것이 엄연한 사실이 아닌가. 미국이라고 해서 자국의 국익을 위해서는 교묘한 구실을 내세워 다른 나라에 강한 압력을 가하는 일을 하지 말라는 법은 없는 것이 아닌가. 현실적으로는 그런 일은 얼마든지 있을 수 있다고 보는 것이 타당할 것이다. 그렇다면 우리나라도 무역문제에 있어서 뿐 아니라 매사에 있어서 국익을 우선 해가야 하지 않을까. 그리고 무역불균형의 시정을 위해서 일본에게 구조조정을 강력하게 권고하고 있는 그는 우리나라에 대해서는 어떤 권고를 하고 싶어 하는지 궁금하다. 그러나 어떤 내용의 것이든 그 권고도 미국의 국익을 반영한 것이라고 할 수 없을는지 의문이다.

물론 1962년 이후 수출주도적 공업화를 통한 고도성장의 경제개발전략을 추진해 온 우리나라가 현재의 냉혹하고 험난한 국제경제환경에 직면하여, 그것을 잘 헤쳐 가면서 그동안에 야기된 제 난제를 해결해 가는 가운데에 성장을 지속하는 일이 가장 어려운 문제 중의 하나라는 사실은 누구나 다 잘 알고 있는 사실이다. 그러나 그렇더라도 국민의 공고한 지지기반 위에 서서 의연하고 굳건한 자세로 우리나라의 국익을 추구하기 위해서 전력투구하는 것이 우리나라 현실이 정부에게 부과한 긴급한 최우선 과제가 아닌가 하는 생각이 든다.

《재정》(1986. 9)

경제경험을 살리자

1978년은 부동산투기가 얼마나 무서운가를 알려준 해라고 할 수 있다. 그 유명한 8·8조치가 있었던 해였으니까.

이에 비해 80년은 74년과 함께 경제가 해외의존적인 경우 국제경제 환경이 매우 불리할 때 얼마나 어려움을 겪는가를 알려준 해라고 할 수 있다. 74년과 80년은 각각 오일쇼크를 받았던 해로 이 두 해에 경제는 크게 어려움을 겪었으니까.

그러면서 80년은 경제성장률이 마이너스가 되어도 크게 우려할 것이 없다는 것을 알려준 해이기도 했다. 그해의 경제성장률은 마이너스 4.8퍼센트였지만 별로 이렇다 할 큰 일이 일어나지 않았다.

그리고 87년은 86년과 함께 거꾸로 국제경제 환경이 유리할 때에는 경제가 해외의존적인 경우 얼마나 좋아지는가를 알려준 해라고 할 수 있다. 86년은 이른바 3저의 호재를 맞이한 해이고 87년도 그 호재가 그런대로 지속된 해라고 할 수 있는데 이 두 해에 주요 지표로 볼 때 경제실적이 매우 좋았다.

87년은 국내에서 정치적·사회적으로 큰 어려움을 겪더라도 경제실적은 얼마든지 좋을 수 있다는 것을 알려준 해라고도 할 수 있다. 정치적으로 갖가지 어려움을 겪은 것은 말할 것도 없고 노사분규 등 사회적으로도 큰 여러 어려움을 겪었음에도, 경제실적은 86년에 못지않았다. 말하자면 87년은 그동안 계속해서 강조되어 온 고도성장의 실현을 위해서는 정치적·사회적 안정이 절대로 필요하다는 말이 허구에 지나지 않는다는 것을 밝혀준 셈이다.

그러면 88년은 어떤 해가 될 것인가. 물론 내년에 가면 밝혀지겠지만 나로서는 88년이 앞에서 든 여러 해 동안 얻어진 값진 여러 경험을 모두 잘 살린 해로 특징지어졌으면 하는 생각뿐이다.

《동아일보》(1988. 5. 1)

이제는 '성장의 그늘'에도 햇살을

우리가 일상적으로 접하게 되는 대중매체의 보도내용 가운데는 흔히 상호 모순되는 듯한 사실들이 뒤섞여 있다. 한편으로는 '눈부신' 경제발전을 구가하는가 하면, 다른 한편으로는 저임금 여공의 비애, 구사대의 폭력, 엄청난 농가 부채 따위의 이야기가 지면을 장식하기도 한다. 이와 같은 상충하는 현상들을 제대로 이해하기 위해서는 그동안의 우리 경제의 진화과정을 새삼 곰곰이 생각해보지 않을 수 없다.

60년대 이래 우리 경제의 규모는 급속도로 팽창되었다. 기업의 자본 규모는 그 이전과는 비교할 수 없을 정도로 커졌고, 분야에 따라서는 우리의 기업 능력이 세계시장에서 선진국의 대기업과 경쟁할 수 있는 수준으로 뛰어올랐다.

이와 같이 기업의 자본축적이 대규모로 이루어지고, 경제의 양적 성장이 지속되어 온 데에는 인위적으로 조성된 환경의 영향이 절대적이었다. 제3공화국 이래 지금까지 정부는 자본축적의 촉진을 경제정책의 주된 목표로 삼았다 기업이 자본을 급속히 키우기 위한 가장 손쉬운 (?) 방법은 노동자들이 낮은 임금을 받고 나쁜 작업환경 아래서도 묵묵히 장시간 일하게 만드는 것이다. 정부는 노동관계 법령의 개악이나 물리적인 힘 혹은 기타의 방법을 동원하여 노동운동을 탄압함으로써 이것을 가능케 해주었다.

경제성장이 지속되어온 80년대에 들어서도 노동자들이 처우나 작업환경 문제를 거론하기조차 힘든 경우가 적지 않았고 그러한 요구가 제대로 받아들여지기는 더더구나 어려웠다. 최근에도 구사대를 동원하여 폭력으로 노동문제를 해결하려는 따위의 저질 대응들이 빈번히 벌어지고 있다. 또한, 유해한 작업환경 때문에 생기는 직업병에 대한 어떠한 근본적 대책도 우리는 아직 들은 바 없다.

한편, 도시 노동자들의 임금을 억눌러 두기 위해서는 생필품인 농산물의 가격을 낮은 수준으로 유지해야 했다. 또 급성장하는 도시 산업부문에서는 농촌인구의 유입이 절대적으로 필요했다. 결국 정부는 정책적으로 농산물 가격을 낮은 수준으로 묶어놓았고, 그 당연한 결과로 농가경제가 어려워지자 농촌의 젊은이들이 농사를 포기하고 도시로 나가 노동자가 되거나 영세상업에 종사할 수밖에 없게 되었다.

80년대 들어서 이와 같은 경험은 농산물 수입개방 정책에 의해 더욱 강화되었고, 농가경제는 더욱 악화되었다. 농가마다 평균 3백만 원에 가까운 부채를 안게 되었고, 농사 자체가 참으로 전망 없는 한심한 일이 되어버렸다.

이와 같이, 우리 경제가 급속하게 성장해 온 이면에는 직접 생산을 담당하는 노동자와 농민의 희생이 있었다. 결국 지금까지의 경제성장의 혜택은 사회 전체로 고루 확산되지 않았으며, 또 그런 방향으로 유도하기 위한 정책적인 노력도 없었다. 노동자나 농민이 최근 보여주고 있는 거친 행동은 오히려 당연한 것일 수밖에 없다.

이제부터라도 정부는 성장의 혜택이 사회에 골고루 퍼지도록 앞장서 노력해야 한다. 기업 또한 당연히 노동자의 임금, 노동조건 및 작업환경 개선에 최대한의 성의를 가지고 노력해야 한다. 오늘도 여전히 되풀이되고 있는 저 수준 낮은 한심한 대응 방식들은 지금 당장이라도 집어치워야 한다.

특히 80년대에 들어 가속화되고 있는 농업을 시들게 하는 정책은 반드시 재고되어야 한다. 이 과정에서 나타나는 개방압력에 대해 정부는 단호하게 자주적 입장을 지켜야 한다.

이와 같은 문제들을 정책 수행의 제일의 과제로 삼지 않는다면, 그러한 정부는 국민을 주인으로 섬기는 민주적인 정부로서의 자격조차 의심받게 될 것이다. 이제는 '성장의 그늘'에 햇살을 비춰야 한다. 더 늦기 전에.

《한겨레신문》(1988. 5. 29)

생활필수품 값부터 잡아라

물가는 보통 물가지수를 통해서 평가된다. 물가가 올랐다거나 내렸다고 할 때, 이것은 물가지수가 높아졌거나 낮아진 것을 뜻한다.

지난 해 8월부터 소비자가 물건을 살 때의 물가를 반영하는 소비자물가지수(총지수)가 크게 높아지고 있다. 이것은 엄밀하게 말하면 소비자물가의 반영이지만, 물가가 큰 폭으로 올랐다거나 현재 오르고 있다는 말은 당연히 나오게 되어 있다.

지금으로는 거의 틀림없이 이런 추세가 올해도 그대로 지속될 것으로 보인다. 이러한 예측은 우리의 현실감각이나 물가지수의 동향으로도 알 수 있지만, 여러 연구기관에 의해서도 뒷받침되고 있다. 최근의 한국개발연구원(KDI) 및 한국은행의 예측이 그러한 예의 하나라고 할 수 있다. 이들의 분석에 따르면 올해의 소비자물가 총지수는 6.6~6.9퍼센트 증가할 것이라고 한다. 대체로 올해 소비자물가가 약 7퍼센트 오를 것으로 예상한 셈이다. 1983~87년의 연평균 증가율이 2.8퍼센트이었음을 감안할 때(1983년 3.4%, 1987년 3%), 그 증가율이 큰 것임은 틀림없다. 어떻게 보면 물가가 가까스로 안정되기 시작한 1982년에 7.1퍼센트였으니, 또 다시 극심한 물가상승을 겪게 되는 것이 아닌가

하는 우려가 나올 정도이다.

일반적으로 물가가 오르면 우선 고정수입에 의존하는 근로자층의 실질소득이 줄어 생활이 불안정해지고, 수출상품의 국제 경쟁력이 약화된다. 특히 근로소득층과 재산소득층 사이의 소득격차가 확대되는, 곧 소득분배의 악화가 초래되는 것으로 알려져 있다. 어느 나라에서나 물가안정이 강조되고 물가안정을 위한 제반시책이 강력하게 추진되는 것은 바로 이 때문이다. 우리나라 역시 예외일 수 없음은 말할 필요조차 없다.

아무튼 물가가 크게 오를 때 가장 큰 위험을 느끼는 것은 근로자층인 서민층이다. 그러므로 정부는 물가안정을 위한 시책을 펼 때에는 우선적으로 서민생활에 기본적이고 필수적인 품목(서비스 포함)의 가격안정에 주력하고, 그 다음에 물가 일반을 안정시켜가는 이른바 2단계 접근을 시도해야 한다. 기본적이고 필수적인 품목의 가격은 크게 올라도 그 밖의 가격이 별로 오르지 않아 수치상으로는 물가 일반이 그다지 크게 오르지 않은 것으로 나타나는 경우는 얼마든지 있기 때문이다. 어떤 면에서는 총지수의 동향은 서민층에게는 별로 의미가 없다고 해도 지나친 말이 아닐 것이다. 특히 소득격차가 심해서 서민층과 그 밖의 사람들 사이의 구매행위에 두드러진 차이가 날 경우에는 더욱 그러하다. 더욱이 우리나라 생필품 가격이 외국의 주요도시에 비해서 비싼 편이라는 점을 감안할 때 이 점이 특히 강조되어야 한다.

현재 정부가 특수분류지수라는 것을 작성·발표하는 것도 이런 의미에서 중요하다. 가계의 소비생활에 중요한 약 20개 품목으로 구성되는 이 '기본생필품 가격지수'의 동향에 정부가 민감하게 대처해야 함은 물론이거니와 경제학자들이나 언론에서도 특별히 관심을 갖고 추적해가야 할 것이다. 물가가 크게 오를 때에는 무엇보다도 이 기본생필품 가격지수의 움직임에 관심을 집중시켜 그 가격을 안정시키고 그 다음에 총지수를 안정시켜 가는 이른바 2단계의 물가안정정책이 바람직스럽기 때문이다.

따라서 정부는 기본생필품 가격지수의 품목을 서민층이 수긍할 수 있게끔 조정하고 그 지수의 동향을 물가안정의 제1의 지표로 삼아야 할 것이다. 언론에서도 지금처럼 소비자물가 총지수의 증감률만을 보도할 것이 아니라 기본생필품 가격지수의 증감률도 아울러 국민에게 알려야 할 것이다.

《한겨레신문》(1988. 6. 12)

나라가 '정책의 실험장' 아니다

내가 이공계 대학생들에게 경제학이나 경제에 관한 특강을 할 때에는 으레 그 첫머리에 하는 말이 있다. 그 하나는 자연현상을 다루는 사람들에게는 실험 그 자체만이 믿을 수 있는 것이라고 생각하는 성향이 생기기 쉽지만 사람과 사람의 관계에서 빚어지는 제반 사회현상(경제현상도 하나의 사회현상이다)은 그렇게 다루어서는 안 된다는 점이다. 그 둘은, 현재 일어나고 있는 사회현상은 과거부터 누적되어온 결과라는 역사성을 잊지 말아야 한다는 점이다. 그 셋은 자연현상에서는 어떤 조치의 반응은 동일한 실험 방법과 절차를 택하기만 하면 원칙적으로 하나의 결론으로 나타나지만, 사회현상에 대한 어떤 조치의 반응은 다양하게 나타나는 경우가 오히려 더 많다는 점이다.

따라서 사회현상의 연구에는 일반적으로 실험의 방법 대신에 통계 방법이 채택될 수밖에 없으며, 모든 사회현상 하나하나가 역사적으로 되돌이킬 수도 되살릴 수도 없는, 과거의 사회적 조치의 누적된 결과라는 점을 인식하는 것이 중요하다. 또한 어떤 사회적 조치로 인해서 이득을 보는 사람들과 손해를 보는 사람들이 동시에 존재하며, 그 조치에 대한 평가 또한 긍정과 부정으로 나뉘게 마련이다. 그러므로 제

아무리 나쁜 사회적 조치를 취하더라도 그 조치에 동조하는 사람들은 언제나 있게 마련이라고 할 수 있다. 그러기에 일단 취해진 사회적 조치는 철회하기가 지극히 어려운 것이 사실이다.

이러한 점은 자연과학도뿐 아니라 정부관리들, 특히 1962년 이후의 경제개발 과정에 참여한 관료들에게 반드시 주지시켜야 할 교훈이라고 생각한다. 지금까지의 경제정책은 충분한 의견 수렴 없이 성급하게 일방적으로 시행됐다. 마치 나라 전체가 '한국경제정책의 실험장'인양 숱한 시행착오가 되풀이됐다. 나는 이제부터라도 정부가 경제정책을 수립·집행할 때 실험하듯 서두르지 말고, 광범위하고 자유로운 비판을 허용하고 그러한 비판을 최대한 수렴해서 적극적으로 반영하도록 최선을 다해야 한다고 믿는다. 이때도 영향력이 약하거나 그늘에 있는 집단들을 대변해주는 조직이나 단체의 주장에 특히 귀 기울여야 할 것이다. 만약 이러한 비판기능이 제대로 존재했더라면, 이제까지의 경제정책의 실패와 현재 논란되고 있는 부실기업 정리나 노드롭 추문을 둘러싼 대기업과 권력의 경제적 비리는 발생하지 않았을 것이다.

나아가서 어떤 경제정책의 실시 여부를 결정할 때에도 찬반 의견이 팽팽히 맞설 경우에는 그 실시를 연기 내지 보류하는 유연성을 보여야 할 것이다. 또 과거의 경험을 살리도록 노력하되, 특히 실패한 경험을 교훈으로 삼아서 다시는 같은 실패를 되풀이하지 않도록 노력해야 한다는 점도 강조되어야 할 것이다.

앞으로는 경제정책의 수립과 집행과정에서 경제현상을 자연현상처럼 자의적으로 다루려는 어리석음을 범하지 않기를, 특히 많은 사람들의 자유로운 비판을 허용하고 그것을 잘 수렴해서 적극적으로 반영하도록 노력해 줄 것을 정부당국에 거듭 당부하는 바이다.

《한겨레신문》(1988. 6. 26)

제3장 셋방살이 설움을 아십니까

이제 사업 그만두려는 거요?

지난 6일 그동안 궁금하던 부실기업 지원 내용과 정리 현황이 밝혀졌다. 지난 85년 5월 이후 지난 3월께까지 다섯 차례에 걸쳐서 정비된 70개 부실기업의 전체 부실규모와 지원현황이 드러난 것이다. 우선 이 기업들이 금융기관으로부터 빌린 돈이 9조 8천여 억 원, 그 정리에 따른 금융조세상의 특혜액이 9조 2천여 억 원, 이 가운데 제3자 인수방식으로 정리된 57개 기업의 빚이 7조 9천억 원, 그리고 그 가운데에서 자산초과분(부실규모)이 3조 6천여 억 원에 이름을 알게 되었다.

이들 57개 기업이 금융기관에 진 빚 중에서 무담보분이 5조 2천억 원(빚 전체의 76.1%에 해당한다), 이자를 깎아주거나 받지 않는 조건의 원금액이 4조 2천억 원, 탕감 받은 원금액 즉 금융기관 결손분이 9천8백여 억 원, 한국은행이 이들 기업의 정리로 빚을 떠안게 된 금융기관에 제공한 특혜금융액이 1조 7천여 억 원, 이 기업들에 대한 조세감면액이 2천 4백여 억 원이라는 놀라운 사실도 함께 밝혀졌다.

누구나 그 규모가 엄청난 데 놀랐을 것이다. 그리고 그러한 기업 부실의 여지는 그대로 남겨둔 채, 그리고 전체 국민에게 엄청난 부담을 주리라는 전제 아래 어떻게 그런 무모한 것들이 가능했을까 하는 의

구심과 더불어 치솟아 오르는 분노를 억제하기 어려웠을 것이다. 물론 나 역시 마찬가지이다. 다만 다른 한편으로 혼자 생각에 쓴웃음이 나오는 것은 어찌할 수 없었다.

우선 부실기업은 주로 1970년대 이후의 무리한 중화학공업 추진, 중동 진출 그리고 기업의 대형화 등의 소산이라고 할 수 있다. 이런 일의 추진 과정에서, 혹은 그런 분위기로 몰아가는 데 앞장섰던 정부 인사들이 이미 그 자리를 뜬 데다가, 이제는 그들이 지난날의 잘못을 미화시켜 떠들더라도 문책하기가 매우 어렵게 되었다는 생각이 떠올라서였다. 이 얘기보다 더 나를 실소케 한 것은, 나와 지면이 있는 건실한 한 노기업가의 술회와 시중은행 임원으로 있던 내 친구의 푸념이 떠올라서였다.

한창 중화학공업이 추진되던 당시 그 노기업가는 중화학공업 계열의 한 기업을 설립했는데, 현재 그 기업은 연 150억 원의 적자를 내고 있다고 한다. 당시 자기 판단으로는 부담이 너무 엄청나 중화학공업에 참여하는 것을 주저하고 있었더니, 두 차례나 강력한 참여를 권유받았고, 그래도 망설이고 있으니까 "아니, 이제 사업을 그만 하려는 거요?"라고 협박까지 하는 통에 할 수 없이 일을 떠맡고 이 꼴이 되었다고 개탄하는 것이었다. 당시의 분위기를 짐작하고도 남을 얘기다.

내 친구 은행원의 얘기는 비슷하면서도 대조적이다. 자기로서는 도저히 소생 가능성이 없어 보이는 은행관리하의 어떤 부실기업을 놓고 논란을 벌이다 얼마만 더 지원해 주면 머지않아 빚을 갚아 나갈 수 있다는 실무자의 보고에 따라 돈을 계속 빌려주었다는 것이다. 그러더니 나중에는 회사 쪽에서 자기네가 도산하면 관련 기업도 무더기로 넘어져 실업문제가 생긴다느니, 수출이나 국제신용에도 악영향을 미치게 된다느니 하더니 심지어는 "기업을 언제 내가 원해서 만들었느냐, 강권에 못 이겨서 만들었지"하며 배짱을 내밀더라는 것이었다. 결국은 외부의 압력까지 겹쳐 계속 돈을 빌려주게 되고 마침내는 은행이 그 기업에 말려들게 되었다는 것이다.

요즈음의 정부나 금융기관 그리고 대기업의 행태는 이들과 과연 얼마나 달라져 있는 것일까. 지난날과 다름없이 자신들의 편익만을 위해 국민들의 저축과 세금을 멋대로 운용하고 있는 것은 아닐까. 과거의 잘못을 되풀이하지 않기 위해서는 견제 기능의 강화가 절대 필요하다. 이를 위해서도 경제정책에 대한 자유로운 비판은 마땅히 허용되고 또 강화되어야 한다. 많은 사람들이 민주노조, 민주농협, 민주소비자단체 등 다양한 민주단체들의 결성 및 활성화를 역설하고 금융자율화 등을 포함하는 경제민주화의 조속한 실현을 강조하는 까닭이 바로 여기에 있다.

《한겨레신문》(1988. 7. 10)

최루탄도 국민총생산을 높인다

GNP(국민총생산). 이것은 한 나라의 국민소득을 평가하는 지표로서 가장 널리 이용된다. 여기에는 그해의 가격으로 표시하는 명목GNP와, 기준이 되는 해의 가격으로 표시하는 실질GNP가 있다. 보통 실질 GNP의 증가율을 경제성장률이라 하고, 그 율이 높은 경우를 고성장이라고 말한다. 그리고 GNP를 인구 수로 나눈 값을 1인당 GNP라 하는데 다른 나라와 비교를 위해서 흔히 달러로 표시한다.

선진국의 1인당 GNP는 예외 없이 크고, 또 그것은 그 나라의 부유함의 척도로서 이해된다. 따라서 후진국들은 그것의 급속한 증가를 당면 목표로 하게 되는데, 이를 위해서는 실질GNP의 증가, 곧 경제성장률이 높아지는 것이 필요하다.

그동안 우리나라의 경제성장률은 매우 높았으며, 그 결과 1987년에는 1인당 GNP가 2,826달러나 되었다. 이 액수로 볼 때, 우리는 드디어 선진국으로 들어선 것 같기도 하다. 그러나 이 GNP 혹은 1인당 GNP의 개념에는 놀라운 함정이 도사리고 있음을 명심해야 한다.

첫째로 GNP는 구성 내용을 숨기는 '합계' 개념이다. 따라서 그것은 국민 개개인의 소득과는 얼마든지 무관할 수 있다. 이해를 돕기 위해

간단한 수치를 예로 들어보자. 갑, 을, 병 세 사람의 소득이 각각 60, 20, 10(가국), 50, 30, 10(나국)인 두 나라를 상정하자. 분명히 그 구성에는 차이가 있지만 양국 모두 합계(GNP에 해당)는 90이고 그 산술평균(1인당 GNP에 해당)은 30이다. 그러나 나국의 을을 제외하고는 아무도 1인당 GNP에 해당하는 소득을 갖고 있지 않다.

또 그해의 경제성장률이 똑같이 10퍼센트였다고 하자(물론 각 개인의 소득도 이 비율로 증가하는 것으로 가정한다). 다음해의 두 나라의 GNP와 1인당 GNP는 다 같이 99와 33이 되고 각 개인의 소득은 66, 22, 11(가), 55, 33, 11(나)이 된다. 비록 증가율은 같았지만 갑과 병의 소득격차는 가국의 경우에는 50에서 55로, 나국의 경우에는 40에서 44로 확대되었다. 그리고 원래 소득 격차가 컸던 가국에서 나국보다 그 격차가 더욱더 벌어졌다.

둘째로 GNP는 공해, 자연환경의 파괴, 직업병, 도시문제 등을 반영하지 않는다. 이와 달리 독한 최루탄, 고도의 기술을 요하는 대량살상무기, 수질을 오염시키거나 직업병을 심하게 발생시키는 중화학공업 제품, 흑백텔레비전을 사양화시키는 컬러텔레비전 따위는 그 증가의 요인으로 계산된다. 이때 그 최루탄과 무기에 의한 피해, 수질오염이라든가 직업병에 의한 피해, 낡은 텔레비전의 폐기가 가속화됨에 따른 피해 등이 GNP를 감소시키는 요인으로 다루어지지 않음은 두말할 나위도 없다.

이상에서 생각해 볼 때 1인당 GNP의 증가나 고성장이 전혀 자신과는 무관한 것으로 느껴진다고 말하거나, 오히려 그때에 소득 격차는 더욱 크게 느껴진다는 말을 하는 사람들이 얼마든지 있을 수 있다고 할 수 있을 것이다. 그리고 성장의 뒷 그늘에서 공해, 자연환경 파괴 등은 말할 것도 없고, 수은이나 카드뮴, 비소 등의 중금속 중독과 같은 산업재해가 왜 지속되는지도 알게 될 것이다.

이렇게 보면 고성장을 자랑하는 우리나라에서 최근에 일어난 일련의 사건에 대하여 이해가 가리라고 생각된다. 즉 소득 격차에 대한 반발, 15세 어린 나이에 수은 중독으로 숨져간 '문송면' 군 사건, 잇따른 직업병의 고발과 세계 최고의 산재사고……. 이런 것이 바로 외형적인 고성장만을 추구함으로써 발생한 산물임은 명확한 것이다.

이제는 GNP와 1인당 GNP의 망령에서, 나아가서 고성장의 망령에서 하루속히 벗어나야만 한다. 분명 고성장이 목적이거나 지상과제가 될 수는 없다. 그것은 어디까지나 많은 사람들의 삶의 '질'을 높여 잘 살 수 있게 할 때, 비로소 진정으로 의의를 가질 수 있는 단 하나의 수단에 불과하기 때문이다.

《한겨레신문》(1988. 7. 24)

'종합무역법안'과 농민의 아픔

지난 8월 3일 미국의 〈88 종합무역법안〉이 하원에 이어 상원에서도 통과되었다. 레이건 대통령은 이 법안에 대해서 거부권을 행사하지 않을 방침이어서 적어도 8월 말부터는 법률화될 것 같다.

이 법안은 조사권의 발동을 의무화하고 상대국의 경제정책까지도 불공정 여부의 판단기준으로 삼는 등 무역 상대국에 대한 제재 조치의 강화를 주 내용으로 하고 있다. 또한 수입품의 규제와 미국산업의 보호방안을 확대하는 등 보호주의의 색채도 강하게 지니고 있다. 미국의 주된 의도는 이 법안으로 수입 억제에 치중한다기보다 상대국의 수입개방을 확대시킴으로써 수출을 늘리고 무역적자를 줄이려는 것으로 보인다. 그러므로 수년간 계속되어 온 시장개방 압력의 파고는 점점 더 높아질 것이 분명하다.

여기서 무엇보다도 명심해야 할 것은 미국은 자국의 이익을 위해서는 언제든지 그들의 힘을 어떤 형태로든 행사할 용의가 있다는 점이다. 그들이 공정하다고 주장하는 '자유무역'도 사실은 압도적인 경제력 우위에 있는 국가의 자기 이익의 보호수단이 되는 것이다. 특히 자유무역을 주창할 당시에도 미국은 자국의 농업보호를 위해 〈관세 및 무역에 관한 일반협정〉(GATT)—미국은 현재 여기에 한국의 쇠고기 수입 규제를 제소하고 있다—에 예외적으로 일부 농산물 수입에 대한 규제조항을 두었던 것이다. 그들이 말하는 공정성이라는 것은 자국의 이익만을 고려한 일방적인 표현에 지나지 않는다.

이러한 미국의 수입개방 압력에 대해 정부는 너무도 신속하게 그리고 저자세로 이를 수용하고 있다. 현재 수입자유화의 정도는 95퍼센트에 이르고 있으며 앞으로도 그 확대 폭과 속도는 더욱 급격히 커질 것 같다.

무릇 어떤 정책을 시행할 때에는 그에 따라서 이득을 얻는 계층과 손해를 보는 계층이 있게 마련이다. 따라서 그 정책의 성격이 어떠한가에 따라 우리는 정부가 어떤 계층을 대변하는지를 알 수 있다. 현재의 수입개방에서 가장 큰 타격을 받고 있는 계층은 농민이라고 할 수 있다. 미국은 전략적으로 농산물의 수출에 계속 박차를 가할 전망이며 정부는 이를 수용할 태세이다. 이는 지난날의 몸서리쳐지는 '소 파동'을 연상시키는 쇠고기 수입의 재개에서 여실히 드러나고 있다.

일부에서는 농산물 수입의 확대가 소비자에게는 물가하락의 요인이 되며 수입의 반대급부로 공산품의 수출을 더 쉽게 할 것이라고 한다. 그러나 농산물의 수입으로 극심한 피해를 입게 되는 농민을 생각할 때, 과연 반대급부는 누구를 위한 것인가를 생각하지 않으면 안 된다.

결국 이러한 정책에서 이득을 보는 쪽은 상대적으로 보호를 받고 있는 대기업들이며 그 이익이 근로계층에 돌아가지 않음을 볼 때, 현재의 정책이 과연 누구를 위한 것인가는 자명하다.

그리고 이러한 문제의 근원에는 대미·대일 의존적 경제구조의 문제점이 존재하고 있음을 명심해야 할 것이다. 현 상황에서는 성장의 지속을 위해 수출의 확대가 필요하고 이를 위해 수입의 확대가 요구되는 악순환이 지속될 수밖에 없다.

현재와 같은 농산물의 수입 확대는 근원적인 해결책이 될 수 없으며 오히려 대외의존도를 심화시킬 뿐이다. 그러므로 정부는 단기적으로는 미국의 개방 압력을 최소한으로 막아내려는 노력을 하는 한편, 장기적으로는 현재의 경제구조에 대한 근본적인 검토와 개혁을 추진하여 대외적인 압력에 쉽게 굴복하지 않을 수 있는 토대를 만들어야 할 것이다. 진정으로 민주적이며 국민의 기반 위에 있는 정부라면 농민의 아픔을, 국민의 고통을 외면하지는 못할 것이다.

《한겨레신문》(1988. 8. 11)

셋방살이 설움을 아십니까

땅값, 집값이 아무 때나 치솟고 있다. 그만큼 '남의 집살이'하는 사람들의 설움도 깊어만 간다. 정부가 1978년의 '8·8조치' 이래 가장 강력하다는 '8·10 부동산 투기대책'을 발표했지만 국민들은 그 효력을 크게 기대하는 기색이 없다.

참으로 한심한 일이다. 아무리 재산 증식을 최고의 가치로 여기는 자본주의 사회이기로서니 태초부터 있어 온 땅이 이렇게까지 탐욕스런 투기의 대상으로 전락할 수 있을까? 잘 살아보려고 땀 흘려 일하는 이들에게 노동으로 지친 몸을 눕히고 가족끼리 오순도순 살 수 있는 최소한의 공간마저 허용하지 않는 사회가 과연 '문명사회'일 수 있을까?

1985년 인구조사에 따르면 우리나라 전체가구의 38.4퍼센트인, 336만 가구가 '전세·월세방'에 살고 있으며, 그 중 단칸 셋방만이 17퍼센트나 된다고 한다. 서울의 경우 60만 가구 250만여 명이 방 하나에 온 가족이 사는 처지에 놓여 있다. 달동네의 무허가 건물과 주택가의 지하방, 공단지대의 '벌집' 또는 '닭장집'이 이들의 '삶터'이다. 불결한 환경과 답답한 상·하수도 사정, 그리고 연탄가스의 위협 속에 사는 대가로 이들은 소득의 30퍼센트를 집주인에게 바쳐야만 한다.

부동산 투기의 가장 큰 피해자는 바로 이들이다. 그러나 '통계의 마술'에 현혹된 사람들은 이들의 고통과 한을 알지 못한다. 예를 들어 서울의 소비자 물가지수를 계산할 때, 월세의 가중치는 0.0294이다. 따라서 서울의 모든 월세방의 임대료가 일제히 배로 오른 경우에도 소비자 물가의 상승에 끼치는 영향은 3퍼센트가 채 못 된다. 어찌 물가지수만 가지고 이 셋방살이 영세민들의 고달픈 삶을 알 수 있으랴!

그런데 막상 대도시의 주택문제 해결을 책임져야 할 행정관료들을 보면, 제 배 부르니 남이 배곯는 줄 모른다는 말이 꼭 들어맞는 것 같다. 국민의 대다수를 차지하는 서민들, 특히 도시 저소득층에 당장 필요한 것은 평수 넓은 중앙난방식 아파트도 아니고 정원이 딸린 단독주택도 아니다. 그들이 원하는 것은 자신의 소득으로 유지할 수 있는 15평 남짓의 서민아파트이며, 값싸고 실용적인 임대주택이다.

그런데도 정부는 달동네를 헐어내고 그 자리에 수십 평짜리 고층아파트를 지어 왔다. 경제기획원의 '제6차경제사회발전 5개년계획 수정계획'은 향후 5년간 저소득층을 위해 60만호의 공공임대주택을 짓겠다고 하지만, 그 성과는 의심스럽기만 하다. 목동에서 보듯이 20평 이상의 중앙난방식 아파트를 임대주택이라고 지어봐야 관리비 부담능력이 없는 저소득층에게는 그림의 떡에 불과하기 때문이다.

부동산 투기대책이란 투기로 인해 고통받는 사람들을 보호하기 위해 필요한 것이지 부동산 가격 안정만을 위한 것은 아니다. 따라서 무작정 가격 인상을 막으려 할 뿐 서민주택 공급 확대에 대한 뚜렷한 계획이 없는 8·10대책은 그야말로 핵심을 벗어난 법률 만능주의적 미봉책이라 하지 않을 수 없다. 물론 피폐한 농촌경제를 되살려 이농과 인구의 도시집중 현상을 방지하지 못하는 한 대도시 주택문제의 근본적

해결은 어려울 것이다. 그러나 현재의 상황에서도 그 해결이 마냥 불가능한 것만은 아니다.

우선 달동네 부근의 야산과 구릉에 있는 시유지·국유지를 개인에게 팔아서는 안 된다. 그곳에 먼저 도로와 하수도 시설을 확실히 만든 다음 비록 작지만 실용적인 서민아파트와 값싼 임대주택을 지어 영세민들이 살게 하라. 그런 뒤에 달동네를 헐고 재개발을 하라. 한편 독신 노동자들을 위해서는 공단 부근에 독신자용 임대아파트를 세워 그들을 불결한 벌집에서 벗어나게 해야 할 것이다.

저소득 도시서민의 가슴에 응어리진 남의 집살이의 한을 모르는 행정관료, 시유지로 땅장사나 하려드는 지방행정 책임자들에게 이러한 주택문제의 해결을 맡기는 것 자체가 무리일는지도 모른다. 따라서 주민들의 의사를 대변하는 참다운 주민대표를 선출하여 자치적으로 문제를 해결할 수 있도록 히는 것이 하나의 방안이 될 것이며 정부도 이를 적극 지원해야 할 것이다.

《한겨레신문》(1988. 8. 25)

돈이 모자라는 게 아니다

정부와 업계 사이에 통화관리 문제를 놓고 실랑이가 벌어지고 있다. 정부가 올해의 총통화증가율 억제선인 18퍼센트를 고수하려는 데 반해서 업계는 이것이 현실을 무시한 처사라고 주장하면서 오히려 억제선을 20퍼센트로 높여야 한다고 맞서고 있다. 신축성 있는 통화관리의 필요 등 여러 이유를 그 명분으로 내세우면서.

그렇다면 총통화증가율이 지난 5월의 18퍼센트를 최저로, 8월에는 이 수준을 넘어 20퍼센트 가까이 올랐는데도 신축성을 발휘하라는 말인가? 물론 그렇지 않아도 자금사정이 어려운 중소기업이나 내수기업의 형편을 모르는 것은 아니다.

그러나 한편에서는 이와 상반된 현상도 볼 수 있다. 한은 자료에 따르면 지난 한 해 동안 기업들은 3조 1천여 억 원을 은행으로부터 빌려 쓴 반면, 3조 3천여 억 원을 은행이 아닌 금융기관에 예금했다고 한다. 그러므로 작년에 비해 그 비중이 약간 낮아지기는 했으나 은행(외국은행 국내지점 포함) 여신총액의 27퍼센트나 되는 19조 7천억 원을 여전히 마음대로 쓰는 30대 재벌그룹과 수출 호조로 자금 여유가 생긴 기업들이 여유자금으로 기존의 은행 빚을 갚고 신규투자 자금을 은행이 아니라 증권시장에서 조달하도록 한다면 중소기업이나 내수기업의 자금난은 풀릴 수 있으리라 생각한다. 결국 현재의 자금난은 통화 공급의 부족에 기인하는 것이 아니고 자금의 편재현상이 심화되는 데 그 원인이 있음을 알 수 있다. 업계에서 주장하는 통화의 신축적 조절은 오히려 물가 상승 압력만을 가중시킬 가능성이 높다.

작년 후반기에 시작된 통화 증발로 물가는 계속 상승(8월 말 현재 소비자물가 5.3%, 도매물가 2.1%)했는데, 앞으로도 억제선을 웃도는 총통화 증가율이 지속된다면, 물가가 더욱 크게 오를 것은 자명하지 않은가.

또 기업에 대한 은행여신의 일부가 투기화될 수 있는 개인 보유 금융자산으로 전환되지 않는다는 보장도 없지 않은가. 그렇지 않아도 그동안 부동산투기 과열과 물가불안을 초래한 주범으로 알려져 있는 이 개인 보유 금융자산이 지난 3월 말 현재 103조 원이나 되는데도 통화 증발이 그것을 부채질할 가능성을 그대로 방치해도 좋다는 말인가.

기업들은 통화를 늘리라는 요구보다는 해외로부터 단기채를 들여오는 일을 삼가고 수출로 번 외화를 외채를 갚는 데 우선 돌리도록 해야 할 뿐만 아니라 더 나아가서 설비투자·연구개발투자·해외투자 등을 적극적으로 추진해야 할 것이다. 그리고 정부는 계속해서 '핫머니'라고 불리는 투기성 외화자금에 대한 규제 조치를 강화해 나가야 한다. 통화 교란 요인인 이 자금의 규모는 정확히 파악되지는 않지만 경제기획원, 재무부 등에 따르면, 외국과의 상품거래, 서비스거래 등을 반영하는 국제수지표를 통해서 추정한 금액이 지난 상반기만 해도 10~15억 달러나 된다고 한다.

한편 보도를 보면 '8·10 부동산투기 억제대책' 발표 이후 대규모의 시중 부동자금이 요구불예금으로 은행에 예치되는 등 대기성 자금화하고 있는 것으로 나타나고 있다. 한은에 따르면, 지난 8월 1일에서

22일 사이에 은행의 요구불예금은 5천6백억 원이나 늘었다고 하는데, 이것은 통화관리의 주요 변수로 주목할 필요가 있을 것이다.

현재 정부가 통화관리에서 진통을 겪고 있는 것은 사실이다. 그리고 만약 이 통화관리에 잘못을 범하면 안정기조가 송두리째 흔들릴 가능성이 매우 크다. 따라서 현재 정부에 절실히 필요한 일은 안정 기조를 유지하기 위해 가능한 정책수단을 모두 동원하여 종합 대책을 세우는 일이라고 할 수 있다. 이 대책에는 위에서 말한 수단 외에 수입 확대, 새 통화지표의 개발 등이 포함되어야 함은 두말할 나위도 없다. 그러나 문제는 어떻게 실효를 거두는가이다. 그리고 통화관리가 중소기업이나 내수기업에 주름살을 주는 일은 결코 있어서는 안 된다.

《한겨레신문》(1988. 9. 8)

추곡수매값의 숫자 공방전

지난 7월 양곡관리법 개정 법률안이 국회를 통과함에 따라 올해부터 정부의 양곡수매값 및 그 수매량의 결정이 국회의 동의를 얻도록 되었다. 이로 인해 현재 추곡수매값의 인상폭을 둘러싼 정부와 각 정당 간의 '숫자 공방전'이 예년과는 달리 한층 치열하게 벌어지고 있다. 그런데 이러한 논의에서 무엇보다 주목해야 할 점은 인상률의 폭이라기보다는 과연 어떠한 원칙을 가지고 추곡수매값을 결정해야 하는가 하는 점이다. 만일 어떠한 근거도 제시함이 없이 막연하게 작년도의 추곡수매값 인상을 기준으로 한다든가 임금인상률을 기계적으로 적용한다든가 하는 등의 숫자 공방전이 다시 전개된다면, 그것은 별반 실속이 없는 숫자놀음에 불과할 것이기 때문이다.

그러면 추곡수매값의 결정이 지니는 진정한 의미는 무엇인가? 그것은 두말할 나위도 없이 농민들이 자신의 생산물에 대해 정당한 대가를 받게 하여 농민의 생활수준을 향상시키는 데 있다. 이를 위해서 수매값은 최소한 대다수 농민들의 생계비를 보장해야 하며, 이는 곧 추곡수매값이 '평균 이하' 토지에서의 생산비를 감안하는 수준에서 결정되는 것을 의미한다. 공업과 달리 농업의 경우에는 어떠한 농경지를 경작하느냐에 따라 생산량과 생산비의 차이가 나기 때문에, 추곡수매값은 적어도 평균 수준 이하의 농경지를 경작하는 농민들의 최소한의 생계비가 유지될 수 있도록 결정되어야 할 것이다.

그러나 지금까지 정부는 일반물가의 상승률을 기초로 하여 쌀의 수매값을 결정하여 왔다. 이러한 방식은 수매값의 실질적 하락을 방지한다는 의미는 있지만, 생산비를 고려하지 않음으로써 농민에게 적지 않은 피해를 줄 소지를 갖고 있다. 즉 최초에 쌀의 수매값이 다른 상품에 비해 부당하게 낮게 책정될 경우, 이 방식은 불합리한 추곡수매값 책정을 온존시키며, 또한 생산비가 상승할 경우에도 이를 적절하게 추곡수매값에 반영하지 못한다. 실제로도 이 방식에 의하여 책정된 지금까지의 추곡수매값은 평균 생산비에도 미치지 못한 것이 사실이다. 이는 곧 다수의 농민들이 생산비도 못 건지는 농사를 지었다는 것을 의미한다. 특히 1980년대에 들어와서 그 차이는 더욱 벌어지고 있는데, 이것은 급증하는 농가부채와도 무관하지 않을 것이다.

그러면 추곡수매값 결정의 기초로 생산비를 추계할 때, 어떠한 사항에 유의해야 하는가? 우선 생산비 책정의 기준이 되는 농경지를 확정해야 한다. 이는 쌀에 대한 수요를 얼마만큼 국내생산으로 충족시키는가라는 문제와 관련된 것이지만, 이때의 기준은 현재 이미 생산되고 있는 모든 농경지의 농민에게 생산비를 보장할 수 있도록 결정되어야 할 것이다. 한편 노동력에 대한 평가문제도 중요하다. 현재 자가 노동력의 비중이 매우 큰데, 이를 어떻게 평가하느냐에 따라 농민의 생활수준이 결정될 수 있다. 지금까지는 과잉인구와 불완전 취업상태에서 형성된 농업 노임을 기준으로 했기 때문에 농민의 빈곤은 해소되기 어려운 점이 있었다. 이러한 문제점을 고려할 때, 생산비의 추계과정 및 이에 기초한 추곡수매값 결정에서 공정성을 기하기 위해서는 농민들의 의사를 진정으로 반영할 수 있는 농민대표를 추곡수매값 결정 과정에 대거 참여시킬 제도적 장치가 요구된다.

그러나 추곡수매값이 많이 인상된다고 해서 우리의 농업 문제가 해결되는 것은 아니라는 점에 유의할 필요가 있다. 현존하고 있는 소작 제도에서의 소작농 문제, 농축산물 수입으로 인한 국내 농업의 위축 등에 대한 근본적인 대책이 마련되지 않는 한, 단지 몇 퍼센트의 추곡 수매값 인상만으로 우리의 농업 문제가 해결되는 것은 결코 아니다.

《한겨레신문》(1988. 9. 25)

'장사' 앞서 군비 축소부터

대통령이 7월 7일 발표한 '특별선언'이나 부총리 겸 경제기획원장관이 10월 7일에 밝힌 북한에 대한 경제개방 조치는 북한을 '철천지원수'로 생각하지 말아야한다는 점을 국민에게 일깨우고 있다. "남북한 교역의 문호를 개방하고 남북한 교역을 민족 내부 교역으로 간주한다"는 대원칙을 세우고, 남북한 경제인들의 접촉과 상호방문을 허용하며, 남한의 민간 상사가 북한의 물자를 교역하거나 중계하거나 북한에 물자를 수출하는 것을 허용한다는 정책은 참으로 놀랄 만한 '진보'임에 틀림없다. 지금까지 국민 대중에게 강요한 '북한=적'이라는 반공이데올로기를 정부 스스로 포기한 셈이기 때문이다. 이러한 발표를 듣는 것만으로도 국민은 느긋함을 맛보았을 것이다.

그런데 정부의 북방정책이 국민의 물질적 생활에 끼치는 영향은 무엇인가? 정부는 북한 나아가서는 공산권 전체와의 무역을 통해 국민의 경제를 향상시키겠다는 의도를 가지고 있는 것 같다. 상품의 수출 시장을 확대함으로써 고용과 소득의 증대를 도모하자는 것이다. 이러한 구상은 미국과 일본 등 자본주의 선진국에 대한 수출이 보호무역주의의 벽에 부딪혀 어려움을 겪고 있는 현실 때문에 나온 것이기도 하다.

그러나 무역을 통해 국민의 물질적 생활을 개선하는 일은 지금 당장에는 전망이 그렇게 밝지만은 않다. 공산권, 특히 북한은 자본주의 나라와의 수출과 수입을 통해 경제를 발전시키는 전략을 채택하지 않기 때문이다. 그들은 자본주의적 무역체제의 그물에 걸려들면 선진자본주의체제에 종속되어 사회주의 체제를 유지할 수 없다고 믿어 왔으므로, 자본주의 나라와의 무역 규모가 매우 작은 실정이다. 더욱이 공산권은 종합적인 경제계획을 바탕으로 대외 경제관계를 조정하기 때문에 무역 대상국의 선정은 사실상 정치권력의 판단에 의존한다. 그러므로 북한과의 관계가 획기적으로 개선되지 않는다면 남한의 대공산권 수출은 크게 증가될 수 없는 형편이다.

결국 북한을 포함한 공산권과의 무역을 통해 국민의 경제적 생활을 향상시키는 일은 당분간 쉽지는 않을 것이다. 그리고 이 전략은 세계적 조류와 일치하지도 않는다.

미국과 소련이 중거리 핵무기를 폐기하기로 협정을 맺은 뒤 진행시키고 있는 군축회담은 핵전쟁이 인류를 멸망시키리라는 공동의 인식 이외에도 군사비 지출을 줄여 국민의 경제생활을 향상시켜야 한다는 절박한 인식에서 비롯된 것이다. 전혀 비생산적인 무기의 연구와 개발에 경쟁적으로 인적·물적 자원을 투입함으로써 교육, 병원, 주택 등 국민생활의 주요 부문에 크게 압박을 받았다는 사실이 미국과 소련에서 지금 큰 문제로 등장하고 있다. 미국에서는 대통령 선거를 계기로 천문학적 군비 지출이 쟁점이 되고 있으며, 소련에서도 페레스트로이카(재편성 또는 개혁)의 추진세력은 인민일 수밖에 없다는 인식 때문에 군비 축소를 통한 인민생활의 향상이 중요한 과제로 떠오르고 있다.

이처럼 동서관계의 해법이 군비 축소의 불가피성에 의해서 촉진되고 있다면, 한국 정부의 북방정책도 이를 고려해야만 성공할 수 있다는 것은 분명하다. 소련을 포함한 공산권은 동서관계의 긴장을 초래할 자본주의 나라와는 경제관계를 확대하지 않을 것이기 때문이다.

대통령이 밝힌 남북 불가침선언의 가능성도 이러한 각도에서 평가되어야 할 것이다. 다시 말하면 북한 등 공산권과의 무역을 통해서가 아니라, 먼저 북한과의 군사적 긴장을 완화하고 비생산적인 군사부문에 투입되는 인적·물적 자원을 축소함으로써 국민의 물질적 생활을 풍요롭게 하는 전략이 지금의 상황에 더욱 적합할 것이다.

이것은 또한 북한에 사는 우리 겨레의 경제생활을 개선해 주는 전략이기도 하다.

《한겨레신문》(1988. 10. 13)

잠잘 곳 없는 설움

1970년 9월 하순, 영국 케임브리지에서 겪은 일이다. 내가 속해 있는 세계계량경제학회의 제2차 세계회의가 그곳에서 열렸기 때문에 그 회의에 참석하는 길에서 겪었으니까.

원래는 묵을 방의 배정 통지서를 받고 떠나야 했는데, 그것을 못 받았기 때문에 일단 하루 전에 그곳에 도착하여 시내 호텔에서 묵고 다음 날 케임브리지 대학으로 가서 등록할 예정이었다. 나중에 알고 보니 통지서를 못 받은 것은 그쪽에서 실수로 선편(船便)으로 보낸 때문이었다.

마침 영국에 연구차 와 있던 같은 학과의 교수도 좋은 기회라고 생각하여 그 회의에 참석하기로 했다면서 차를 갖고 왔기에 그 편을 이용하기로 했다. 좀 사정이 있어서 오후 4시경에 런던을 출발했다. 2시간 반 정도면 되는 거리이기 때문에 여유 있는 편이었다.

그러나 케임브리지에 막상 도착한 뒤 예기치 않은 곤경에 직면했다. 시내 호텔방이 모두 차 있었던 것이다. 할 수 없이 그곳 주변도시까지 가보았지만 사정은 매한가지였다. 100달러든 200달러든 지불할 생각이었지만 모두가 허사였다. 하필이면 학회가 열리는 바로 그날에 그곳에서 1년에 한 번씩 열리는 경마경기가 시작되기 때문이었다.

그렇다고 다시 런던으로 돌아갈 수도 또 날씨가 찬 편이라 길가나 차 속에서 잘 수도 없는 노릇이고 참 난처하고 암담하기 짝이 없었다. 둘이서 궁리궁리했지만 묘수를 찾지 못했다. 그래서 할 수 없이 밤샘을 최후 수단으로 삼고, 혹시나 하는 생각으로 일단 케임브리지 대학의 학회 준비 사무실로 가보기로 했다. 도착한 시간은 10시 반경이었다. 물론 초조한 마음으로 말이다.

그런데 놀라지 않을 수 없었다. 방에 불이 켜 있기에 문의차 갔더니, 수위 한 사람이 기다리고 있다가, 내가 아무개라고 하니까 선뜻 방 열쇠를 내주지 않는가. 그리고 그는 곧 돌아갔다. 말하자면 그는 나를 기다리고 있었던 것이다. 거기에는 그럴만한 이유가 있기는 했다. 준비위원회에서는 방 배정서를 나한테 보냈으니 등록 전날 늦게까지는 도착할 것으로 생각하고, 그 수위로 하여금 나를 기다리게 했던 것이다. 이유야 어쨌든 정녕 고마웠다. 그리고 그렇게 기쁠 수가 없었다.

우리 둘은 배정된 방으로 가서 짐을 풀고 안도의 한숨과 함께 크게 웃었다. 이런 방이 기다리고 있는 줄도 모르고, 잠시나마 그처럼 고생을 많이 했구나 하면서. 나는 그날 밤을 잘 잤다. 그리고 다음 날부터 열심히 학회에 참석했고, 예정대로 귀국했다.

이런 일이 있은 후부터 나는 이날의 경험을 매우 소중하게 여겨오고 있다. 더욱이 학생 시절에 나를 그렇게 감동시킨 앨프리드 마셜이 태어난 케임브리지의, 그가 다닌 케임브리지 대학에서 그것도 그가 창설한 경제학부와 그를 기리는 도서관이 있는 건물에서 학회가 열리기에 꿈이 한껏 부풀었다가 졸지에 당한 경험이니 그럴 수밖에 없었다.

물론 돈이 없어서 겪은 것도 아닌, 그리고 단 하루저녁에 겪은 일이 무어 그렇게 대단하다고 그러느냐고 말할는지 모른다. 그러나 만약 나에게 이런 경험이 없었더라면, 돈이 없어서 그리고 허구한 날 겪는 집 없는 사람들의 심정, 시름, 고통 등을 어찌 조금이나마 이해할 수 있겠는가. 하루속히 그들이 그런 것에서 벗어날 날이 왔으면 하는 바람이 간절하다. 그러기에 경실련(경제정의실천시민연합)과 깊은 관계를 맺고 있는지도 모른다.

《생활성서》(1990. 4)

바르셀로나에서

지난 8월 하순에 스페인의 바르셀로나에 간 일이 있다. 5년에 한 번씩 열리는 세계 계량경제학회의 제6차 세계회의가 바로 그곳에서 있었기 때문이다.

회의는 22일에서 28일까지 7일간 열렸고(단 일요일인 26일에는 논문발표는 없었고 오후 늦게 한 가지 행사가 있었을 뿐이다) 참가인원도 2천 명을 넘었으니 회의규모는 자연히 대규모였다. 논문의 질도 최고 수준의 것들이 많았음은 말할 나위도 없다.

나는 바르셀로나가 콜럼버스가 미 대륙 발견 길로 나선 곳, 1992년에 올림픽경기가 열리는 곳, 앞으로 몇백 년이 더 걸릴지 모르는 사그라다 파밀리아(Sagrada Familia)가 있는 곳, 투우경기장이 있는 곳이라는 정도의 지식을 갖고 출발했다. 그러기에 나는 잠깐씩 틈을 내어 투우경기만을 제외하고 콜럼버스 동상, 올림픽경기와 관련된 시설, 사그라다 파밀리아를 구경했으며 특히 그 건물의 한 부분을 올라갈 수 있는 데까지 등산하는 기분으로 올라가보기도 했다.

그러면서 나는 바르셀로나 시민들이 대단히 강한 자부심을 갖고 있는 데에 놀라지 않을 수 없었다. 그 이유는 곧 이해가 되었다. 현재처럼 하나로 통일될 때까지 독립왕국이었던 카탈로니아의 수도인 까닭으로 독자적인 언어와 문화를 갖고 있을 뿐 아니라 그 당시의 유물을 많이 갖고 있으니 그럴 수밖에 없지 않겠는가?

그러나 더욱 나를 놀라게 한 것은 올림픽경기가 열리게 되어 있으니까 시민들이 매우 들떠 있고 자랑을 할 것이라고 생각했었는데 도리어 바르셀로나 시민들의 반응은 지극히 냉담하며, 대회 개최 성공 여부도 자기들과는 전혀 관계가 없다고 여기고 있다는 사실이었다.

물론 공항에서 시내로 오는 길가나 주경기장 부근 등에서는 공사가 한창 진행 중에 있는 것이 사실이지만, 시민들의 반응은 매우 차갑다고 보는 것이 옳을 것이라는 것이 우리 교포들의 공통된 이야기였다. 이것은 어떻게 보면 카탈로니아인 특유의 자부심에서 비롯된 것일지 모른다. 그러나 어떻든 그것이 엄연한 현실이라고 한다. 그곳 시민들이 나에게 준 이러한 인상이 바르셀로나에서 내가 받은 강한 느낌의 하나이고, 다른 하나는 대회장에서 받은 느낌이다.

이번 회의에는 젊은 재미학자를 주로 한 약 30명의 한국인 학자가 논문 발표를 했다. 그 중에는 현재 미국의 일류대학에 재직하면서 크게 주목을 받는 논문을 발표한 사람도 있었다. 그런 사람들은 한 부문의 사회를 맡기도 했다. 이런 사람들은 각기 자기 연구 분야에서 첨단을 걷고 있거나 선두주자로서 활동하고 있다고 해도 지나친 말이 아니다. 제2차 회의(1970) 이후 재미 한국인 학자가 논문 발표를 해오고 있기는 하지만 사회를 본 것은 이번이 처음이었다. 그만큼 우리 한국인 학자들의 능력이 높이 평가받고 있다고 할 수 있을 것 같다.

때마침 한국계량경제학회의 임원들이 참석하고 해서 대회 셋째 날 학회 주최로 그들의 노고를 치하하기 위해 한국인 학자들을 초청하여 교포식당에서 저녁식사를 대접했다. 20여 명이 참석했는데, 매우 즐거운 시간을 가진 것은 말할 나위도 없다.

요 며칠 동안 어찌된 셈인지 바르셀로나에서 있었던 이러한 일이 내 머리에서 떠나지 않고 있다. 곰곰이 생각해 보니 그것은 북경아시아경기대회에서 기인하는 것 같다.

우리나라가 차지한 금메달 수나 우리나라의 종합 순위의 변동이 연일 시시각각으로 전해지는 보도에 접하다 보니 1986년 서울아시아경기대회, 1988년의 서울올림픽경기대회 때의 일까지 떠올랐다. 그러다 자연히 얼마나 많은 돈이 그 대회들을 위해서 그리고 메달 획득자들에 대한 보조금으로 쓰였는가, 그 당시 서울시민들이 얼마나 들떠 있었는가 하는 생각을 하지 않을 수 없었다.

그러나 나는 지난날의 일을 탓하거나, 체육진흥을 위한 노력을 소홀히 해도 좋다거나, 또 메달 획득자들에 대한 보조금 등을 축소 내지 폐지하라는 뜻으로 이런 말을 하는 것은 결코 아니다. 어디까지나 이제는 무슨 경기다 해서 들뜨지 말았으면 하는 생각에서, 그리고 아시아경기대회나 올림픽경기대회의 준비, 메달 획득자들에 대한 보조금 등을 위한 돈도 필요하지만 그에 못지않게 학술활동을 통해서 우리나라를 빛내주고 있는 재외 한국인 학자에 대한 특별 배려가 절실하다는 것을 강조하기 위해서인 것이다.

그들을 격려하기 위해 이에 걸맞는 혜택을 주는 일은 꼭 필요하다. 바르셀로나에서 만난 젊은 재미 한국인 학자들 가운데에는 이미 그런 혜택을 받기에 충분한 사람이 있다고 생각한다. 이제는 국내의 어느 한 학회 단독으로 혹은 몇 학회 공동으로 그런 사람들에게 지원을 하기에는 힘이 벅차다. 그러기에 정부의 역할에 기대를 걸고자 한다.

체력이나 육체적 기교가 국위를 선양하고 국력의 밑바탕이 되는 것 이상으로 지적 능력이나 학문적 성과가 우리나라를 빛내고 장기적인 발전의 밑거름이 된다는 점을 생각해 보면 이러한 나의 소망은 결코 지나친 바람이 아닐 것이다.

《월간조선》(1990. 11)

금융개방의 선결과제

　정부는 외국은행에 대해서 자금조달, 지점설치의 자유화는 물론 금융전산망의 가설 및 지로업무까지 조속한 시일 안에 허용하기로 했다고 한다. 그리고 내년 1월부터는 외국인의 국내증권투자를 허용하기로 했다. 즉 외국인이 우리나라 증권을 살 수 있도록 한 것이다. 이것은 결국 앞으로 외국자본의 유출입이 자유로워진다는 것을 의미한다. 따라서 우리나라 은행과 증권회사는 완전개방시대를 맞게 된 셈이다.

　정부는 그동안 금융시장 개방에 대한 대비책을 강구했거나 또 구상 중에 있으리라 생각한다. 또 이 개방이 긍정적인 면을 갖고 있는 것도 사실이다. 그러나 금융시장 개방은 국내 금융정책의 교란, 소득의 해외유출 등 우리 경제에 지대한 영향을 끼친다. 따라서 우리는 금융시장 개방에 앞서 적어도 다음을 분명히 짚고 넘어가야 한다.

　우선 국내은행이 각종 규제에 묶여 있고, 많은 부실채권과 높은 비중의 정책금융을 안고 있는 상황에서 외국은행의 국내지점과 동등한 경쟁을 할 수 있는지를 검토해야 한다. 외국은행의 국내지점이 국내은행에 비해 높은 수익률을 올리고 있으며, 이것은 그들의 선진금융기법에 주로 기인한다는 것은 널리 알려져 있다. 그러나 국내은행의 상대적으로 낮은 수익률은 국내은행의 불리한 여건에도 기인한다는 사실을 간과해서는 안 될 것이다. 따라서 정부는 각종 규제의 완화는 물론 부실채권의 문제를 해결하고 정책금융을 축소·폐지하는 등의 조치를 취해야 할 것이다.

다음으로는 유입된 핫머니가 부동산투기 등의 비생산적 부문으로 흘러 들어가는 것을 방지하기 위해서 금융실명제의 실시가 검토되어야 한다. 물론 외국인의 실명거래를 유도하기 위해서 고유번호가 있는 투자자등록증(ID카드)을 교부하기로 되어 있다. 그러나 내국인의 가명거래가 허용되고 있는 상황에서 그 실효성은 매우 의문스럽다. 따라서 적어도 금융실명제는 실시해야 할 것이다.

끝으로 외국은행과의 경쟁으로 국내 금융기관 특히 은행이 부실화되고 또 도산할 가능성은 얼마든지 있으므로, 지금처럼 금융기관 특히 은행의 도산은 생각할 수 없는 일을 뜻하는 '금융기관 도산 제로'의 지속여부에 대한 국민적 합의를 유도하기 위한 노력이 필요하다고 하겠다. 우리나라에서는 일본과 마찬가지로 금융기관이 도산의 가능성에 직면했을 때 지금처럼 '금융기관 도산 제로'를 지속할 것인지가 결정되어 있지 않으며 정부, 금융업계, 국민이 어떤 태도를 취할 것인가에 대한 국민적 합의가 마련되어 있지 않다. 참고로 말하면, 미국에서는 금융기관의 도산은 국민적으로 합의되어 있으며 예금보험기구와 같은 사후적인 조치가 취해진다고 한다.

적어도 이상의 세 가지 점을 분명히 하고 해결하는 일 즉, 금융시장 개방에 앞서 그 선행조건에 해당하는 일들을 해결하는 것이 금융시장 개방과 관련하여 정부에게 주어진 현안의 과제가 아닌가 생각된다.

《금융포커스》(1991. 10)

서비스산업의 이상비대

올해 2월 현재로 전체 산업 취업자 중에서 서비스산업 취업자가 차지하는 비중은 60.2퍼센트라고 한다. 60퍼센트를 웃도는 이 현상을 두고, 오늘날의 선진국에서는 서비스산업 취업자의 비중이 매우 큰 것이 일반적이므로 혹시 단순히 우리나라의 산업구조가 선진국형에 가깝게 된 것으로 생각할지 모른다.

그러나 선진국에서의 그런 현상은 농업·제조업이 각각 제구실을 다하는 가운데에 나타난 것임에 반해서 우리나라에서는 현재 제조업의 공동화 현상 내지 조로 현상이 나타나고 있는, 즉 제조업이 제구실을 다하지 못하고 있는 가운데에, 또 중소기업을 중심으로 제조업에서 구인난을 겪고 있는 가운데에 일어나고 있다는 사실에 특별히 유의할 필요가 있다.

제조업은 한 나라 산업의 핵 중의 핵이라고 할 수 있는데 우리나라에서는 1988년을 고비로 해서 그런 제조업 취업자의 비중이 계속해서 감소하고 있다.

따라서 이렇게 보면 60퍼센트를 웃도는 이 현상은 오늘날 대부분의 저개발국에서 보이는 서비스산업의 이상비대 현상과 맥을 같이하는 것인지도 모른다. 게다가 서비스산업은 어디까지나 이른바 재화산업인 농림수산업과 광공업의 지원부문에 지나지 않는다.

그런 의미에서 제조업이 제구실을 다함으로써 농림수산업에서 떠나는 노동력은 말할 것도 없고, 서비스산업으로 이미 흘러 들어간 노동력도 흡수할 수 있도록 제조업을 강화시켜 나가는 것이 무엇보다도 절실한 일이라고 하지 않을 수 없다.

물론 현재도 제조업 경쟁력 강화를 위해서 여러 대책을 취하고 있는 것은 사실이다. 그러나 1990년 2월에 29.9퍼센트이던 광공업 취업자의 비중이 작년 2월에 29.4퍼센트로 약간 증가했다가 올해 2월에는 다시 27.7퍼센트(제조업의 경우 작년 2월 29.0%에서 올해 2월 27.4%)로 감소하고 있음을 감안할 때 제조업의 회생이나 강화를 위한 더 한층의 노력을 당부하지 않을 수 없다.

그러면서 서비스업 종사자가 60퍼센트를 웃도는 이 현상은 우리 사회의 분위기에 기인하는 바도 크다고 할 수 있으므로 지나친 낭비나 사치풍조, 그릇된 레저 붐·관광 붐 등을 추방하고 근검·절약·저축을 미덕으로 삼는 건전한 분위기의 조성과 정책 노력도 병행해야 한다는 것을 강조하고자 한다. 이때 이른바 사회지도층의 솔선수범이 필수적임은 말할 나위도 없다. 또 투기 붐의 진정도 그러하다고 할 수 있다.

《서울경제신문》(1992. 4. 24)

올림픽 열기를 보며

어쩌다 늦은 밤에 내가 사는 아파트에 들어서다 보면 예전과는 다른 풍경을 접하게 된다. 여느 때 같으면 대부분의 집에 불이 꺼지고 조용할 시간인데 요즘은 그 시간에도 불이 환하게 켜진 집들이 눈에 많이 띈다. 간간이 이집 저집에서 일제히 터져 나오는 박수와 환호소리를 듣고서야 올림픽 중계방송이 이렇게 늦도록 사람들의 시선을 모으고 있구나 하는 생각을 하게 된다.

이쯤 되면 본래 스포츠에 관심이 없는 나로서도 '스포츠의 제전'이라는 올림픽에 대해 몇 가지 생각을 하게 된다. 세계의 젊은이들이 한자리에 모여 자신의 힘과 기량을 마음껏 과시하고 세계의 시민들은 그 힘과 기량에 박수와 격려를 보낸다. 그런 의미에서 올림픽은 인류의 화합과 우정을 다지는 계기가 되며, 한 나라의 국민들에게는 자신들의 국가에 대한 긍지와 자부심을 불러일으키는 계기가 될 수도 있을 것이다. 우리 국민들 역시 이국의 하늘 아래 태극기가 게양되기를 바라면서 저렇게 밤을 새워가며 TV의 올림픽 중계방송을 시청하고 있을 것이다.

그러나 이러한 풍경을 보면서 나는 몇 가지 안타깝고 걱정스러운 생각을 하게 된다. 한 가지 우려는 우리가 스포츠에 너무 쉽게, 그리고 너무 지나치게 흥분하는 것이 아닌가 하는 생각이다. 물론 스포츠라는 것 자체가 인간의 원초적인 승부욕을 자극하는 것이어서 쉽게 사람들을 열광시키고, 더욱이 올림픽의 경우에는 국가와 민족들 간의 승부가 결합되어 사람들을 더욱 흥분시키는 측면을 가지고 있을 것이다. 게다가 시청률 경쟁을 일삼고 있는 방송사들을 비롯한 언론의 과잉보도도 한몫을 하고 있는 것 같다. 올림픽 중계방송이 새벽까지 계속되고 또 오전에도 다시 방송된다고 한다. TV의 경우 같은 경기가 여러 채널에서 중복 방송되기 일쑤이고, 신문의 경우 올림픽 기사가 5면이나 차지하는 것 같다.

하지만 이러한 스포츠 자체의 마력이나 언론의 과잉보도에도 불구하고 지금 우리의 처지는 스포츠에만 열광하고 있을 때는 아닌 것 같다. 정치적으로도 어려운 시기이고 특히 민주주의의 초석이 되는 지방자치제가 난항을 겪고 있다. 경제적으로도 그렇게 밝은 경기전망만을 하고 있을 수는 없는 상황이다. 그것을 반영이라도 하듯 주가가 연일 내리막을 향하고 있다. 우리 젊은이들의 투혼에 박수를 보내며 무더위를 잊는 것도 좋지만 우리의 다른 어려운 처지들도 걱정하며 국민들이 어느 정도 냉정을 되찾아야 할 것이다.

또 한 가지 우려는 우리가 장기적인 안목을 가지지 못하고 너무 근시안적 시각을 가지고 조급하게 서두르는 경향을 갖고 있지는 않나 하는 것이다. 피나는 노력에 노력을 거듭해온 선수들의 인내와 고통의 긴 과정보다는 메달을 딴 선수가 얻게 될 돈의 액수라는 결과에만 연연해하는 것은 조급함으로 나타나기 쉽다. 곧 소수의 엘리트 선수들만을 선발하여 그들에게 집중적으로 투자하고 혹독한 훈련을 강요하여 메달 획득에만 모든 꿈을 걸게 만드는 것이 가장 적은 비용으로, 가장 큰 전시효과를 가장 빨리 얻을 수 있는 방법이라고 생각하기 쉽다. 하지만 조금만 더 깊이 생각해 보면 사정이 그렇지 않다는 것을 알 수 있다. 그런 방식으로 획득한 금메달은 결코 그 나라 국민의 건강이나 체력을 반영할 수 없다. 조급함을 버리고 장기적인 안목에서 기초체력 분야를 육성하고 국민들의 체력을 향상시킬 수 있는 사회체육을 균형적으로 발전시키는 가운데 획득된 금메달만이 진정으로 내실 있는 금메달이 될 것이다.

그런데 더 큰 문제는 이러한 과잉흥분이나 근시안적인 조급증이 비단 스포츠에만 한정되어 나타나는 것이 아니라는 데 있다. 우리의 경제도 별반 다르지 않다. 지난 우리의 경제성장에 자만하고 쉽게 흥분하여 경제의 이곳저곳에서 나사가 풀려 있으며, 외형적이고 단기적인 실적 위주의 조급한 경제정책이 낳은 폐해가 현재 우리 경제의 잠재력을 갉아먹고 있다는 점은 더 이상 거론할 필요도 없는 것이다.

이제 우리는 하루속히 흥분과 조급증에서 벗어나 차분한 마음으로 우리의 스포츠 분야는 물론이고 우리 경제나 사회 전반을 다시 한 번 곰곰이 되돌아보고 기초적인 것, 실질적인 것, 내실 있는 것에 주력하려는 마음가짐 내지 각오를 단단히 해야 할 것이다. 그리고 겉으로 드러나는 화려함보다는 가려져 눈에 보이지 않는 노력과 공을 중시할 줄 아는 자세가 필요할 것이다.

《서울경제신문》(1992. 8. 9)

OECD 가입을 앞두고

정부는 오는 96년 말까지 OECD 가입을 실현한다는 목표 아래 지난 4월 가입의향서를 제출하고 가입을 위한 준비 작업을 하고 있는 것으로 알려지고 있다. 그리고 OECD도 보고서를 통해 한국의 가입을 긍정적으로 시사하고 있다.

이제 OECD 가입은 시간 문제로 보인다. 물론 OECD가 이른바 선진국을 망라하는 기구이고, 또 그 가입국은 권고적 의무사항(GATT 11조국 및 IMF 8조국으로의 이행 등)·자유화 의무사항 등을 준수하기로 되어 있다. 그러나 설사 그렇다고 하더라도 OECD 가입국이 곧 선진국이라는 등식은 성립되지 않는다는 점에 유의할 필요가 있다.

이것은 이미 OECD에 가입한 그리스와 터키의 경제상황을 볼 때나, 대내적으로 많은 문제를 안고 있는 멕시코의 OECD 가입이 확정된 것을 볼 때 명백해진다.

이른바 선진국은 삶의 질이 향상되어 있는 나라·경제민주화가 실현되어 있는 나라·농업이나 공업이 강한 나라 등이라고 할 수 있다. 그런데 OECD 가입을 앞둔 한국은 과연 '삶의 질이 선진국 수준에 이르렀는가', '선진국과 같은 건전한 산업구조를 가지고 있는가'라는 질문에 자신 있게 그렇다고 답할 수 있을까? 아마 그렇지 않을 것이다. 그렇다면 한국에서 OECD 가입국이 곧 선진국이라는 등식이 성립하기 위해서는 앞으로 적어도 다음에 대해서 주력해야 할 것이다.

첫째, 삶의 질 향상. 그동안 성장을 최우선시함으로써 경시되어온 분배와 복지문제가 중요하게 다뤄져야 한다.

절대 빈곤층의 최저생활보장은 물론 의료·교육 등 국민 대다수의 복지수준을 높여야 한다. 그리고 주택·교통 등의 생활조건을 개선해야 하며, 환경 보전에도 노력하여야 한다.

둘째, 경제민주화의 촉진. 경제적 약자의 이익을 대변하고, 사회견제세력으로서 역할을 담당할 수 있도록 민주적 노조·농민조직 등의 활동이 제도적으로 보장되어야 한다. 그리고 실질적인 기업공개와 주식분산, 경제력 집중의 완화 등이 추진되어야 한다. 이러할 때 비로소 각 경제주체들의 자발적 참여가 이뤄질 수 있을 것이다.

셋째, 농업·제조업의 활성화. 농업이 부진하고 제조업이 국제경쟁력을 상실해가고 있음에도 불구하고 단순히 서비스산업의 국민생산과 노동력(취업자 인구)에서의 비중이 높아지는 것을 곧 산업 구조의 고도화·선진화로 받아들이는 것은 큰 잘못이라고 생각된다.

한국에서는 어디까지나 농업과 제조업이 제몫을 다하는 가운데 서비스산업이 발전을 거둬야 바람직한 것이라 할 수 있다.

어쨌든 한국이 진정 선진국이 되기 위해서는 OECD가 요구하는 의무사항의 충족 외에 적어도 상술한 세 가지를 또한 실현시켜야 할 것이다. 이러할 때 비로소 한국에서 OECD 가입국은 곧 선진국이라는 등식이 성립할 수 있을 것이다.

《이코노미스트》(1994. 8. 5)

급속한 경제성장 과정의 부작용

1961년 5월에 등장한 박정희 정권은 경제개발 5개년계획에 의거해서 경제성장정책을 추진했다. 그리고 그 계획에 대해서는 정기적으로 평가가 이루어지게 되어 있었다.

나는 1965년 대통령 주재하의 첫 5개년계획 종합평가회의에 참석한 일이 있다. 이때 받은 인상은 박정희 정권은 군사정권답게 경제성장정책을 의욕적·권위주의적·경직적·고지(高地) 점령식으로 추진하는구나 하는 것이었다. 과욕을 앞세웠고, 정해진 계획치 내지 목표치에 대해서는 일체의 비판이나 수정이 허용되지 않았으며, 목표치는 어떤 수단이나 방법을 써서라도 또 어떤 무리를 해서라도 기어코 달성해야 하는 지상명령에 다름없었던 것이다. 그 이후(1967년)의 회의에서도 같은 인상을 받았음은 말할 나위도 없다.

그러다 보니 나는 자연히 과욕을 앞세우면 졸속은 예사로 여겨질 것이고, 수단이나 방법을 가리지 않고 무리하게 되면 과정보다는 결과가, 내실보다는 외형이나 겉치레가 더 중시되지 않을 수 없을 것이고, 또 부실·불법·부패·부조리 등이 당연시되지 않을 수 없을 것인데, 정부의 영향이 매우 크다는 점을 감안할 때 자칫하면 이런 좋지 못한 분위기 또는 풍조가 점차 우리 사회에 파급되고 만연되지 않을까 우려할 수밖에 없었다.

그런데 박정희 정권은 18년간이나 집권하였을 뿐만 아니라 여러 가지 면에서 지금까지도 영향을 미치고 있다고 할 수 있지 않은가.

그래서인지 지난 6월 29일에 삼풍참사에 대한 뉴스를 접했을 때 맨 먼저 나의 뇌리를 스친 것은 1966년 종합평가회의의 광경이었다. 삼풍참사는 바로 그동안 파급되고 만연된, 앞서 말한 좋지 못한 사회분위기가 빚어낸 사건이라고 확신한다. 이것이 사건의 주된 혹은 근본적인 원인이라는 말이다. 물론 무리한 1988년의 200만호 아파트 건설 계획의 추진도 심한 인력난과 자재난을 가중시켰다는 점에서 그 원인으로 볼 수 있다. 그러나 그것은 어디까지나 부차적인 것에 불과하다고 할 수 있지 않을까.

그렇다면 앞으로 그동안 급속한 경제성장 과정에서 형성되고 만연된 이러한 사회분위기를 일신하는 데 주력해야 하지 않을까 생각한다.

《신앙세계》(1995. 9)

외양보다는 내용에 충실하자

새해가 밝았다. 21세기에 사회로 투신할 젊은 청년들이 자신의 꿈을 펼칠 준비를 하기 위해 혹한 속에 대학시험을 치르고 있다. 약동의 기운이 충만해 있는 지금은 지난 한 해를 반성하고 새로운 한 해를 준비할 때다.

지난 한 해는 우리 역사에서 매우 중요했다. 역사 속으로 사라질 뻔한 12·12, 5·18의 진상을 명확히 규명하여 그동안 일그러졌던 역사를 '바로 세우는' 노력이 시도되었기 때문이다. 때늦은 감은 있지만 이제야 역사의 큰 물줄기를 바로잡겠구나 하는 가슴 설렘을 느꼈다. 그러나 그 설렘은 규명되어야 할 12·12, 5·18의 진실이 또 다시 역사 속으로 빠져들고 있다는 허탈감으로 변하고 말았다.

역사 문제 신중해야

왜 우리는 좋은 기회를 잡지 못하고 또 다시 내일을 기약해야만 할까. 나의 의견은 이렇다. 내용을 충실히 채우지 못한 채 외양에만 신경을 썼기 때문이 아닐까. 그렇다면 왜 외양에 집착했을까. 그것은 철저한 반성을 통한 '역사 바로 세우기'보다는 그 성과를 특정 집단의 전유물로 하려는 데, 다시 말하면 역사의 문제를 정치적으로 이용하려는 데 있지 않은가 싶다. 정부가 역사에 맡기자는 태도를 서둘러 바꾼 것이나, 검찰이 자신들의 기존 입장을 변경한 데 대한 명확한 해명 없이 재수사에 임한 것도 이런 견해를 갖게 한 요인이 될 것이다. 특히 이러한 중차대한 문제를 철저한 준비 없이 일단 터뜨리고, 그 때문에 발생한 위헌논란을 수습하기에 급급한 모습을 보인 것은 매우 큰 문제가 아닐 수 없다.

그런데 내용은 미흡한 채 외양에만 관심가지는 것이 어디 12·12, 5·18에 국한되는가. 경제 분야에서도 이런 문제는 매우 심각한 것으로 보인다. OECD에 가입만 하면 선진국이 되는 듯 경제 전반에 줄 충격을 크게 고려하지도 않은 채 가입을 서두르는 것 역시 그 현상 중 하나다. 사회 복지수준이 다른 저개발국보다도 크게 낮지 않고 일반서민, 노동자, 농민의 당연한 권리 확보도 선진국에 비해 크게 뒤떨어져 있는 것이 우리의 현실이다. 내용이 갖춰지지도 않았는데, OECD 가입이라는 외양 갖추기에만 주력하고 있는 것은 아닌가 묻고 싶다. 중소기업청이 중소기업에 도움을 줄 것이라는 것은 분명하다.

중기청 졸속 인상

그렇지만 중소기업 문제의 근본 원인을 해소할 수 있는 실질적 대책을 충분히 준비하지 않은 채 겉모습만을 서둘러 갖추는 듯한 인상을 지울 수 없다. 지금까지 금융지원 등 중소기업을 살리기 위한 제반 정책이 현 정부에 의해 시행되었지만, 중소기업은 여전히 어려운 처지에 놓여있고 그 일부는 도산의 위험에 처해 있다. 이러한 현상은 그동안 중소기업 정책이 실효성이 있는 것이 되지 못했다는 것을 말해주는 것은 아닐까. 중소기업청 신설이 총선을 의식한 외양 중시적 조치였다는 비판이 나오는 것도 이 때문이 아닌가 한다.

우리 경제에서 더욱 문제가 되는 것은 제조업 조로화, 서비스업 이상비대화 등을 내용으로 하는 산업공동화 현상이다. 그러면 이 현상은 어떠한가. 한국은행 자료에 따르면 국내총산출에서의 제조업 비중은 1993년에는 1980년에 비해 감소하였고, 그에 반해 서비스업의 비중은 그보다 큰 폭으로 증가했다. 특히 93년 이후로 서비스업의 일부인 도소매 및 음식숙박업에 종사하는 인구가 제조업 종사인구를 넘어섰다는 것은 매우 큰 문제가 아닐 수 없다. 혹 서비스업 비중이 상승한 것을 선진국형 산업구조로 바뀌고 있어 바람직하다고 평가하는 학자도 있을지 모른다. 그렇지만 일본, 독일, 프랑스 등 선진국에서조차 아직 우리와 같은 서비스업 비대화 현상은 나타나고 있지 않을 뿐만 아니라 이들 국가의 서비스업 비중 증가는 경쟁력 강한 제조업을 바탕으로 하고 있다는 데 유의해야 할 것이다.

제조업, 경쟁력 원천

또한 서비스업의 내용도 중요하다. 금융, 운수, 창고, 통신업 등 제조업의 발전을 위해 반드시 필요하고, 첨단산업 발전의 기초가 되는 분야의 육성은 매우 중요할 것이다. 그런데 우리 경제에서는 음식, 숙박 등 사치 풍조와 관련 있는 분야로 인력이 모여들고 있는 것이다. 과연 이런 내용을 가지면서도 높은 경제성장률이라는 외양만 갖추고 있는 우리 경제가 바람직한 것인지 묻지 않을 수 없다. 우리 경제는 무엇보다 제조업을 중심으로 한 견실한 산업기반을 구축하는 것이 중요하다. 지속적으로 외쳐지고 있는 '국제경쟁력의 강화'도 제조업에서의 생산력 증대에 바탕을 두어야만 가능한 것이다. 이렇게 보면 산업 공동화 현상도 역시 내용과 외양이 괴리되어 나타난 결과라고 할 수 있다.

새해는 우리 사회 전반이 명실상부의 풍조가 가득한 사회로 거듭 태어나기를 바란다. 그리하여 21세기의 첫 해인 2000년에 대학 문을 나설 금년 대학 신입생들에게 부끄럽지 않고, 그들이 보람 있게 일할 수 있는 터전의 기초가 마련되어야 할 것이다.

이것이 새해를 맞는 나의 소박한 소망이다.

《문화일보》(1996. 1. 10)

‘핫머니’로는 적자 못 메운다

작년에 경제성장률은 3퍼센트, 소비자물가상승률은 4.5퍼센트였다. 즉 고성장, 물가안정이 실현되었다. 또한 한은 외환보유액은 70억 4천만 달러나 증가했고 대미환율은 14.6원 하락했다. 그러나 이들 현상은 액면 그대로 좋게만 받아들일 수 없다는 것이다.

그것은 무역수지(통관기준)가 1백억 6천만 달러의 적자를 나타냈으며, 그 결과 경상수지의 적자도 85억 달러나 되었고, 순외채는 77억 달러나 증가했기 때문이다.

그런데 여기서 경상수지가 큰 폭의 적자인데 왜 외환보유액은 증가하고 대미환율은 하락했는가. 이것은 기본적으로 외환·자본자유화에 따른 기업의 해외자금 차입, 외국의 주식투자자금 유입 등 외화유입의 급증에 따른 것으로 볼 수 있다. 따라서 작년은 고성장·물가안정, 외환보유액 증가, 대미환율 하락이 큰 폭의 무역수지적자, 경상수지적자, 외채급증과 얼마든지 양립될 수 있음을 보여준 해였다고 할 수 있다.

경상수지 적자 위험수위

다시 말하면 외환·자본자유화에서 경상수지적자와 그것의 보전방식이 어떤 결과를 초래하는지를 알 수 있게 해주었다.

그렇다면 앞으로는 이 경험을 살려 경상수지적자와 외화유입을 슬기롭게 관리해갈 필요가 있을 것이다. 금년 들어 1월에 경상수지 적자가 15억 2천만 달러나 되고, 2월까지 이미 무역수지적자가 35억 7천만 달러에 이른다고 하며 또 여전히 대량의 외화유입이 예상되니 더욱 그러하다고 할 수 있다.

그런 의미에서 우선 경상수지적자의 축소 내지 해소를 위한 적극적인 노력이 강조된다. 경상수지적자의 축소 내지 해소를 위해서는 무역수지적자 축소 내지 해소가 무엇보다도 필요할 것이다.

그런데 이와 관련해서는 이미 무역수지·경상수지의 흑자국으로 잘 알려져 있는 일본, 대만은 예외로 하더라도 중국조차 작년에는 167억 달러의 흑자를 냈다는 사실은 하나의 좋은 자극제가 될 것이다.

그리고 대선진국 무역수지적자가 계속 확대되고 있으며 작년에는 290억 7천만 달러나 된다는 사실, 그 중에서 가장 비중이 큰 대일 무역수지적자는 54.0퍼센트인 155억 6천만 달러를 차지한다는 사실, 부품·소재와 자본재의 대일 의존이 여전히 매우 크다는 사실, 사치성 소비재 수입이 급증하고 있다는 사실 등은 좋은 시사거리가 될 것이다.

앞으로는 선진국에 대한 수출을 증대시키기고 선진국, 특히 일본으로부터의 수입을 감소시키는 데 주력해야 한다.

제품 소재 고급화 시급

따라서 기술개발·기술도입을 통한 기술향상을 도모해 제품의 고급화를 이룩해야 하며 부품·소재의 국산화를 통해 수입대체를 이루어 가야 할 것이다. 이때 중소기업을 적극 참여 내지 활용해야 함은 말할 나위도 없다.

그리고 캠페인 등을 통해 사치성 소비재의 수입은 가능한 한 억제하도록 해야 할 것이다. 또 대미환율은 수출을 자극하는 면과 수입을 억제하고 물가를 안정시키는 면을 동시에 갖고 있으므로, 이를 신축적으로 적절히 조절해 가는 것도 필요할 것이다.

다음으로 이런 경상수지적자의 축소 내지 해소를 위한 노력과 함께 외환유입의 감시·관리, 외환·자본자유화의 부정적 효과 방지 등을 위한 적극적인 노력이 강조된다.

잘 알려져 있듯이 외국이 주식투자자금 등은 국내 물가의 교란, 국내 증권시장의 교란 등을 야기시킬 수 있으며 외화유입에 따른 이자부담으로 외채를 가중시킬 수도 있다. 이와 관련해서는 94년 12월의 멕시코의 경제위기에서 교훈을 얻을 수 있다.

이제는 무역수지·경상수지적자의 확대는 일시적인 현상이라든지, GNP에 비해서 별로 문제가 되지 않는 규모라든지 하는 식의 안이한 사고나 자세는 하루속히 버려야 한다. 또 외환·자본자유화에는 핫머니성 외화유입의 폐해 등 부정적인 효과가 있음을 간과해서는 안 된다.

외환자유화 대비해야

앞에서 본 바와 같이 작년 한 해의 결과는 앞으로는 경상수지적자

확대를 외화유입의 확대로 메워가면서 경제를 운영하는 방식이 하루속히 지양되어야 한다는 것을 우리에게 알려주었다.

그리고 어디까지나 무역수지적자·경상수지적자의 축소, 외채 축소에 주력해야 한다는 것을 우리에게 알려주기도 했다. 2~3년 전에 '무역에서는 계속 적자를 내면서 그것을 외화유입으로 메워 고성장, 물가안정을 실현시켜도 되는 것인가'라고 한 비경제 전문가이면서 경제부처 장관을 지낸 모 인사의 말은 나의 뇌리에 여전히 남아 있다. 그의 질문은 무역수지적자는 지양되어야 하며 가능한 한 흑자를 내도록 해야 할 터인데 그렇지 않은 것 같아 걱정한 데서 나온 것임은 말할 것도 없다.

모름지기 고성장, 물가안정, 무역수지적자·경상수지적자의 확대, 외채급증, 외화유입 확대, 외환보유액 증가, 대미환율 하락 등을 세트로 묶어 평가·판단하고 대처해 가야 할 것이다.

《문화일보》(1996. 3. 14)

총선 이후 경제 바로잡기

15대 국회의원 총선거가 여소야대로 막을 내렸다. 이제 선거도 끝났으니 각종 선심성 공약에 따른 선거 후유증을 해소하고, 선거 중에 부각된 문제점을 치유하며 그 밖의 현안도 해결해가야 할 것이다.

이번 선거에서도 예외 없이 정치논리가 경제논리를 압도하였고, 각종 선심성 공약 및 무리한 정책 수단이 동원되었다. 정부는 경기의 연착륙을 유도한다는 명분 아래 올해의 공공투자를 앞당겨 상반기에 집중시켰고, 인위적으로 시중금리 인하를 유도했으며, 근로소득세 등 각종 세금을 감면하는 조치를 취하기도 하였다.

이들 조치가 총선을 의식하였다는 것은 말할 나위도 없다. 물론 이러한 조치들이 외견상의 경기호조를 가져오는 요인으로 작용하기는 했지만, 곧 나타날 후유증에 대해서는 우려하지 않을 수 없다. 상반기 공공투자 편중은 하반기 경제에 악영향을 줄 수 있고, 시장의 자율적 기능에 맡기지 않은 금리인하 조치는 금융시장에 무리를 가져올 수 있고, 감세 조치는 세수 결함을 초래할 가능성이 크기 때문이다.

이 밖에도 그린벨트 해제 등 무분별한 선심성 개발공약은 경제의 분위기를 생산적이기보다는 투기적인 것으로 만들 공산이 크다. 따라서 선거 시에 남발된 각종 정책수단과 선심성 공약을 재검토하여 그 중 합당한 것과 무리한 것, 가능한 것과 불가능한 것을 가려냄으로써 선거의 후유증을 해소시켜가야 할 것이다.

다음에 선거 과정에서 부각된 경제 문제들을 해결해 가는 데 역점을 두어야 할 것이다. 유세 과정에서 후보자들이 중소기업·중소상인의 어려움, 물가상승의 문제를 거론할 때마다 유권자들은 뜨거운 박수로 화답했고, 중소기업 사장들의 자살 얘기가 나올 때에는 함께 안타까워했다. 국민은 중소기업의 회생과 물가안정 등 민생경제의 안정을 희구했다고 할 수 있다.

30대 재벌의 계열사 수는 4월 기준으로 93년 604개, 94년 615개, 95년 623개, 96년 669개로 해마다 증가하는 추세다. 또한 재벌계 대기업들은 풍부한 자금을 보유하고 있으며 저금리의 혜택을 누리고 있다. 반면 중소기업들은 도산 위협과 저금리의 자금을 구경만 할 수밖에 없는 상황이다. 중소기업의 소외현상이 심화되고 있는 것이다.

중기회생 물가안정 시급

중소기업이 성격상 전문적 기술의 개발, 급변하는 경영환경에 유연성 있는 대처 등 국민경제에서 역할이 중요하다는 점을 고려할 때, 우리의 중소기업 현실은 커다란 우려를 낳고 있다.

중소기업의 희생과 더불어 특히 국민이 바라는 것은 물가안정이다. 그러나 자본자유화의 확대와 지급준비율의 인하로 통화량 증가가 예상되는 데다 선거 때 풀린 시장 유동성자금의 증가, 각종 가격에 대한 행정지도 이완으로 인해 물가상승이 우려되고 있다.

물가상승은 2월까지 이미 각각 22억 2천만 달러, 32억 9천만 달러에 이르고 있는 무역수지와 경상수지적자를 더욱 심화시킬 수 있고, 하향 추세에 있는 금리를 다시 상승시킬 수 있다는 점에 크게 주의해야 할 것이다.

민생경제의 안정을 위해서도, 우리 경제의 고비용구조 체질을 변화시키기 위해서도, 경상수지를 개선시키기 위해서도 이 문제에 적극적으로 대처해야 할 것이다. 우리 경제는 앞서 말한 경제력 집중으로 나타나고 있는 대기업과 중소기업의 양극화 문제, 물가상승의 문제와 함께 OECD 가입에 따른 중요한 현안을 안고 있다.

우선 노동관계법 및 규정의 개정을 들 수 있다. 현행 노동관계법 및 규정은 OECD가 요구하는 가입자격 요건에 비추어 문제가 있을 뿐만 아니라 노동조건도 선진국 수준과 크게 차이나기 때문이다. 복수노조 설립 금지, 제3자 개입 금지조항 등 건전한 노동운동의 발전을 가로막고 있는 조항들을 전폐해야 할 뿐만 아니라 노동자들의 참여의욕을 높이는 방향으로 노동관계법 및 제반 규정이 개정되어야 할 것이다.

자본시장 개방 대비해야

다음에 자본금융시장의 개방 확대를 들 수 있다. 현재 한국의 금융산업은 금융개방에 대한 준비가 미흡한 상태이고, 핫머니에 의해 교란될 소지가 높다. 따라서 금융산업의 개편을 적극 추진해야 할 것이고, 막대한 경상수지적자를 외화유입으로 메우는 방식의 경제운영은 지양해야 할 것이다. 그리고 증권시장도 개방과 관련하여 자율적인 자생능력을 높여야 할 것이다.

증시의 건전한 발전은 산업자금의 동원이라는 측면에서 매우 중요하다. 그러나 우리 증시는 여전히 관 주도적 성격을 떨치지 못하고 있으며, 지난해와 올해에 걸친 외국인 주식투자 한도 확대 조치 등에서 볼 수 있듯이 외국인 투자가들의 주머니만 채워주는 결과를 보이고 있다.

이상의 문제에 대해 적극적으로 해결책을 모색하는 것이 선거를 끝낸 우리의 과제가 아닌가 싶다. 그리고 앞으로는 정치논리가 경제논리를 지배해서는 안 되겠다는 것이 이번 선거에서 얻은 귀중한 교훈의 하나가 아닐까 한다.

《문화일보》(1996. 4. 19)

경제 구조조정과 IMF 프로그램

한국정부는 현재(1998년) IMF 관리 아래서 경제 각 분야의 구조조정을 적극적으로 추진하고 있다. 우리나라가 직면한 경제위기가 일시적인 외환의 부족에서 비롯된 것이 아니라, 경제구조적인 문제에서 비롯되었음은 주지의 사실이다. 그러한 구조적 문제를 낳은 가장 큰 원인은 1960년대 이후 관 주도의 성장 위주 경제정책이다. 정경유착, 투명하지 못한 경영관행, 재벌형 기업지배구조 등의 문제는 관 주도 경제성장에서 말미암은 바가 크다. 그리고 금융산업은 자율성을 잃고 정책자금의 공급수단으로 전락하였다. 노사관계에 있어서도 자율적인 조정기능은 극도로 억제되어 왔다. 그럼에도 한국경제는 고도성장을 이루었다는 이유로 국내외 경제전문가들에게 모범적인 경제성장 사례로 높이 평가되곤 하였다. 한국경제의 위기가 궁극적으로는 한국경제의 구조적 문제에서 비롯되었으며, 그 문제를 해결하기 위한 지금의 정책적 노력은 기본적으로 IMF 프로그램이라는 큰 틀 안에서 이루어지고 있다는 인식 아래, 여기서는 경제구조조정의 내용과 IMF 관리의 시사점에 대하여 말하고자 한다.

현재 이루어지는 한국의 경제 구조조정의 가장 핵심은 금융산업과 기업의 구조조정이다.

한국경제의 발목을 잡고 있는 금융산업의 개혁은 너무 늦은 감이 있다. 금융산업이 독립성을 상실하고 정부의 지시에 따라 자금을 공급하는 수단으로 전락한 것이 결국은 한국경제의 발전을 가로막는 역할을 하게 되었다. 인사, 예산, 이자율 결정, 통화공급, 대출 등 모든 면에서 정부의 간섭을 받게 된 금융기관은 경영이 부실화되기에 이르렀다. 누적되어 온 부실채권을 정리하지 않고는 정상적인 영업을 할 수 없게 되었음에도 불구하고 금융기관들은 저마다 영업을 확장하는데 급급하였다.

정부는 IMF 관리 아래서 과감한 금융개혁을 추진해 왔다. 부실 금융기관 처리의 내용으로는 5개 은행의 퇴출, 15개 종합금융회사의 인가 취소, 4개 보험회사의 정리, 2개 증권회사의 허가 취소를 들 수 있으며, 이외에도 조건부 영업을 허락받은 금융기관도 여럿 있다. BIS(자기자본비율)을 8퍼센트까지 올리기 위한 수단으로 외자도입, 감자, 자산매각, 영업축소, 합병 등이 취해지고 있으며, 정부는 부실채권 정리를 중심으로 금융산업 구조개선을 위하여 64조 원의 공적자금을 투하하기로 하였다.

막대한 국민의 세금으로 금융기관의 부실채권을 정리하여 정상화의 기반을 만드는 것은 불가피한 일이라고 하겠다. 금융기관이 부실화되면 국민경제에 미치는 영향이 너무도 크기 때문에 다른 나라들도 공적 자금을 사용하면서까지 금융기관의 부실을 방지하고자 하였다.

문제는 이렇게 많은 공적자금이 투입되었는데도 금융기관의 정상화까지는 아직도 많은 문제가 남아 있다는 데 있다. 관 주도의 금융에서 벗어나 자율적으로 운영할 수 있는 여건들이 조성되었는가, 거래기업들의 경영이 개선되고 있는가, 치열한 국제경쟁에서 살아남을 만한 새로운 금융기법과 경영방식을 갖고 있는가, 국민들의 금융기관에 대한 신뢰의 상실이 어느 정도 계속될 것인가 등 많은 문제가 남아 있다.

기업의 구조조정도 정부가 강력히 추진하고 있다. 정부에서는 금융기관을 통하여 자율적으로 기업의 구조조정을 해나간다고 하고 있으나 실제로는 관 주도 아래 기업의 구조조정이 이루어지고 있다고 할 수 있을 것이다.

빅딜이나 워크아웃과 같은 기업의 구조조정 이외에도 오랫동안 관행으로 이어져 온 잘못된 기업지배구조의 개선도 진행되고 있다. 한국 기업들, 특히 대기업들의 경영방식은 다른 나라에서 찾아보기 힘들다. 구미선진국들의 기업지배구조와는 큰 차이가 있으며, 일본의 기업들과도 차이가 있다. 지나친 부채 위주의 경영은 그동안 계속해서 호황을 누린 한국과 같은 나라에서는 바람직한 경영방식이었을지 모른다. 그러나 부채 위주의 경영을 한 기업이 불황기에는 어려움을 겪는다는 것은 분명한 사실이다. 그럼에도 불구하고 한국 기업들이 부채위주의 경영전략을 계속 취해왔다는 것은 어려운 때에 대한 대비를 소홀히 하였음을 의미한다. 지금 기업 구조조정의 가장 큰 과제는 기업경영의 투명성과 책임성을 제고하는 것이다. 상호지급보증의 금지, 부당내부거래의 금지, 신빙성 있는 회계자료의 공개, 결합재무제표의 작성, 주주 대표소송의 허용, 감사 제도의 중립성 제고, 최고경영책임자의 재정적 책임강화 등은 모두 이러한 목적을 달성하기 위한 것이라고 할 수 있다.

기업 구조조정의 또 하나의 목표는 대기업의 업종 전문화와 경영의 건실화라고 하겠다. 정부는 과다한 부채비율을 줄이고 경쟁력 있는 기업들을 정리하여 몇 개의 경쟁력 있는 기업으로 만들어가는 기업 구조조정을 유도하고 있다. 이 과정에서 정부는 큰 기본방침을 정하고 기업들이 자율적으로 전문화 계획과 자본비율 증대를 위한 조치를 취하도록 하는 것이 바람직할 것이다.

IMF는 한국의 외환위기 극복을 돕기 위하여 155억 SDR(약 201억 달러)의 융자를 약속했다. IMF 구제금융은 단기 자본 상환의 중압에서 벗어나 좀더 시간적 여유를 갖고 경제문제들을 풀어나갈 수 있는 기회를 제공해 주었다. IMF가 외환위기에 직면한 국가들의 단기적인 경제위기를 극복하는데 도움을 주고 있음은 누구나 인정한다. 그러나 IMF가 지원과 함께 요구하고 있는 정책들에 대해서는 논란의 여지가 있음을 부인할 수 없다. 그럼에도 불구하고 IMF 관리 아래서 바람직한 방향으로 해결된다면, 이는 장기적으로는 한국경제를 위하여 바람직한 일이라고 하지 않을 수 없다.

IMF 관리 아래서 일단 외환위기를 넘었으며, 지금은 구조조정과 경기 활성화 정책의 동시 추진이 주장되고 있다. IMF도 이제는 경기부양책을 추진하여 경기를 활성화하는 것이 필요하다는 견해를 표시했다. 경기활성화를 위하여 재정지출을 확대하라는 IMF의 권고는 극히 드물게 보는 정책 건의라고 하겠다. IMF 관리 아래서 우리는 한국경제와 이에 영향을 미치고 있는 국제경제 환경에 대하여 새롭게 생각하고, 특히 한국경제의 운영방식에 대하여 재검토해야 함을 절감하게 되었다. 그러면 IMF 관리가 우리에게 주는 시사점은 무엇인가? 몇 가지를 들면 다음과 같다.

첫째, 한국경제가 직면한 현실을 직시해야 한다. 한국경제가 계속 성장해 갈 것이라는 생각, 한국경제가 위기상황을 맞기에는 너무도 커졌다는 생각, 경제관리를 효율적으로 할 수 있는 유능한 고급 두뇌를 갖고 있다는 생각, 잘못된 제도를 안고 있으면서도 이를 한국적 제도로 받아들이는 생각 등은 이제 헛된 것이라는 사실이 자명해졌다. 우리는 과거의 허상과 만용에서 벗어나서 실상을 직시해야 한다.

둘째, 국제화·세계화는 그동안 구호에만 그쳤고, 그것을 달성하기 위한 구체적인 노력이 부족했다. 국제화는 제도의 선진화를 의미하는 것이다. 따라서 국제화를 위해서는 국제적 기준에 부합하는 제도의 정비, 시장경제의 창달, 정부규제의 완화, 선진 경영기법의 도입, 국제기관과의 협력체제 확대 등 많은 노력이 수반되어야 한다.

셋째, 경제의 각 분야에서 제도개혁이 행해져야 한다. 기업의 불투명한 경영방식, 금융 산업의 낙후성, 대립적 노사관계, 정부의 과도한 규제, 정경유착에서 오는 부정부패 등은 제도 개혁 없이는 해결될 수 없다.

넷째, 거시경제정책을 집행하는데 있어서 국가 간의 협조가 필요하다는 것이다. IMF 관리 아래서는 거시경제정책의 큰 방향을 IMF와 상의해야 하지만 이웃 국가들의 거시경제정책과도 조화를 이루는 정책을 수행해야 할 것이다. 이번 아시아 경제위기는 아시아 국가 간의 경제가 얼마나 밀접하게 상호 관련되어 있는가를 깨닫게 해 준 계기가 되었다.

다섯째, 최근 기업과 금융산업의 구조조정 과정에서 국민들이 막대한 규모의 부담을 지게 되었다. 지금까지 경제성장을 추진하는 과정에서 정부는 대기업들에게 각종 혜택을 제공한 것이 사실이다. 지금도 경제위기를 맞이하여 기업과 금융기관이 국민의 세금으로 구조조정을 하고 있다. 64조 원에 달하는 금융산업 구조조정자금은 국민들이 낸 세금으로 부담하고 있다. 기업들의 부채탕감, 부채의 자본전환 등도 결국에는 국민의 부담으로 돌아가게 된다.

여섯째, 한국경제가 선진화되기 위해서는 관 주도의 경제를 탈피해야 한다는 것이다. IMF 관리 아래서의 구조조정도 정부 주도로 행해지고 있는 감이 있기 때문에 일부에서는 관 주도의 경제가 강화되는 것은 아닌가 하는 의구심을 갖고 있다. 정부는 민간이 자율적으로 구조조정을 하도록 뒷받침하는 역할을 해야 한다. 이를 위하여 정부 각 부처는 폐쇄성을 지양하고 공개된 업무집행 풍토를 조성하는 한편, 외부 전문인사의 참여를 유도하여 경쟁원칙이 적용되도록 탈바꿈해야 할 것이다.

한국경제가 오랫동안 시장경제를 외치면서도 관 주도의 경제로 굳어진 이유는 한국이 민주적인 정치제도를 갖추지 못하고 권력자들에 의하여 비민주적인 방식으로 운영되어 왔기 때문이다. 중앙집권적인 군사독재정권하에서 진정한 시장경제가 정착될 수 없다는 사실을 우리는 쓰라린 경험을 통하여 알고 있다. 정경 유착에 의한 이익집단의 형성은 경제활동의 룰이 공정하게 적용될 수 없게 하였다. 이제 여야 간의 평화적 정권교체가 이루어지고 민주적 정치제도가 점차 정비되어 가면서, 시장경제의 활성화가 실현될 수 있는 사회적·정치적 환경이 조성되고 있다.

IMF 정책 권고사항이 부분적으로는 한국경제의 현실에 맞지 않는 점이 있으며, 또 IMF 내 전문가들이 한국경제에 대한 이해가 불충분한 점도 있었으나 우리는 IMF 프로그램이 한국경제의 위기를 극복하는 데 도움을 주었다는 사실과 우리가 못한 제도개혁에 박차를 가할 수 있게 된 데 대해서는 긍정적 평가를 하지 않을 수 없다.

지금 우리는 경제의 각 분야에서 행해지고 있는 구조조정이 기대한 대로 실현될 수 있도록 힘을 모아야 할 것이다.

《경제를 되새기며》(1998. 11)

제3편
삶 속의 단상들

제1장 새 '데레르' 형 사람

아쉬운 새 '데레르' 형

나는 요새 이따금 1차 대전 후에 파리에서 일본의 어떤 의학자가 겪은 일을 생각한다. 그는 1차 대전이 끝난 2년째인 1920년에 파리의 '파스퇴르연구소'에서 세균학을 연구하게 되었다. 그는 혼자서 매일 연구실에 나갔다. 누구 하나 그에게 관심을 갖는 사람은 없었다. 그러던 중 어느 날 이제까지 보지 못하던 낯선 프랑스인이 그의 연구실로 들어왔다. 그리고 1시간쯤 일을 하고 아무 말 없이 돌아갔다. 새로운 연구자가 왔다고 일본인은 생각하여 다음 날 그가 오는 것을 기다렸다. 그러나 그는 모습을 다시 나타내지 않았다. 그는 1주일 후에야 비로소 나타났다. 역시 1시간쯤 일을 하고 돌아갔다. 그는 1주일에 1회씩 쭉 나타났다. 그리고 매일 똑같은 일을 하고서는 돌아갔다. 그러기를 열네 번째 되던 날 일본인은 견디다 못해 "언제부터 당신은 이 일을 하고 있는가"라고 물었다. 그는 일을 하면서 "2년 전부터"라고 대답했다. 이어 일본인은 "무슨 연구인가"라고 물었다. 그는 간단히 "신이 알고 있다"고 대답했다. "신이 안다"는 것은 "나는 알지 못한다"는 것이다. 일본인은 또 이어 "연구의 주제는 어느 교수로부터 받았는가"고 물었다. 그는 "아니 그저 내가 생각해 낸 것이다"고 대답했다. 일본인은 어리둥절했다. 그리고 그가 2년 동안 똑같은, 결과가 무엇인지도 모르는(물론 겸손에서 나온 말이기는 하지만) 일을 되풀이 하면서 연구를 계속하고 있는 데에 놀람을 금할 수 없었다.

그 후 일본인은 2개월쯤 시간을 내어서 독일을 여행했다. 여행을 끝내고 파리로 돌아왔을 때 일본인은 깜짝 놀랐다. 왜냐하면 신문에 그 이상한 데레르의 대발견이 크게 보도되었기 때문이다. 그 보도내용은 "데레르 군은 2년 동안의 고심한 결과 드디어 대발견을 했다. 인체의 적, 세균을 사멸·용해시키는 극미한 초현미경으로나 식별되는 미생물이 존재함을 데레르 군은 발견했다……"이었다. 일본인은 곧 '파스퇴르연구소'로 달려가서 축하 인사를 했고 그날 저녁 그를 식사에 초대했다. 그때 그는 일본인이 연구실을 비워둔 사이에 일어난 우연한 일로 해서 발견이 가능하게 되었다는 사실을 밝혔다.

이것이 일본인이 겪은 일이다. 그러면 왜 내가 요새 이따금 이 일을 생각하게 되었는가.

첫째로 데레르의 '둔함'이 몹시 아쉽기 때문이다. 요새같이 약삭빠른 사람들이 많이 사는 시대에 있어서는 데레르는 세상에 둘도 없는 둔한 사람임에 틀림없다. 그러나 길게 볼 때 매사에 약삭빠른 사람이 성공하는 예를 보았는가. 도리어 매사에 약삭빠른 사람이 자기 꾀에 자기가 넘어가는 예를 많이 본다. 큰일을 위해서 작은 일에 둔한 것이 바람직한 일이 아닐까. 말하자면 "손톱 곪는 줄은 알면서 몸통 곪는 줄은 모르는 사람"이 아니라 "손톱 곪는 줄은 몰라도 몸통 곪는 줄은 아는 사람"이 바람직한 사람이 아닐까.

둘째로 데레르의 '끈기'가 몹시 아쉽기 때문이다. 요새같이 변덕스럽기 짝이 없는, 그리고 부단히 신기한 것만을 추구하려는 시대에 있어서는 데레르는 세상에 둘도 없는 못난 사람임에 틀림없다. 데레르와 같이 결과가 무엇인지도 모르는 연구를 2년 동안이나 그것도 천편일률적인 일을 되풀이 하면서 계속하는 따위의 사람이 만약 요새 살고 있다면 아마 '지금이 어떤 때인데 그 따위 짓을 하느냐' '정말 그 사람은 세상에 둘도 없는 못난 사람'이라는 말에서 더 나가서 '머리가 돈 사람이 아니냐'는 말을 들을 것이다. 그러나 그와 같은 끈기가 없었던들 데레르는 결코 우연한 일에 부닥치지 않았을 것이다. 즉 행운을 붙잡을 수 없었을 것이다. 끈기가 있었기에 행운이 찾아오기까지 견디어 나갔던 것이다. 발명의 왕이라고 하는 에디슨은 "천재는 99퍼센트의 노력과 1퍼센트의 우연의 결정"이라고 말한 바 있다. 노력은 끈기를 전제로 할 것이므로 이 말에서 우연은 반드시 끈기와 결합되기 마련임을 알 수 있다.

끝으로 데레르의 '겸손'이 몹시 아쉽기 때문이다. 무슨 연구인지는 "신이 알고 있다" 즉 "나는 알지 못한다"고 말하는 데레르는 요새같이 기실 아무 것도 모르면서도 모든 것을 다 아는 것처럼 우쭐대는 (또 어떤 의미에서는 그래야만 통하는) 시대에 있어서는 세상에 둘도 없는 바보임에 틀림없다. 그러나 객관적인 태도를 잃어버리지 않으려면 절대로 겸손하여야 한다. 머리에 자기 생각이 가득 차 있을 때에는 딴 사람의 유익한 충고나 조력을 받아들일 여지가 없을 뿐 아니라 당연히 찬성하여야 할 일에 완강히 반대하는 따위의 어리석음을 범할 가능성이 많은 것이다.

이리하여 나는 이따금 일본인이 겪은 일을 생각하며 또 자연히 주인공인 데레르도 생각하게 된다. 그러나 언제나 나는 이에서 그치지 않고 분명히 데레르는 순박함과 날카로운 판단력을 더 지니고 있었을 거야 (혹은 지니고 있었어야지) 하는 데까지 생각을 비약시킨다. 왜냐하면 순박하지 않고 악의에 찬 사람이 데레르의 세 가지 특성을 지니고 있다면 그 세 가지 특성이 악의에 찬 일을 위해서 오용될 것이며 또 날카로운 판단력을 못 가짐으로써 무엇이 옳은지 그른지를 제대로 판단 못하는 사람이 데레르의 세 가지 특성을 지니고 있다면 그 세 가지 특성이 그른 일을 위해서 악용될 가능성이 많기 때문이다.

따라서 나에게 진정으로 아쉬운 사람은 단순한 데레르가 아니고 순박하고 날카로운 판단력을 갖고 있는 데레르인 것이다. 그야말로 세 가지 특성에 '순박함'과 '날카로운 판단력'을 더 지니고 있는, 즉 새 데레르형(型)의 사람인 것이다.

《상대평론》(서울대, 1967. 9)

산학협동

얼마 전에 산학협동 세미나에 참석한 일이 있다. 학계·관계·산업계
에서 각각 산학협동이 어떤 형태로 이루어져야 할 것인가를 중심으로
여러 가지 유익한 의견이 교환되었다. 나는 그 세미나에서 배운 바 많
다. 그러나 세미나 초반에는 무엇인가 석연치 않은 점이 있었다. 그것
은 산학협동이라는 말이 갖는 의미와 내용에 관한 것이었다.

그러나 끝날 무렵에 가서야 나 스스로 '장님 코끼리 만지기'식의 과
오를 범하고 있었음을 알게 되었다. 왜냐하면 나는 흔히 그러하듯이
학계를 대학계(大學界)로 해석하고 있었기 때문이다.

학계(學界)라는 말 대신에 차라리 산학협동의 원어(原語)인 'school-
industry cooperation'이 가리키는 바와 같이 학교계(學校界)라고 했더라
면 애당초부터 그런 과오를 범하지는 않았을 것이다. 학교라고 하면
국민학교에서 대학원까지를 포함하니까 말이다. 그러나 설사 산학협
동이 학교계(學校界)를 뜻하는 학계와 산업계의 협동이라고 한다고 해
도 대학에 있는 사람은 초급대학 이하의 학교에 있는 사람과는 산학
협동이라는 말을 받아들이는 자세에서 차이가 있어야 하지 않을까?
그리고 산업계나 관계에서도 그 차이점을 명확하게 인식할 필요가 있

지 않을까?

장황하게 말할 것도 없이 대학은 연구기관인 동시에 교육기관이다. 이 점이 초급대학 이하의 학교와 다른 점이다. 물론 대학의 이 두 가지 성격 중 어느 쪽에다 더 무게를 주는가는 사람에 따라서 다르겠지만 대학이 연구기관으로서의 성격을 상실하거나 무시당할 때에는 대학의 생명은 죽은 것이나 마찬가지라고 할 수 있다.

그렇다면 대학인(大學人)은 대학이 연구기관이라는 사실을 망각하지 않는 범위 내에서 산업계의 요구를 받아들이고 산업계는 적어도 대학에 대해서는 연구기관이라는 성격을 무시하거나 감쇄(減殺)시키지 않는 범위 내에서 요구를 하는 식의 산학협동이 대학인의 입장에서 본 산학협동의 진정한 모습이라고 할 수 있지 않을까?

그러기에 본인은 산학협동을 자기 분수와 위치를 철저히 인식한 후의 분업에 입각한 학계와 산업계의 협업으로, 다시 말하면 최소한 대학이 산업계로부터의 요구를 뒷받침해 줄 수 있는 기초연구 및 이론적 연구에 전념하면서 교육기관으로서 사명도 다할 때, 그리고 산업계는 대학을 교육기관뿐 아니라 연구기관으로 볼 때의 학계와 산업계의 협업으로 해석하고자 한다.

《경영연구》(1968년 가을)

대학생활의 세 가지 의미

대학생활이 어떤 것인가에 대해서는 여러 가지 의견이 있을 수 있다. 그러나 나는 그것에 다음의 세 가지 의미를 부여하고자 한다.

우선 대학생활은 자기 판단·자기 책임 아래 행동할 줄 아는 사람이 되기 위한 수련의 생활이라는 점에서 고등학교 이하의 생활과 다르다. 고등학교 이하의 생활에서는 담임선생이 있어서 하나하나 학교생활을 지도해 준다. 말하자면 학생들이 의지할 곳이 분명히 존재한다. 그러나 대학생활에는 그린 것이 없고 암중모색의 생활이 있을 따름이다. 그러기에 캄캄한 황해(荒海)를 항해할 때 나침반이 필요한 것과 마찬가지로 대학생활에서는 독자적인 판단력이 필요하게 된다. 물론 그와 같은 판단력에 의거해서 어떤 결정을 내리기에 앞서서 교수·부모·선배·동료들의 조언을 필요로 함은 말할 나위도 없다. 그러나 어디까지나 독자적인 판단력에 의거해서 행동할 줄 아는 사람이 진정한 의미에서 대학생활을 영위할 줄 아는 사람인 것이다. 잘 판단해서 행동하면 좋은 성과를 거둘 것이고 잘못 판단해서 행동하면 좋지 못한 성과를 거두게 될 것은 명약관화한 사실이다. 그리고 독자적인 판단력에 의거해서 행동을 하는 사람은 또한 행동 결과에 대해서 책임을 질 줄 아는 사람이라는 것도 사실이다. 따라서 대학생활은 자기 판단력의 함양을 위해서 최선의 노력을 다하는 생활이어야 한다. 판단력의 함양의 길에는 여러 가지가 있을 수 있다. 그러나 자기 전공과목을 열심히 공부하는 것, 사상전집·철학서 등을 열심히 읽는 것이 그 중의 가장 주요한 것인 줄 안다. 대학생들이 대학생활을 마치고 나가는 곳이 일반 사회인데 그곳에서의 생활은 정녕 암중모색의 생활이다. 이렇게 보면 대학생활은 일반 사회생활의 예행연습이라고 볼 수 있다. 현재 우리나라에서 절실히 요청하고 있는 지도자적 위치에 설 사람은 바로 독자적인 판단력에 의거해서 행동할 줄 아는 사람들, 어떤 행동결과에 대해서 책임을 질 줄 아는 사람들인 것이다. 또 그런 사람들이 지도적 위치에 서야 우리나라가 잘 될 줄 믿는다. 그렇다면 장차 우리나라의 지도자적 위치에 선 사람이 되기를 바라고 있는 오늘의 대학생들은 대학생활에서부터 그런 사람이 되기 위해서 노력하여야 할 줄 안다.

다음으로 대학생활은 잠재력의 함양에 주력하는 생활이어야 한다. 대학생은 대학을 나온 뒤에 어떤 일을 하게 될는지 모른다. 그렇다면 대학생에게 필요한 것은 어디서나 곧 적응할 수 있는 능력 즉 잠재력이라고 하겠다. 그런데 이 잠재력의 함양은 기본적인 것의 터득에 있지 않을까 생각한다. 왜냐하면 기본적인 것은 토대를 이루는 것이기에 일반성·공통성을 갖고 있기 때문이다. 여기서 기본적인 것이란 교양과목·전공과목의 원리적인 것, 분석무기(分析武器)를 갖추게 하는 과목의 지식을 말한다. 흔히 대학생활에서는 시사적인 것 혹은 응용 분야에서의 지식을 더 알고 있는 것을 대단한 것 같이 여기기가 쉽다. 그러나 그런 것들은 기본적인 것만 잘 터득하고 있으면 마음먹기에 따라서 얼마든지 알 수 있는 것이다. 물론 기본적인 것의 터득은 대학을 나온 뒤에도 가능할 수 있으며 또 그래야 한다. 그러나 그때에는 능률이 매우 떨어지는 것이다. 분명히 기본적인 것을 터득하기에 알맞은 적령기가 있는 것 같이 생각된다. 그 적령기는 기억력이 좋을 때, 머리를 암만 써도 아프지 않을 때, 체면 안 차리고 배우거나 물어 볼 수 있을 때에 해당되겠는데 바로 그것이 배우는 것을 특권으로 삼고 있고 또 그런 층(層)으로 일반 사회로부터 인식을 받고 있는 대학시절일 것이다. 따라서 오늘의 대학생들은 대학시절에 기본적인 것의 터득, 즉 잠재력의 함양을 위해서 소〔牛〕처럼 노력하여야 할 줄 안다.

끝으로, 한국의 대학생들의 대학생활은 선진국의 그것과 다르다는 것을 똑바로 인식하고서 영위하는 생활이어야 한다. 한국의 대학생들은 선진국의 대학생들과 다른 사회 여건, 학원 환경에서 생활을 영위하게 되어 있다. 말하자면 선진국의 그것보다 훨씬 어려운 역경 속에서 대학생활을 영위하고 있다. 따라서 한국의 대학생들은 선진국의 대학생들의 생활의 재현을 바라서는 안 될 것이다. 도리어 이와 같은 역경 속에서도 선진국의 그들과 경쟁하여야 하기 때문에 그들이 배우는 지식을 열심히 배워야 하며 또 후진국 일반이 갖는 고뇌와 우리나라만의 특유한 고뇌를 알기 위해서 노력하여야 할 것이다. 즉 한국의 대학생들은 선진국의 대학생보다 숙명적으로 더 슬기로운 학창생활을 해야만 한다. 혹시 우리나라 실정에 안 맞으니까 선진국의 대학생들이 배우는 지식을 배울 필요가 없다고 주장하는 사람들이 있을지 모르겠다. 그러나 그러한 태도는 옳지 않다. 여러분이 할 일은 그 지식을 열심히 배워서 잘 소화하고 옳게 해석하여 활용하도록 하는 것일 것이다. 따라서 여러분은 선진국 대학생들의 생활을 재현하려고 하지 말고 또 우리나라 실정에 안 맞는다고 해서 선진국의 대학생들이 배우는 지식을 배울 필요가 없다고 무턱대고 배척하려고 하지 말고 어려운 역경 속에서도 선진국의 대학생들이 배우는 것을 열심히 배워서 잘 소화하고 옳게 해석하여 활용하도록 하는 한편, 후진국 일반이 갖는 고뇌와 우리나라만의 특유한 고뇌를 알기 위해서 악착같이 노력하여야 할 줄 안다.

《상대평론》(서울대, 1972. 9)

의식수준의 향상

우리는 주위에서 '구성의 오류'를 범하는 것에 대해서 별로 민감하지 않은 지식인을 흔히 본다. 여기서 구성의 오류란 '한 부분에 옳거나 이로운 것이 단지 그 이유만으로 전체에도 옳거나 이롭다고 생각하는 오류'를 말하는 것이다. 바꾸어 말하면 이것은 한 개인에 옳거나 이로운 것이 사회 전체에도 옳거나 이롭다고 생각하거나, 거꾸로 사회 전체에 옳거나 이로운 것이 한 개인에게도 옳거나 이롭다고 생각하는 오류를 말한다. 구성의 오류를 밝히는 의미에서 두 가지만 예를 들어 보자.

첫째, 많은 사람이 시가행진을 구경하려고 모였을 때 한 사람만이 발뒤꿈치를 든다면 그 사람은 구경을 잘할 수가 있다. 그러나 모든 사람이 발뒤꿈치를 일제히 드는 경우에는 그 효과가 전혀 없어진다.

둘째, 어떤 한 실업자는 일자리를 찾는 데 남보다 더 노력함으로써 혹은 임금을 덜 받고 일함으로써 그 자신의 실직 문제를 해결할 수 있을는지 모른다. 그러나 모든 실업자가 그와 같은 방법으로 그들의 실직 문제를 다 해결할 수 있는 것은 아니다.

이에서 알 수 있는 바와 같이 한 부분 혹은 한 개인에 옳거나 이로운 것이 반드시 사회 전체 혹은 다수에 옳거나 이로운 것은 아니다. 그러기에 개인심리학 외에 사회심리학이 있는 것이며 또 개개의 가계라든가 기업을 다루는 미시경제이론 외에 경제 전체 즉 국민경제를 다루는 거시경제이론이 있는 것이다.

우리는 또 주위에서 실험지향적인 사고방식에 대해서 무관심한 지식인을 흔히 본다. 여기서 실험지향적이란 원칙적으로 실험의 대상은 자연인데도 불구하고 사람의 집단조차도 실험의 대상인 양 착각하고 실험하는 기분으로 그것을 다루려고 하는 것을 말한다. 잘 알려져 있는 바와 같이 실험은 단순화의 장치가 가능한 경우, 즉 연구하려는 점을 제외한 모든 여타의 조건들이 전적으로 동일한 상태를 임의로 만들어낼 수 있는 경우에만 가능한 것이다. 자연현상에 대해서는 단순화의 장치가 가능하다. 따라서 자연현상을 야기시키는 자연은 실험의 대상이 되는 것이다.

그러나 사회현상에 대해서는 그와 같은 단순화의 장치가 불가능하다. 사실 사회현상을 야기시키는 사람들의 상호관계 특히 이해관계는 매우 복잡하게 얽혀 있으며, 그 속에 실험을 위한 단순화의 장치가 도입될 경우에 그 이해관계는 예기할 수 없는 방향으로 전개될 수 있다. 그러기에 사람의 집단은 실험의 대상이 될 수 없으며 따라서 사회현상의 연구방법으로서는 실험적 방법 대신에 통계적 방법이 이용되고 있다. 그러므로 사회현상을 연구하는 사회과학도는 사람의 집단을 실험의 대상인 양 착각하는 데 대해서 매우 민감하지 않을 수 없다.

그러면 이와 같은 구성의 오류를 범하는 것과 실험지향적인 사고방식에 대해서 지식인이 민감하지 않거나 무관심한 이유는 어디에 있는가? 그 이유로서는 여러 가지를 들 수 있겠지만, 나는 그것을 사람들이 생각을 덜 하고 의식수준이 낮고 분석하는 힘이 부족하며 실험의 한계에 대한 인식이 부족한 데서 찾고자 한다.

지금 구성의 오류를 범하고 있는 데다가 실험지향적인 사고방식을 갖고 있는 사람을 한번 생각해 보자. 그는 구성의 오류를 범한 자기의 생각을 일반화하기 위해서 무턱대고 그것을 실험해 볼 것이고, 따라서 실험의 대상이 된 사람들은 불안과 고통을 당하게 될 것이다. 그리고 만약 그가 한 나라의 정책입안자라면 구성의 오류를 범한 자기의 생각을 실험하는 기분으로 정책에 반영시킬 것이다. 이런 일이 여러 번 반복되면, 그 결과는 뻔할 것이다. 사람들의 이해관계가 번복될 것이고 사람들의 불안이 계속될 것이고 나아가서 사회발전이 저지될 가능성마저 있을 것이다. 일반적으로 영향력이 큰 사람의 경우에는 대체로 이와 같은 결과를 초래한다고 할 수 있다.

이렇게 보면 구성의 오류를 범한 행위 또 실험지향적 사고방식도 있어서는 안 된다고 할 수 있을 것이다. 그런 의미에서 우리는 생각을 많이 하고 의식수준을 높이고 분석하는 힘을 기르며 실험의 한계를 똑바로 인식하는 노력을 게을리하지 말아야 할 것이다.

《상대평론》(서울대, 1973. 7)

진정한 뜻에서 성공한 사람

라이(RAI)에 관한 이야기. 라이는 이탈리아의 국영 방송국을 말한다. 그런데 이 라이의 텔레비전 채널 1은 하루에 4회 즉 오후 1시 반, 오후 5시, 오후 8시, 밤 11시 반에 뉴스를 방송한다고 한다. 그 중 가장 시청자가 많은 것은 물론 오후 8시의 뉴스이다. 따라서 이 오후 8시 뉴스에 대해서는 집권당이 가장 관심을 갖고 있으며 그러기에 아나운서도 집권당원 혹은 집권당의 추천을 받은 사람이라고 한다. 따라서 현 정부에 불리한 것은 교묘하게 시청자의 눈과 귀를 속여 알리지를 않는다. 어떻든 이 뉴스를 시청하고 있는 한, 이탈리아의 현재의 참상은 대수로운 것이 아니라는 생각이 든다. 《뉴욕 타임스》에 언젠가 이탈리아의 현상을 침몰 직전의 '타이타닉호'로 비유한 기사가 난 일이 있다. 빙산에 충돌한 타이타닉호가 승객들의 혼란을 피하기 위해서 배의 오케스트라로 하여금 음악 연주를 계속케 함으로써 충돌이 대수롭지 않은 것으로 믿은 승객들은 1시간 반이나 춤을 추다가 정신을 차렸을 때에는 배가 침몰한 뒤라 바다로 내버려져 대부분 익사할 수밖에 없었다는 이야기이다. 라이의 텔레비전 뉴스는 타이타닉호의 오케스트라의 역할을 하고 있는 것으로밖에 생각되지 않는다.

《춘추좌전》에 기록되어 있는 이야기. 중국의 춘추시대에 제나라의 실력자 최저(崔杼)는 임금님 장공(莊公)을 살해했다고 한다. 이것은 기원전 548년의 일이다.

이때 제나라의 사관은 "최저, 그 임금을 살해하다"라고 기록했다. 최저는 노발대발하여 그 사관을 살해해버렸다. 그랬더니 사관의 동생도 형의 뒤를 이어 동일한 사실을 기록했다. 따라서 최저는 그 동생도 살해했다. 사관에는 또 한 사람의 동생이 있었다. 그 당시에는 관직이 세습이었으므로 일족이 동일한 자리에 취임할 수 있었던 것 같다. 그 동생도 동일한 사실을 기록했다. 드디어 최저도 할 수 없이 단념해 버렸다. 한편 지방에 있던 사관은 중앙의 사관이 모두 살해되었다는 소문을 듣고 기록용 죽간을 들고 중앙으로 급히 상경했다. 사실을 기록하기 위해서였다. 그러나 맨 나중의 사관이 이미 기록했다는 말을 듣고서 안심하고 시골로 돌아갔다. 이것은 곡필(曲筆)하기보다는 죽음을 택한다고 하는 용기 있는 사가(史家)의 이야기로서 자주 인용되는 사실(史實)이다.

어떤 세계적인 생리학자에 관한 이야기. 세계적으로 유명한 생리학자로서 파블로프라는 사람이 있었다. 그는 자기의 과학탐구의 책무를 확신하면서 산 사람이며 강렬한 과학적 정신의 소유자이며 실천적인 행동인이기도 했다. 그런데 그는 과학을 탐구하는 데 기초가 되는 마음 자세로서 한 걸음 한 걸음 착실하게 다져가는 일, 겸손, 정열의 세 가지를 들고 있다. 그에 따르면 첫째로 과학을 탐구해 가는 데에는 한 걸음 한 걸음 착실하게 초보부터 다져가는 것이 중요하며 둘째로 무엇이나 다 알고 있다고 자만해서는 안 되며 즉 제아무리 자기의 업적이 높이 평가되어도 자기는 무지하다고 말할 수 있는 진정한 용기가 필요하며, 셋째로 과학의 탐구에는 탐구자의 전 생활이 투구(投球)되어야 한다고 한다.

이상에서 든 세 가지 이야기 가운데서 첫째 것은 현실을 꿰뚫고 참된 현실이 무엇인가를 알아낼 수 있는 예리한 판단력의 함양이 무엇보다도 필요하다는 교훈을, 둘째 것은 역사를 의식하는 사람 혹은 역사에 충실한 사람은 진실을 위해서는 죽음도 불사하는 용기 있는 사람이라는 교훈을, 그리고 셋째 것은 과학을 탐구하는 사람에게는 기초가 되는 심적 자세로서 적어도 한 걸음 한 걸음 착실하게 다져가는 일, 겸손, 열정이 필요하다는 교훈을 우리에게 말해주는 것이라고 나는 해석하고 싶다. 그리고 이상의 세 가지 교훈은 세속적인 의미에서든 아니든 진정한 뜻에서 성공한 사람이라는 말을 듣기를 원하는 사람에게는 언제나 명심하여야 할 것임은 말할 나위도 없다고 확신한다. 사실 진정한 뜻에서 성공한 사람은 이 세 가지 교훈에 충실한 사람임에 틀림없을 것이다.

《상대평론》(서울대, 1975. 2)

제9번 교향곡

베토벤에게는 여러 가지 일화가 있음은 말할 나위도 없다. 그러나 여기서는 일화가 아닌, 나에게는 아직도 왜 그랬을까 하고 의문으로 남아 있으면서도 하나의 교훈을 주는 일에 관한 이야기 하나를 들어볼까 한다.

나는 언제부터라고 확실하게 말할 수는 없으나 이따금 베토벤의 제9번 교향곡을 듣는 버릇을 갖고 있다. 누구나 다 그 곡을 좋아하겠지만 나는 처음에는 심기가 별로 좋지 않거나 마음이 동요할 때 주로 그 곡을 들었다. 내용은 잘 모르면서도 어떻든 속 시원한 합창이 끝날 때가 되면 대개가 내 마음이 평안함을 되찾곤 한 것은 사실이다. 따라서 이따금 이 곡을 들어 볼 수밖에.

그러나 자꾸 듣다 보니 자연히 이 곡과 얽힌 이야기도 조금씩 알게 되었다. 예컨대 이 곡을 처음 선보이던 때의 일에 관한 이야기 같은 것과 같이. 웬일인지는 모르나 이 곡을 빈에서 처음 선보일 때 베토벤이 장님이고 귀머거리이면서도 지휘를 맡겠다고 나섬으로써 이 연주회에는 지휘자가 2명이었다고 한다. 따라서 오케스트라 단원은 베토벤에게는 주의를 하지 않고 상임 지휘자에 의존한 것은 두말할 필요도 없었다. 그러나 그는 단원이 그의 지휘를 따르지 않는데도 격렬한 동작으로 앞을 못 보면서 지휘를 했다. 따라서 말하자면 그는 자기 기분만을 냈을 뿐 완전히 겉돌았다고 할 수 있다.

이 연주회는 그가 장님이고 귀머거리이기에 연주가 끝난 뒤 청중의 열광과 갈채가 대단한 것을 모른 채 오케스트라만을 향해서 멍하니 서 있는 그를, 알토의 독창을 한 가수가 가까이 가서 청중을 향하게 했다. 그때서야 베토벤은 상황을 알아차리고 청중에게 인사를 하니 우레와 같은 박수가 터져 나왔다. 당시의 빈의 관습으로는 세 번의 박수가 왕족에 대한 예로 되어 있었는데도 다섯 번이나 박수가 터져 나오고 그것도 멈출 기미가 보이지 않자 임석했던 경관이 박수를 중단시킬 수밖에 없을 정도로 대성황을 이루었다고 한다.

베토벤이 겉도는 가운데서 연주는 끝나고 그 연주회는 대성황을 이룬 셈이다. 그러나 각종 경비를 다 공제하고 그의 수중에 들어온 수입은 거의 보잘 것 없는 것이었다고 한다. 대성황을 이룬 연주회의 결산 결과가 그러했다니 지금 생각해도 놀라지 않을 수 없다.

그래서인지는 몰라도 즉 대성황을 이룬 것과 베토벤에 대한 금전적인 대접이 말이 아니었던 것에 기인한 것인지는 몰라도 그에게 소정의 금액을 제공한다는 약속 아래 약간 프로그램을 고쳐서 앙코르 연주회를 약 2주간에 걸쳐 갖기로 했다. 그리하여 그를 진정으로 돕던 세 사람이 연주회의 준비를 위해서 전력을 다했다고 한다. 그러나 이 세 사람마저 준비 도중에 베토벤을 영영 떠나버리는 사건이 벌어졌다. 준비에 전력을 다하는 세 사람을 어느 날 저녁식사에 초대한 자리에서 그들에 대한 의심을 참지 못하고 불만을 폭발시켜 자기를 속인다고 그가 질책을 했다. 그들은 섭섭하고 분한 나머지 그 자리를 박차고 뛰쳐나가 영영 그의 곁을 떠나 가버리고 말았다. 따라서 앙코르 연주회도 무산된 것은 두말이 필요 없다. 지금도 베토벤이 왜 참지 못했는지 그리고 왜 사람을 제대로 볼 줄 몰랐는지를 이해할 수가 없다.

음악 감상을 하면서 거기에서 무엇인가 교훈을 끌어내는 것이 음악인에 대한 일종의 욕이 될지는 모르나 음악을 모르는 나에게는 위의 이야기가 어떤 교훈을 주는 것 같이 생각된다.

나는 그것에서 '이유야 어찌됐든 겉도는 일을 해서는 안 되지' 그리고 '사람을 볼 줄 알고 진정으로 자기를 돕는다고 생각되는 사람을 의심하지 않도록 노력해야지' 하는 두 가지를 이끌어낸 것이 사실이다.

《젊은 경암》(1977. 4)

나의 독백

나는 1960년대 초에 내 강의과목의 시험시간을 1시간에서 3시간 이상으로 바꾸었고 출제수도 늘렸다. 그리고 응시 못한 학생이 있는 경우에는 그 이유를 철저히 가려서 처리하기로 했다. 그것이 현재까지 계속되어 오고 있는 것은 말할 나위도 없다. 이렇게 한 데에는 그 나름대로 이유가 있었다. 그렇게 하면 학생들이 알고는 있었지만 시간이 모자라서 못썼다는 구실을 없앨 수 있게 될 것이고 요령 본위로 준비해서는 실패하기가 일쑤라는 것을 알 수 있게 될 것이고 예습, 복습을 제대로 하지 않을 뿐 아니라 강의시간에도 주의를 집중해서 청강을 하지 않으면서 엄벙덤벙 대다가 시험시간표가 발표되고서야 비로소 시험 준비합네 하고 갑자기 밤늦게까지 공부해 보아도 여의치 않게 되면 병(病) 기타의 이유로 시험을 모면해 보려는 버릇을 없앨 수 있게 될 것이라고 생각했기 때문이다. 어떻든 나는 그때만 해도 시험이 끝난 뒤에는 으레 몰라서 그랬으면서도 시간이 모자라서 못쓴 것처럼 말하는 학생을 흔히 볼 수 있던 데다가 미국에서 석학들의 교수 방법을 친히 볼 수 있었던 것을 계기로 해서 적어도 시험시간의 연장, 출제 수의 증가, 응시치 못한 이유의 철저한 규명만이라도 시도해 보기로 했던 것이다.

나는 아직까지도 이러한 시도가 실질적으로 어느 정도 스스로 의도한 바를 충족시켜 주고 있는지를 정확하게 모르고 있으며 또 그것을 적극적으로 알려고도 하지 않고 있다. 그러나 적어도 나의 면전에서는 어떤 구실을 늘어놓으려고 하는 학생이 거의 없는 것만은 사실이다.

황해도인은 '석전경우'(石田耕牛)로 비유되고 있다. 구실을 내걸지도 요령을 피우지도 않고 묵묵히 꾸준히 성실하게 끈기 있게 일을 밀고 가는 사람, 이것이 황해도인이라는 말이다. 그렇다면 나는 자기도 모르게 학생들에게 황해도인의 기질을 가질 것을 바래왔다고 해도 과언이 아니지 않을까.

그러나 우리나라에서 진정으로 요청되고 있는 사람은 바로 이런 형(型)의 사람임에 틀림이 없다면, 설사 나의 바람이 학생들이 나의 출신도인(出身道人)의 기질을 갖는 것이라고 하더라도 나는 앞으로도 그 바람을 결코 버리지 않을 것이다. 아니 정녕 나의 출신도인의 기질을 소중히 여기고 아끼고 좋아하기에 앞으로 나는 더욱더 그것을 고취할 생각이다.

《황해민보》(1979. 4. 10)

대학의 외침

대학교수에게 있어서 대학은 곧 직장이다. 그러나 대학은 단지 한 개인의 직장에 그치는 것이 아니라 그 이상의 사회적 의미를 지닌다. 따라서 학생들뿐만 아니라 대학공동체의 일원으로서의 교수들도 사회에 대한 부단한 번민과 성찰을 하지 않을 수 없다.

우리 사회에서 대학은 민주주의의 수호자 역할을 하였다. 대학의 외침은 항상 우리의 현대사가 겪어온 파행과 우여곡절 속에서 울려오는 신음소리였으며 해방 이래, 가까이는 작년 6~7월의 민주화 대투쟁에 이르기까지 "대학은 민주주의를 족쇄 채우려는 온갖 시도에 대한 거부의 몸짓으로 피투성이가 되었다"라고 누군가 말한 바 있다.

올해에도 여전히 대학은 그리 밝지만은 않은 현실 속에서 몸살을 앓고 있다. 사회현실과 대학이 빚어내는 갈등이 혹자에게는 단순히 반복될 뿐인 연례행사처럼 보일지도 모른다. 이제는 모든 것이 잘 되어가는 판국인데 왜 예전과 다름없이 소란스럽냐고 핀잔을 주고 싶어 할지도 모른다.

과연 우리 사회에 어떤 새로운 변화가 일어나고 있는 것일까?

정치적으로는 새로운 대통령도 나왔고 역대 국회사상 처음으로 야당 의원 수가 여당 의원 수보다 많아지고, 야권은 그들의 정치적 지향성(?)에 따라 재편되기도 하였다.

경제적으로는 동남아시아 등지로 해외투자가 활발히 이루어지고 심지어 서구 선진국에 공장을 건설하여 선진국 국민을 고용하게 되었다고 한다. 주식시장은 날로 폭발적인 활황세를 보이며 주식투자 인구를 증대시키고, 기업들은 다투어 유상증자를 실시한다고 한다. 과거의 특혜금융·관치금융도 새로운 흐름을 타고 자율화의 도정에 서게 되었다고 한다. 우리나라도 어느 날 갑자기 이른바 선진국이 된 듯한 인상을 받는다.

이와 달리 과거 우리의 영원한 우방이며 후원자라던 미국이 우리의 의지와는 상관없이 양담배, 쇠고기 등의 수입을 강요하고 있다. 또한 후진국의 군사원조 및 경제원조에 동참을 요구하고 있다.

그러나 지금이야말로 이 모든 것을 차분히 생각해 볼 때다. 새로움이란 진정 무엇이고 그것은 어떻게 해야 우리 모두에게 더 나은 생활을 의미하는 것이 될까?

새로워진다는 것은 단지 외양의 변화를 의미하는 것이 아니요, 또한 형태의 변화를 의미하는 것도 아니다. 새로움은 과거에 비추어 볼 때 비로소 그 의미가 판별될 수 있는 것이며, 과거의 진부함에 대한 부정을 통해 진보성을 획득함으로써 갖추어지는 것이다. 우리에게 새로움이란 구시대의 사람이 뼈아픈 자기반성을 행하는 것이며, 그들에게 자기반성을 국민의 이름으로 요구하는 것이다. 그런 후에 비로소 용서하고 새로운 삶의 방식을 공동체적으로 함께 모색할 수 있을 것이다.

그렇다면 아직 우리 사회에서 새로워진 것은 없다고도 할 수 있지 않을까. 우리의 정치, 외교, 경제 그 어느 것도 우리들에게 '호들갑스러운 언론의 표현들'을 실감나게 해줄 만큼 새로워진 것은 없다. 정치는 변화기피증에 걸려 있고, 외교는 미국의 목소리만 일방적으로 전달할 뿐 우리 내부의 변화에서 우러나오는 당당함이 배어 있지 않다. 경제는 여전히 국민 각 계층 간에 패인 골을 메울 기미를 보여주지 않고 있다.

대(大)재벌기업은 그들을 존재하게 한 노동자들의 정당한 요구에 대하여 구래의 악습을 버리지 못하고, 물리력에 의존한 구태의연한 자세를 견지하고 있다. 자율화의 이름으로 제창되는 금융산업 재편(금융자율화) 또한 재벌의 은행소유를 위한 길을 닦는 정지작업이라고 말할 수 있지 않을까? 새로움이란 정치가들의 말의 향연이 아니며, 재벌들의 축제도 아닌 것이다.

대학은 다시 외치고 있다. 대학의 외침이 다시 반복되는 것은 아직도 새로운 것이 만들어지지 않았기 때문이다. 대학의 외침은 때로는 절제되지 않고 가다듬어지지 않은 절규로 표출되어, 대학공동체의 일원인 교수의 가슴에 조바심과 걱정을 심어주기도 한다.

그러나 다른 한편으로는 이 외침은 신선한 각성과 함께 우리에게 많은 것을 생각하게 해준다. 더 이상 이러한 외침들이 지극히 단순한 흑백논리에 의해 재갈 물려져서는 안 된다. 더욱이 우리에게 오히려 예전의 것, 이제는 벗어던져야 할 구태를 다시 뒤집어씌우는 구실이 되어서는 안 된다.

지금은 우리 모두 진정한 변화와 새로움을 위해 긴장할 때다. 우리가 예전의 안일과 타성에서 새로워지지 않는 이상, 우리에게 새로운 것은 주어지지 않는다. 한국 사회에서 대학의 외침이 갖는 의미를 되새기며, 우리의 자세를 가다듬어 본다.

《대학신문》(서울대, 1988. 6. 6)

그 사람을 가졌는가
: 역경은 막고 즐거움은 나눈다

X교수, 그는 내가 잘 알고 있는 전형적인 교수이다. 그리고 유명한 교수이기도 하다. 그런데 그런 그가 한때 뜻하지 않은 해직의 쓰라림을 겪은 적이 있다. 그는 자주 그때 일을 떠올리며 그 시절의 이야기를 들려주곤 한다. 여기서는 그가 내게 들려준 이야기 중에서 그 시절에 있었던 이야기를 중심으로 해서 다시 새겨볼 만한 세 가지 일화를 소개하고자 한다.

하나는 해직된 직후에 있은 강요된(?) 원행(遠行)에 관한 이야기이다. 그에 따르면, 해직이라는 것이 졸지에 당한 일이라 어리둥절하고 앞이 캄캄했다고 한다. 앞날에 대한 전망이 서지 않는 불안한 상태였다는 말이다.

그런데 그것을 후배 교수들의 배려로 잘 극복하고 마침내는 복직까지 할 수 있었다고 한다. 사실의 시작인즉 이러하다. 그들은 등산을 할 줄 모르는 그를 적당한 기간을 두고 등산으로 원행을 강요하다시피 하면서 온통 몸이 쑤시어 당장 피로회복과 고통에서 벗어나는 일이 급해서 딴 생각을 할 겨를이 없도록 만들었다. 그는 그런 일을 적당한 간격으로 되풀이해서 당했다. 그러면서 어느새 3개월이 지나고 6개월이 지나가게 되자, 그는 결국 마음의 안정을 찾을 수 있었다고 한다. 그렇게 시작한 등산이 이제는 그의 가장 소중한 취미가 되었을 뿐만 아니라 건강을 유지해주는 비결이기도 하다고 한다.

다른 하나는 역시 해직된 직후 우편으로 보내온 한 뭉치의 원고지에 관한 이야기이다. 그는 해직된 지 얼마 안 된 어느 날 우편을 통해서 무명으로 보내온 한 뭉치의 원고지를 받았다고 한다. 그때 분위기로서는 영영 교수직을 떠나야 할지도 모른다는 절박한 생각이 들어서 책을 읽고 글을 쓰는 것에 대해서 매우 회의적이었는데, 바로 그때 원고지를 받았으니 그것은 곧 방황이나 낙담을 하지 말고 계속해서 열심히 책을 읽고 글을 쓰라는 충고 내지 부탁으로 받아들여졌고, 그리하여 교수로 있을 때와 꼭 같은 생활을 할 수 있었다고 한다. 물론 그때의 그 원고지를 지금도 잘 보관하고 있다고 한다.

셋째는 복직 후 대학원의 석사학위논문 발표 때 있었던 일에 관한 이야기이다. 석사학위논문의 경우 발표에 통과되면 논문심사에 합격한 거나 다름없다고 한다. 그러기에 부족한 감이 들 때에는 일단 재발표의 기회를 주되 그래도 불충분하다고 여겨질 때에는 불합격시킨다고 한다. 그런데 그해 그의 지도 학생 중에, 이미 소정의 학점을 다 취득했으나 논문 발표는 하지 않은 채 유럽의 우수대학으로 유학 가 박사과정에 재적하고 있으면서, 석사장교시험 응시에 필요한 석사학위의 취득을 위해서 귀국하여 논문을 발표한 학생이 있었다. 그런데 공교롭게도 1차 발표에서 그 결과는 재발표로 나왔고, 재발표에서도 까다롭기로 잘 알려져 있는 그의 기준에는 약간 미달이었지만 학생이 석사학위를 취득하지 못하면 석사장교시험에 응시하지 못하게 되어 그의 일생이 달라질 수도 있다는 생각이 들었다. 게다가 깨끗하게 정리하지 못했을 뿐 관련된 논문을 많이 읽은 것은 사실이고 해서 통과시킬 수도 있지 않을까 하는 생각이 들어서 그는 판정을 잠시 미루었다고 한다.

이때 심사에 임하면서 이제까지 관례대로라면 으레 불합격으로 판정내릴 것으로 생각했던 후배 교수들 몇몇이 그를 찾아와서 잘못하고 있다고 생각되는 점을 지적해 주었다. 그리고 다른 후배 교수들과 합세해서 그 논문 발표는 불합격으로 처리해야 그답다고 하더라는 것이다. 그들의 충정을 잘 이해하고 있는 그인지라 그들의 주장을 받아들임으로써 원래 그의 페이스를 지킬 수 있었고 결국 오점을 남기지 않았다고 한다.

그렇지 않아도 관포지교(管鮑之交)라는 말이 있다. 이 말은 기원전 7세기 중국 제(齋)나라에서 있었던 관중(管仲)과 포숙아(鮑叔牙)에 얽힌 고사에서 기인한다. 어릴 때부터 친구였던 관중과 포숙아는 공교롭게도 왕위를 놓고 적대관계에 있던 두 공자(公子) 중 형과 동생에 각각 봉사했는데, 싸움에서 동생이 이겨 왕위에 오르게 되자 포숙아는 관중의 목숨을 살려 주었을 뿐 아니라 왕에게 그를 재상(오늘날의 국무총리)으로 추천했다는 고사이다. 이런 고사로 해서 관포지교는 둘도 없는 친구, 참된 우정이라는 것을 형용하는 말로 사용된다.

그런가 하면 기독교(신교)에서 널리 알려져 있는 〈기도하는 손〉이라는 그림에 얽힌 이야기가 있다. 이 그림은 독일 르네상스기의 거장인 뒤러(A. Dürer)의 그림이다. 그 그림은 자기를 위해서 희생을 무릅쓴 친구 프란츠(K. Franz)의 기도하는 모습을 그린 것인데, 그 친구의 손은 화가가 되기에는 이미 굳어져 버린 뒤였다. 뒤러와 프란츠의 맺음도 역시 둘도 없는 친구, 참된 우정으로 비유된다.

게다가 베토벤도 그의 교향곡 제9번에서 실러(Schiller)의 시를 들고 있는데 그것은 다음과 같은 구절을 담고 있다던가. “변치 않는 우정을 창조했거나 참되고 사랑스러운 아내를 가진 사람은 누구나 환희의 소리에 화답하여 노래하라. 그렇다. 지상의 단 한 사람이라도 자기와 마음을 하나로 할 수 있는 사람 모두도. 그리고 그러한 일을 하지 못한 사람은 울면서 이 무리에서 떠나라.” 여기서 아름다운 아내와 함께 참된 친구가 구가되고 있음을 알 수 있다.

X교수가 관포지교나 〈기도하는 손〉으로 형용되는 둘도 없는 친구, 참된 친구를 갖고 있는지 나는 잘 모른다. 그러나 그는 앞에서 든 바와 같이 진정으로 그를 아끼고 위하는 후배 교수들과 무명의 성원자들을 갖고 있지 않은가. 그것만으로도 그의 인생은 충분히 의미 있으며, 또 ‘인간은 재산이다’는 것을 구체적으로 보여주는 좋은 한 예라고 할 수 있을 것이다. 이 말은 원래가 ‘사람이 무엇보다도 중요하다’ 혹은 ‘재물보다는 사람이다’는 뜻으로 받아들여지지만, ‘아끼고 위해주는 사람들을 갖는 것이 무엇보다도 중요하다’는 뜻으로 확대 해석될 수도 있기 때문이다.

그가 전형적인 교수라는 평을 듣는 것도, 유명한 교수가 된 것도 따지고 보면 그의 가까이에 그런 사람들이 있는 데 기인한다고 할 수 있지 않을까? 분명, 그가 더 이상 바랄 것이 무엇이 있단 말인가?

《샘터》(1990. 9)

길은 대학으로만 나 있는가

떠들썩했던 대학입학 원서 접수가 마감되었다. 이제 곧 시험이 치러지게 된다. 예년처럼 갖가지 진풍경이 올해도 계속될 것임에 틀림없다. 그리고 이 경쟁에서 승자와 패자가 또 가려지게 될 것이다. 환희의 기쁨을 만끽하는 소수의 합격자와 슬픔과 좌절감에 빠질 다수의 불합격자가 어쩔 수 없이 판명된다. 후기까지 합치면 그 비율은 대체로 1대 3이 된다고 한다.

물론 합격자 가운데에는 대학생활을 시작한 지 얼마 안 되어, 지난 몇 년간의 초조와 불면의 나날을 대가로 얻은 승리가 단지 '상처뿐인 영광'에 불과함을 깨닫고 그 어렵게 들어온 좁은 문을 제 발로 걸어 나가는 학생도 있다. 그러나 무엇보다도 더 가슴 아픈 사람은 불합격자들이다. 불합격은 패배가 아니라 새로운 도약을 위한 시련이며, 오히려 더 다양한 삶에 접근할 수 있는 기회가 된다고 그들을 아무리 위로해 본들 이미 멍든 그들의 가슴은 누구도 달래거나 치료할 수 없다.

기성세대는 실패한 이들에게 다시 도전할 것을 독려하기도 하고, 좌절해 있는 이들에게 의지력의 약함을 꾸짖기도 한다. 그러나 과연 이 상태에서 오로지 대학에 진학하는 것만이 젊은 세대들을 위한 유일한 길이요, 최상의 일인지 우리 모두 심각하게 다시 한번 반성해 보아야 하지 않을까.

우선 이 전쟁을 방불케 하는 현재와 같은 입시경쟁에서 고배를 마시고 가슴에 멍이 들게 될 젊은이들의 수를 어떻게 하면 줄일 수 있을까를 당장 생각해야 한다. 이런 젊은이들을 줄이는 방법은 여러 가지가 있을 수 있다. 그러나 그 중에서도 가장 원칙적이고 바람직한 것은 젊은이들로 하여금 하고 싶은 일, 소질이 있는 일, 잘하는 일을 스스로 택하여 종사하게 함으로써 삶의 보람과 즐거움을 느낄 수 있게 하는 것이다.

그런데 이들 젊은이들의 생각은 정작 어떠한가. 실제로 고등학교 학생들에게 장래 무슨 일을 하고 싶은가, 무엇을 잘하는가를 물었을 때 즉시 대답한 학생은 매우 적고, 대부분은 한참 생각한 후에 겨우 대답하거나 아예 대답을 하지 못한 학생들도 있었다고 한다. 왜 이러한 현상이 나타나는 것일까. 이것은 말할 것도 없이 대부분의 학생들이 입시를 앞에 두고 그런 생각을 해보는 것을 사치스러운 일로 여길 뿐이고, 또한 현행의 교육이 그들에게 다양한 삶의 모습을 접하게 하여 진정 어떤 분야에 타고난 소질을 그들이 갖고 있는지 스스로 알 수 있게 하는 기회를 전혀 주지 않고 있는 데에 기인한다.

사실 문학은 고작 해야 작가나 문법을 암기하는 과목 정도로 인식되고, 자연 법칙의 탐구나 그것의 활용을 목적으로 하는 과학은 공식이나 어려운 화학식을 외는 과목으로 여겨지고 있다 해도 과언이 아니다. 그런가 하면 음악과 미술시간은 고3 때면 아예 교과과정에서 사라지고, 체육시간은 체력장 연습시간으로 취급되고 있다. '전인교육'과 '소질개발'이라는 교육방침은 교장실에 걸려 있는 액자 속에서나 찾아볼 수 있을 뿐이다.

이렇듯 토막 난 지식을 암기하고 정해진 답을 고르는 것만을 배워 온 학생들이 대학입시에서 낙오되었을 때 그들이 할 수 있는 일이란 무엇이겠는가? 기껏해야 재도전을 위해 1년 동안 더 외우는 일뿐일 것이다. 어디 그뿐인가. 4분의 1에 해당하는 행운아인 합격자들도 대학과정을 마치고 취직할 때에는 자신의 전공은 별로 쓸모가 없는 것으로 되고 마는 경우가 다반사이다. 실정이 이러함에도 불구하고 고교교육은 갈수록 대학입학이라는 좁은 문으로 더욱 매진하고 있으니 참으로 안타깝다고 하지 않을 수 없다.

만약 한창 성숙해 가는 고교생들에게 다양한 삶의 모습들을 접할 수 있게 해주고, 그들 인생의 길이 좁은 대학문으로만 나 있는 것이 아니라 여러 곳으로 나 있다는 사실을 그들 마음에 확실하게 심어줄 수 있기만 한다면, 전쟁을 방불케 하는 현재의 대학입시도 좀 덜 치열해지지 않을까.

이런 생각에서 나는 기성인의 한 사람으로서 고교교육은 폭넓은 교양교육에 치중함으로써 개인의 능력을 발견하는 길을 터주는 것이 되게 하고, 그 이후에 교육은 자신의 소질을 바탕으로 하는 전문화된 것이 되어야 할 것으로 본다. 어떻든 어린 학생들을 전쟁에 대비하는 것 같은 초조와 불안 속에 나날을 보내게 하는 지금의 고교교육은 시정되어야 할 것이다.

《한국논단》(1991. 1)

서울대 동문에게 고함

중국의 전국시대에 배출된 제자백가 중에 조(趙)나라의 공손룡이 있다. 제자백가에는 보통 사람으로서는 도저히 이해할 수 없는 궤변이 능한 사람이 있었는데 그도 그런 류의 사람이었다.

《열자》(列子)는 이 공손룡을 좋아하는 위(魏)나라의 공자모(公子牟)와 이 사람을 비웃는 자여(子輿) 사이의 토론내용을 소개하고 있다.

"그대는 어째서 내가 공손룡을 좋아하는 것을 비웃습니까?"

"공손룡은…… 이치에 맞지 않는 말을 함부로 주장하여 아직 일가의 학설을 이루지 못했으며 괴상한 것을 좋아하여 멋대로 지껄입니다."

"어째서 공손룡을 그토록 악평합니까. 그 실증을 들려주기 바랍니다."

"공손룡이 공천(公穿)을 속인 일을 비웃습니다. 그는 말하기를 활을 잘 쏘는 사람은 뒤의 화살촉이 앞 화살꼬리를 맞추어 한 발 한 발 쏠 때마다 서로 뒤를 잇고 화살 하나하나가 모두 연결되어 맨 앞 화살이 과녁에 꽂혔을 때에는 하나처럼 보인다고 했습니다. …… 이것을 어찌 지자의 말이라고 하겠습니까."

"지자(知者)의 말은 본래 어리석은 사람이 알 바가 못 됩니다. 뒤 화살촉이 앞 화살꼬리를 맞추는 것은 뒤의 것을 앞의 것과 똑같이 쏘았기 때문입니다. …… 어째서 의심합니까."

"공손룡의 편이니 어째서 그의 허물을 변호하지 않을 수 있겠습니까. 저는 또 그보다 더 한 것을 말하겠습니다. 공손룡은 위나라 임금을 속여 말하기를…… 백마는 마(馬)가 아니라고 하였습니다."

"공손룡의 지극한 말을 깨닫지 못해 도리어 그의 말을 잘못이라고 생각하고 있습니다. …… 흰 말은 말이 아니라는 것은 말의 형체와 명칭이 서로 분리되기 때문입니다."

"공손룡의 주장을 모두 조리 있다고 생각하고 있습니다. 설령 쓸데없는 구멍에서 나는 소리라도 역시 그것을 받들 것입니다."

백마비마 형명이야(白馬非馬 形名離也). '흰 말'은 '말'이라는 형체와 '흰'이라는 명칭, 즉 색깔로 분리할 수 있으므로 '흰' 더하기 '말'은 '흰 말'이지 '말'이 아니다. 이 얼마나 궤변인가. 그래서 백마비마가 궤변의 비유어로 사용되고 있는지도 모른다. 또 자여의 비아냥. 이 얼마나 통렬한가.

그런데 지식인, 그 중에서도 특히 유능하다고 자부하는 사람이 이런 궤변에 빠지기 쉽다고 하지 않던가. 개인의 영달 등을 위해서. 사실 어떻게 보면 우리는 주위에서 매일매일 그런 류의 사람들을 보고 있는지 모른다.

그러나 건전한 상식이 존중되는 분위기가 확립되어 있다면 그런 궤변이 먹혀들 리가 없음은 말할 나위도 없다. 오늘날의 선진국은 물론 부유한 나라이고 또 다른 많은 특징을 갖고 있는 나라이다. 그러나 그것은 분명히 건전한 상식이 존중되는 분위기가 확립되어 있는 나라이기도 하다.

그런데 우리나라는 현재 선진국으로의 진입을 기도하고 있지 않은 가. 그렇다면 우리나라의 지식인이 한 가지 더 할 일은 명약관화하다고 할 수 있을 것이다. 자신이 공손룡의 제자가 되지 않도록 노력하는 것 외에 그가 비아냥 받는 분위기를 확립시키는 데 일조하는 것이 그 것이리라. 만약 그가 지식인의 지식인으로 받아들여지는 사람이라고 한다면, 그리고 그 지식인의 지식인이 한 나라의 앞날을 크게 좌우한다는 것이 사실이라면 더욱더 그러하다고 할 수 있지 않을까.

《서울대학교 동창회보》(1994. 8. 11)

제2장 진신서 즉 불여무서(盡信書則不如無書)

진신서 즉 불여무서(盡信書則不如無書)

이것은 맹자의 말이다. 이 경우의 '서'는 《서경》(書經)을 말한다. 본래의 뜻은 "《서경》에 씌어 있는 것을 그대로 몽땅 믿어버릴 정도라면 《서경》을 읽지 않는 편이 나았다"는 것이다. 그러나 후세에 와서는 서(書)가 일반서적이라는 의미로 확대 해석되어 "서적을 몽땅 믿어버릴 정도라면 서적을 읽지 않는 편이 나았다"는 의미로 쓰이게 되었다.

이 말은 뛰어난 교육자이기도 했던 맹자의 교육에 관한 생각을 가장 잘 나타내고 있다고 할 수 있다. 서적·사람의 가르침을 아무런 비판 없이 그대로 받아들여서는 아무런 의미도 없다. 서적을 자기 마음속에서 잘 소화하고 새로운 의미를 갖게 하는 것, 바로 그것이 창조이며 교육의 목적이라고 맹자는 말하고 있다.

역시 대학에서 학생들을 가르쳐 오다 보니 이 맹자의 말이 마음에 들었는지 모른다. 그러나 인텔리로 자처하는 사람들은 누구나 다 한번 사귀어 보아야 할 명언이라고 할 수 있지 않을까.

《열매》(1979. 8)

파스칼의 《팡세》

내가 다니던 중학교(5년제)에서는 주로 2학년과 3학년 때 세계문학 작품 중의 명작과 그에 준하는 명저를 읽는 것이 관례로 되어 있었다. 그것은 4학년과 5학년이 되면 상급학교 입시준비 관계로 그것들을 읽을 시간적인 여유가 없었기 때문이다.

자연히 나도 그런 분위기에 따라 주로 토요일 저녁부터 일요일 아침에 걸쳐서 그 같은 책을 읽었다.

그러나 그것들 가운데서 나에게 가장 강한 인상을 준 것은 B. 파스칼의 《팡세》(*Pensées*)였던 것으로 기억된다. 물론 그것은 어떻게 보면 성서 같기도 하지만 나에게 처음으로 일종의 깨달음과 많은 교훈을 준 책이라고 할 수 있기 때문이다. 특히 그 속에 담겨 있는 "자기 자신을 알아야 한다."와 "사람은 하나의 갈대에 지나지 않으며 자연계에서 가장 약한 자이다. 그러나 그는 생각하는 갈대이다." "우리의 존엄성은 순전히 사고에 있는 것이다. 우리는 채울 수 없는 공간과 시간으로서가 아니라 이것, 즉 사고로써 우리의 가치를 올려야 한다"라는 구절은 지금도 자주 내가 마음속에 되새기고 하는 글귀이다.

《중앙일보》(1983. 1. 12)

서평이 서야 할 자리

나는 가끔 서평을 써왔지만 어떤 룰을 정해서 쓴 일은 없다. 그러나 지금 와서 되돌아보니, 서평을 쓸 때에는 대체로 책의 내용을 간결하게 소개한 다음 나름대로 기준에 따라서 그 책이 갖는 장점과 문제점을 분명히 지적하고, 끝으로 그 책이 해당 학계나 학문에 기여하는 바가 무엇인가에 대해서 언급하는 순서를 택하지 않았나 생각된다. 물론 때로는, 나아가서 그 책이 우리 사회나 우리 삶에 대해서 시사해 주는 바가 무엇인가를 지적해 주기도 한 것 같다.

이것은 서평에 대한 나의 생각을 반영한 것이라고 해도 무방하다. 나는 서평도 독자의 편의를 염두에 두어야 한다고 생각한다. 나는 서평은 찬사를 쓰는 것, 서평자는 찬사를 써주는 사람으로 착각해서는 안 된다고 생각한다. 나는 서평은 해당 학계나 학문의 질적 수준을 향상시키는 명저 내지 양서의 발간을 촉진하기 위한 것이라고 생각한다. 그러나 나는 그 저서가 우리 사회의 문제 해결이나 우리 삶에 대한 좋은 길잡이로서 역할을 할 수 있느냐도 못지않게 중요하다고 생각한다. 나는 서평은 학문의 자유·언론의 자유를 전제로 한다고 생각한다.

따라서 나는 서평이 꽃을 피우려면 선진국에서처럼 비판이나 비평을 받는 것을 당연시하는 분위기, 학문의 자유·언론의 자유가 허용되는 분위기 등의 조성이 불가결하다는 것을 확신한다. 과연 비판 내지 비평을 기피하거나 찬사를 받기 원하는 사람들이 판치는 분위기, 학문의 자유·언론의 자유가 제한되어 있는 분위기, 명저나 양서의 저자가 응분의 대접을 받지 못하거나 도리어 '악서가 양서를 구축하는' 분위기 등에서 서평이 제대로 역할을 다할 수 있다고 말할 수 있을까.

그런 의미에서 나는 머리에 떠오른 다음의 말을 들기로 한다. "만나본 힉스는 별로 대단치 않더라." 이 말은 현재는 영국의 런던 정치경제대학교(LSE)의 교수로 있지만 일본의 이론경제학 및 계량경제학을 대표하는 한 일본 학자가 1950년대에 그 당시 옥스퍼드 대학의 경제학 교수이면서 《가치와 자본》(1939)이라는 명저를 낸 당대 이론경제학의 대가 힉스(J. R. Hicks)를 만나 토론을 하면서 받은 인상이, 그의 1939년의 저서 등을 통해서 받은 인상에 미치지 못함을 알고 한 말이다. 힉스는 뒤에 노벨경제학상을 수상하기도 했다.

그러나 그가 결코 힉스를 비난하고자 그런 말을 한 것이 아님을 알 필요가 있다. 그가 강조하려 했던 것은 영국 학계에서는 한 사람의 위대함보다도 학적(學的) 분위기 자체가 명저를 발간할 수 있게 해주고 있더라는 것이다. 사실 그는 힉스의 그 명저 등이 완성되기까지의 그 과정에 참여하여 유익한 비평을 해준 여러 학자의 합작품임을 알고, 그런 학적 분위기를 일본에서도 하루속히 정착시킬 필요가 있다는 것을 강조했을 뿐이다.

물론 이런 학적 분위기는 영국에 한정되어 있지 않다. 다른 구미 국가들에서도 찾아볼 수 있고, 현재는 일본에서도 그러하다. 또 학계에서만 그런 것이 아니라 다른 분야에서도 그러하다. 그러기에 오늘날 선진국에서는 모든 분야에서 저서이든 논문이든 필자는 초고를 완성한 후에는 의례히 다른 사람들의 기탄없는 비평을 받는 것으로 인식하고 있다. 또 이런 비평을 받고 그것을 수용하는 과정이 수없이 되풀이될 때 비로소 명저 내지 명논문이 나오는 것으로 인식되고 있다.

그렇다면 우리 사회에서 서평이 설 자리를 마련하고 또 굳건히 뿌리를 내리기 위해서는 무엇이 필요한가는 자명하다고 할 수 있을 것이다. 그리고 서평을 쓰는 사람들이 무엇을 해야 하는가도 마찬가지라고 할 수 있다. 어떻든 필요한 분위기의 조성 노력과 서평을 쓰는 사람들의 개별적인 노력의 결합으로 우리 사회에도 서평이 꽃을 피울 수 있는 날이 하루속히 도래했으면…….

《출판저널》(1987. 8. 20)

독서의 확대재생산을 위하여

이 글을 쓸려고 하니 나의 머리에 두 가지가 떠오른다. 하나는 일본의 야나이바라 다다오(矢內原忠雄)의 글이다. 그는 2차 대전 직전에 도쿄 대학의 경제학 교수직에서 추방되었다가 전후에 복직하여 교양학부장·부총장·총장을 역임한, 일본의 양심이다. 그 글은 다음과 같다.

학문에 종사하고 교양을 높이는 방법 중 중요한 것의 하나는 독서이다. 독서가 유일한 방법은 아니지만 독서를 떠나서는 학문과 교양이 있을 수 없음은 사실이다. 그것은 책이 사람에게 사상을 전하고 지식을 교환하기 위해서 만들어 낸 중요한 발명이기 때문이다.

학문과 교양은 오랜 동안의 역사에서 인류의 사색과 경험에 의해서 얻어진 지식의 축적이다.

독서는 두 가지 이익을 우리에게 준다. 하나는 이에 의해서 지식을 얻고 사상을 함양할 수 있다. 또 하나의 이익은 이에 의해서 뛰어난 학자 혹은 사상가의 진리탐구의 정신에 접할 수 있다. 따라서 우리가 읽을 책을 선택하는 데에는 두 가지 기준이 있다. 하나는 옳은 지식을 얻기 위한 것이며 이 목적을 위해서는 가장 발달한 단계의 학설을 읽지 않으면 안 된다.

새로운 지식을 얻기 위한 독서 선택에는 교사의 지도를 받는 것이 바람직하다. 독서의 다른 목적으로서 진리탐구의 정신에 직접 접촉하기 위해서는 고전을 읽어야 한다.

독서의 방법으로서는 정독주의라든가 다독주의라든가와 같이 어떤 주의를 내세울 필요는 없다. 독서의 목적과 책의 종류에 따라서 양자를 적당히 변용하는 것이 좋다. 다만 읽기에 힘이 드는 대작을 멀리하여 해설적인 소책자류만을 읽는 것은 매우 좋지 않다. 이른바 베스트셀러만을 대상으로 하여 책을 선택하는 것도 위험하다.

우리는 시간과 구매력에서 제약을 받고 있으므로 책을 살 때에는 오래 곁에 놓아둘 가치가 있는 양서를 선택할 필요가 있다.

요컨대 책은 친구와 마찬가지로 우정이 오래 계속되는, 성실한 것을 골라서 교제하는 것이 좋다. 야나이바라의 글에서 독서는 교양을 높이는 방법 중의 중요한 하나라는 것, 교사나 전문가들의 조언을 들어 양서를 선택하는 것이 중요하다는 것, 독서에 있어서는 목적과 종류에 따라서 정독주의와 다독주의를 적당히 병용하는 것이 좋다는 것 등 여러 가지를 읽을 수 있을 것이다.

다른 하나는 《맹자》의 한 구절이다. 맹자는 잘 알려져 있는 바와 같이 중국의 위대한 사상가, 뛰어난 교육자였다. 그 구절은 다음과 같다.

"진신서 즉 불여무서(盡信書則不如無書)." 이것은 본래 《서경》에 쓰여 있는 것을 그대로 몽땅 믿어버릴 정도라면 그것을 읽지 않는 편이 낫다는 뜻이다. 그러나 후세에 와서는 서(書)가 일반 책이라는 의미로 확대 해석되어 책을 몽땅 믿어버릴 정도라면 그것을 읽지 않는 편이 낫다는 뜻으로 쓰이게 되었다.

《맹자》의 구절에서 책을 비판 없이 그대로 받아들여서는 아무런 의미가 없으며 잘 소화하여 새로운 의미를 부여하는 것이 중요하다는 것을 알 수 있을 것이다. 맹자는 이처럼 잘 소화하여 나름대로 새로운 의미를 부여하는 것을 창조요, 교육의 목적이라고 말하고 있다.

이상의 두 가지를 떠올리게 된 것은 내가 그 국민이 교양과 품위가 있고 대화에 깊이가 있는 것으로 정평이 나 있는 영국을 머리에 그리고 있는 데에 기인할는지 모른다. 어떻게 보면 독서가 양서를 읽는 것, 독서인구가 많은 것이 양서를 읽는 인구가 많은 것으로 인식되는 나라까지는 몰라도 적어도 저질의 책이 판을 치지 못하는 나라를 염두에 두고 있는 데에 기인한다는 것이 사실에 가까울 것 같다. 어떻든 저질의 책을 읽는 것이 독서로 통하고 저질의 책을 읽는 인구가 많은 나라를 독서인구가 많은 나라로 불리는 것을 머리에 두고 있지 않는 것만은 분명하다.

그래서인지는 몰라도 우리나라가 저질의 책이 판을 치는 나라가 안 되기 위해서는 양서를 읽지 않고서는 못 배기는 분위기가 조성되고 양서를 읽는 인구가 많아져야겠다는 생각을 나는 강하게 갖는다. 양서를 읽는 인구가 많아지려면 양서를 펴내는 출판사가 많아져야 함은 말할 나위도 없다. 하루속히 우리나라에서도 양서를 읽지 않을 수 없는 분위기가 조성되어 '양서를 읽는 인구의 증가-양서를 펴내는 출판사의 증가-양서를 읽는 인구의 증가'라는 확대재생산 내지 선순환이 이루어져서 적어도 독서에 있어서만은 우리나라가 선진국 수준에 도달했다는 말을 들을 수 있었으면……

《책》(1990. 7)

양서 출판에서 정부의 몫

그것은 생명 있는 불후의 책들을 소수자의 서재와 연구실로부터 해방시킴으로써 거리 구석구석 공급하여 민중과 같이하게 할 것이다. …… 이런 때에 이와나미 서점은 자기의 책무가 중차대함을 알고 종래 방침의 철저를 기하기 위해서 이미 십수 년 전부터 품어온 계획을 신중히 심의하여 지금 단연코 실행하기로 하였다. 나는 레클람 문고를 본으로 삼아 동서고금에 걸쳐 문예·철학·사회과학·자연과학 등 종류 여하를 가리지 않고, 적어도 만인이 필독해야 할 진정으로 고전적 가치를 갖는 책을 극히 간편한 형식으로 축차적으로 간행하여 모든 인간에게 필수적인 생활 향상의 자료, 생활 비판의 원리를 제공하기를 원한다. 이 문고는 예약출판의 방법을 배제했기 때문에 독자는 자기가 원할 때 자기가 원하는 책을 각기 자유로이 선택할 수 있다. 휴대에 편하고 값이 싼 것을 가장 주된 목표로 하고 있기에 외관은 돌보지 않았어도 내용에 있어서는 엄선에 진력하여, 종래의 이와나미 출판물의 특색을 더욱더 발휘하려고 한다. 이 계획은 세간의 일시의 투기적인 것과 달리 영원한 사업으로서 나는 미력을 다하여, 그리고 모든 희생을 감내하여 금후 영구히 계속 발전시키며, 그럼으로써 문고의 사명을 유감없이 다하게 할 것을 기한다. ……

앞의 글은 1927년 7월 이와나미 문고(岩波文庫)를 간행하면서 간행자인 일본의 이와나미 서점(岩波書店)의 주인 이와나미 시게오가 행한 비교적 짧은 간행사의 일부이다. 그리고 그 글의 첫머리의 '그것'은 이와나미 문고를 가리킨다.

잘 알려져 있는 대로 이와나미 문고는 이 창간사의 글에 걸맞게 일본의 학술·교양·문화 등에 지대한 영향을 미쳤고 또 현재도 미치고 있다. 이 사실은 나의 해방 전후의 경험을 통해서 확언할 수 있다. 사실 주머니에 넣고 다닐 수 있는 크기의 값싼 이 문고는 그 권위가 대단하다. 경제학으로 한정시켜서 볼 때에도 애덤 스미스의 《국부론》, 칼 마르크스의 《자본론》 등 필독의 고전 역서가 빠짐없이 들어 있고, 그 번역은 권위자가 수차례의 개역을 통해서 정확하게 원문의 뜻을 전달할 수 있도록 되어 있다. 따라서 이 문고를 읽음으로써 영어로 되어 있든 독일어나 프랑스어 등으로 되어 있든 원전을 직접 읽지 않아도 그 속에 담겨져 있는 내용을 제대로 파악할 수 있다. 그렇다면 그것이 연구자나 연구자가 될 사람들뿐만 아니라 나머지 일반 사람들에게도 얼마나 큰 도움이 될 것인가는 두말을 필요로 하지 않을 것이 아닌가.

물론 우리나라에서도 그러한 형식의 문고가 많이 발간되고 있다. 그리고 나름대로 많은 역할 내지 공헌을 하고 있다고도 할 수 있다. 그러나 아직은 이와나미 문고와 같은 권위를 인정받을 만한 문고는 없다고 해도 과언이 아닌 것 같다. 민간 출판사들을 비난하기 위해서 이런 말을 하는 것은 결코 아니다. 이와나미 문고와 같은 권위 있는 문고는 우리나라의 현실로 볼 때 민간 출판사들이 감당하기에는 너무나도 벅차다고 생각하기 때문이다. 그리고 이런 일은 정부나 할 수 있고 또 마땅히 정부가 해야 할 일이라고 나는 생각하기 때문이다. 그러기에 나는 정부가 그런 일을 맡아 일반 사람들이 언제든지 또 부담 없이 삶을 풍부하게 하는 데 필요한 독서를 할 수 있도록 해야 한다고 생각한다.

《출판저널》(1991. 2. 5)

제3장 하필이면 두 번째였지

겁 없는 시작

태국의 수도 방콕에 유엔의 아시아 경제개발연수원이 있다. 1968년, 우연히도 그해 10월부터 12월까지 3개월간에 걸치는 특별코스에서 꼭 10회 동안 세미나를 지도할 것을 요청받고 이쪽 대학의 강의를 서둘러 끝내고 11월 중순부터 방콕에 갔다.

미국에 가서 1년 동안 영어로 하는 강의를 듣기도 하고, 또 영어로 대부분의 시간을 보내는 생활을 하기도 했지만 영어에 서투르기로 잘 알려진 내 처지다. 그런데도 어쩌다 보니 승낙을 하게 되어 하는 수 없이 이쪽 대학을 휴직까지 하면서 방콕에 갔다.

김포공항을 11월 15일 아침 9시에 '에어 타이' 편으로 떠났다. 떠난다고 하니 남의 속도 모르고 환송객이 나와 환송해 주었다. 그러나 나의 속은 타기만 했다.

왜냐하면 영어에도 서투를 뿐 아니라 세미나에서 지도할 내용에 대해서도 자신이 없었기 때문이다. 벙어리 냉가슴 격으로 '왜 그와 같은 무모한 일을 저질렀는가' 하고 남몰래 한탄하고 있는 신세였다.

그러나 비행기는 도중에 타이페이와 홍콩을 경유하여 그날 오후 4시경에 방콕공항에 도착했다. 내려 보니 연수원에서 직원 한 사람이 마중 나와 있었다.

비행기가 김포공항을 출발해서 방콕에 도착할 때까지 계속해서 나의 마음속은 죽지는 말고 불시착을 하여 그럭저럭 2개월만 지낼 수 없을까 하는 뚱딴지같은 공상으로 가득 차 있었다. 말하자면 자기가 저지르지 않은 어떤 돌발적인 사고로 나에게 닥쳐올지도 모르는 불행, 혹은 내가 저지를지도 모르는 일을 모면해 보려는 속셈을 하고 있었던 것이다.

그러나 방콕공항에 무사히 도착했으니 마중 나온 직원의 안내로 지정된 호텔로 가서 하룻밤을 지내고 다음 날 연수원으로 출두하지 않으면 안 되었다.

나는 일정표를 받아 보고 새파랗게 질려 버렸다. 바로 다음다음 날 아침 9시부터 12시 30분까지 꼬박 3시간 계속하는 첫 세미나를 지도하기로 되어 있었기 때문이다.

3시간의 배분은 전반 90분, 커피 타임 30분, 후반 90분이었다. 따라서 잘 모르거나 준비가 불충분하면 중도에 완전히 폭로가 되기 십상이었다. 나는 황급히 호텔로 돌아와서 강의안을 중심으로 강의해야 하기 때문에 우선 강의안을 작성하고, 타이프로 찍어 강의 준비를 한 다음 첫 세미나를 맞이했다. 물론 그 전날 밤에는 어찌 된 셈인지 한잠 못 잤다. 자신이 없었기 때문에 너무 긴장한 탓이었다.

따라서 그날 아침엔 제 정신이 아니었다. 정말 머리가 멍했다. 원장의 안내로 세미나실로 들어갈 때 나는 마치 도살장에 들어가는 기분이었다. 나의 마음은 걷잡을 수 없을 만큼 떨렸고 또 착잡했다.

그러나 실장의 소개말이 끝난 후에는 어떻든 입을 열고 말을 시작하지 않을 수 없었다. 무엇인지 모르지만 거의 눈을 감고 지껄이기 시작했다. 왜냐하면 강의를 듣는 사람들의 표정을 살피는 것조차 두려웠기 때문이다. 이렇게 어물어물 뭐 담 넘어가는 동안에 어느덧 전반 90분이 끝났다. 커피 타임이 시작되어 30분 휴식하고 다시 후반 90분이 시작되었다. 약 70분 동안 강의를 하고 나머지 20분 동안은 질문을 받았다.

이리하여 첫날 세미나는 이럭저럭 끝났다. 강의를 듣는 사람들의 반응 같은 건 알 길이 없었고 또 알고 싶지도 않았다.

그러나 이 첫 세미나를 끝낸 후 나는 어렸을 때 들었던 '시작이 반'이라는 속담을 실감할 수 있었다. 어찌 되었든 첫 세미나를 끝냈으니 하는 마음이 앞섰기 때문이다. 정말 이런 생각과 신념을 가지고 마지막 10회까지 무사히 끝냈다.

마지막 10회 째에는 참으로 신이 났었다. 왜냐하면 한 회가 거듭될수록 정복하기 어려운 고지를 무사히 끝냈구나 하는 생각이 들었기 때문이다.

이런 일이 있은 후에 나는 시작이 반이라는 속담과 얽힌 글을 쓰라든지 이야기를 하라면 이 방콕에서 있었던 일을 말하지 않을 수 없다. 물론 시작이 반이라는 말은 시작이 좋으면 절반은 성공한 것이나 마찬가지라는 뜻으로 해석되기도 한다.

그러나 여기서는 일단 착수하는 것이 일을 끝내는 지름길이라는 뜻으로 해석하고 이야기를 이끌었음을 알아주기 바란다.

《샘터》(1972)

태평의 선순환

나는 마음의 조급과 태평이 각각 어떤 결과를 초래할 것인가를 생각해 본 일이 있다. 그리고 내 나름의 결론, 즉 조급은 조급의 악순환을, 태평은 태평의 선순환을 초래할 것이 아닌가 하는 결론을 얻었다.

여기서 조급의 악순환은 조급 → 여유부족 → 관용부족·각박 → 노이로제·지탄받는 행동 → 고독감·소외감 → 불안·초조·조급을, 그리고 태평의 선순환은 태평 → 여유 → 관용·윤택 → 건전한 생각·칭찬받는 행동 → 용기·고무감 → 희망·신념·자신 → 태평을 말하는 것으로 한다.

그런데 대체로 조급은 한계적인 생각 혹은 자기완료적인 생각을 하는데 기인하는 것으로 보는 것 같다. 사실 이 순간 오늘 1개월, 1년밖에 없다는 등의 생각 혹은 자기 당대에 끝내고자 하는 생각을 하다 보니 조급해지지 않을 수 없을 것이다.

그렇다면 조급의 악순환을 단절하는 열쇠 즉 조급의 악순환에서 태평의 선순환으로의 전환을 가능하게 해주는 열쇠는, 그와 같은 한계적인 생각 혹은 자기완료적인 생각에서 벗어나는 것이라고 할 수 있지 않을까. 그런 의미에서 태평의 선순환을 위해서는 중국의 고사에 나오는 이산(移山)하는 우공의 심사를 갖는 것이 무엇보다도 필요한 일이 아닌가 생각한다.

　분명히 "여보, 당신은 산을 옮긴다고 하지만 세상에 이보다 더 바보 같은 짓이 어디 있단 말이오" 하고 야유하는 길손에게 "바보라면 당신이 바보지. 왜 내가 바보란 말이요. 내 생전에 이를 못다 하면 내 아들이 이를 계속할 것이고 내 아들이 또 이를 못 다하면 내 손자가 할 것이고 증손·현손 등 내 자손들이 있는 한 그들이 이를 계속한다면 이를 다 못할 리가 있겠소"라고 도리어 길손을 설득하면서 자기 집 앞의 큰 산의 흙을 한 줌씩 옮겨서 개울을 메우던 중국의 우공의 마음가짐을 갖는다면 결코 조급해질 리가 없다. 조급하지 않으니 태평의 선순환이 시작될 것은 말할 나위도 없다.

《서울경제신문》(1975. 12. 12)

고향예찬

서울에서 북쪽으로 국도와 철도를 따라 약 6백 리, 한국 최근세사의 선각자 박은식(朴殷植) 선생이 태어났고 근대화의 상징인 제철소가 자리 잡은 곳, 바로 내 고장은 황해도 황주(黃州)이다.

그곳은 사과의 명산지. 홍옥이란 사과가 특히 유명하지만 7월이 되면 처음 나오는 사과 축(祝)이 벌써 익는다. 얼마 안 있어 욱(旭)이 나오고 고향은 능금의 상큼한 향기가 넘친다.

나무에 주렁주렁 달려서 질펀히 깔려 있는 사과밭의 장관은 말할 것도 없고 나무에 달린 채 익은 싱싱한 사과를 직접 따서 그 자리에서 먹는 맛이란 이루 형언할 수 없다. 새삼 국민학교 시절엔 방과 후면 의례히 사과밭으로 달려가 덥석 사과를 깨물던 그때의 그 맛이 입에 감돈다.

그러나 무엇보다도 유명한 가곡의 고향으로 성불사(成佛寺)가 있다. "성불사 깊은 밤에 은은한 풍경소리……" 이렇게 시작되는 그 노래의 고향인 성불사가 있는 곳이다. 내 고장에서는 이 절(寺)이 한국의 31대 본산의 하나라는 점과 그 경내의 살구꽃의 뛰어난 경치 덕에 더 사랑을 받았다. 그래서 이곳 국민학교는 4학년 때부터 6학년 때까지 살구꽃이 필 무렵이면 반드시 이곳으로 소풍을 가는 것이 하나의 관례로 되어 있다.

그뿐 아니다. 절이 있는 정방산(正方山)과 근처의 약수터 또한 빼놓을 수 없다. 그 약수는 또 얼마나 찬지 모른다. 설탕을 타면 그대로 시원한 한 잔의 사이다 맛 이상으로 나의 기억에도 생생히 남아 있다. 해마다 7, 8월이 되면 약수도 마시고 절도 구경하고 더위를 피하기 위해 그곳을 찾는다.

내 고장엔 중국의 시인 소동파(蘇東坡)의 〈적벽부〉(赤壁賦)를 연상케 하는 적벽강과 월파루(月波樓)가 있다. 이들은 전국적으로는 그리 알려져 있지 않지만 이곳 사람들에겐 내세우는 자랑거리이다.

진주의 남강과 촉석루에 비길 만한 그곳이 내게는 7월이면 선하게 떠오르는 추억의 고장이다. 이 누각에서 앞으로 내려다보이는 강·다리·푸른 들과 이들과 잘 조화되는 뒤쪽에 돋보이는 덕월산, 옛성으로 이어지는 풍경은 지금도 내 눈앞에 펼쳐진다.

특히 달밤의 정취는 더욱 그렇다. 시원한 바람, 탁 트인 풍경, 내가 다니던 국민학교에서는 가까운 거리라 점심 때에도 방과 후에도 나는 그곳을 찾았었다. 고향 자랑은 누구나 마찬가지이지만 이러한 고향이기 때문에 더욱더 진정으로 나는 이곳을 사랑하고 자랑한다.

《엘레강스》(1976. 7)

고향사람은 언제 보아도 좋아

얼마 전에 이미 세상을 떠난 나의 고향에 바로 인접해 있는 군(郡) 출신의 대선배의 아들이 오랜만에 찾아왔다. 따라서 근황을 묻는 등 여러 가지 이야기를 하다가 자연히 그 대선배와 얽힌 이야기도 하게 되었다.

10여 년 전의 일이다. 약 2주일의 예정으로 일행 20여 명과 함께 홍콩·월남·대만을 돌아본 일이 있다. 일단 대만을 마지막으로 해서 각기 자유행동으로 들어가게 되었다. 말하자면 직접 귀국해도 좋고 일본을 경유해서 귀국해도 좋고 각자가 자유로이 행동할 수 있게 되었다.

그러다 보니 자연히 두 파로 갈라지게 되었는데 공교롭게도 그 대선배와 나만이 직접 귀국길을 택하게 되었다. 급히 귀국할 일이 있어서였음은 말할 나위도 없다. 따라서 우리 둘은 일본 입국비자를 특별히 받지 않았다.

그러나 공교롭게도 비행기 사정으로 일본에서 하루 머물지 않고서는 서울로 돌아갈 수 없게 되었다. 그때만 해도 그러려면 일본 입국비자를 필요로 한 때였다. 따라서 우리 둘은 공항에서 탑승거부를 당하고 대만을 떠나는 것이 1, 2일 늦어지게 되었다. 그래서 우리 둘은 뜻하지 않게 일행과 떨어져서 타이베이의 호텔에 더 묵을 수밖에 없었다. 그때까지도 그 대선배가 다만 학적(學的)으로 연령적으로 선배라고 생각했을 뿐이었다.

그러나 둘이 한방에 머무르면서 이런저런 이야기를 하다 보니 서로가 황해도 사람인 데다가 고향이 서로 인접해 있는 곳이라는 것을 비로소 알게 되었다. 그때 둘의 심정은 가히 짐작하고도 남음이 있을 것이다. '백년지지기'(百年之知己)한 식구 같은 그것이었다. 그런 것이 계기가 되어서 그 뒤부터는 참말로 친밀하게 지내오다가 그 대선배는 이 세상을 떠난 것이다.

호텔로 돌아온 즉시 각 항공사에 연락을 해서 대기승객 명단에 둘의 이름을 올려놓았던 결과, 다행히도 하루만 묵고 그 다음 날 오후 비행기로 대만을 떠날 수 있게 되었다. 탑승할 항공사로부터 연락을 받고 허둥지둥 공항으로 나가서 탑승수속을 끝내었다. 타다 보니 우리 둘이 꼬라비가 되었고 '동양지미덕'(東洋之美德)을 발휘하느라고 또 고향의 대선배를 대우하느라고(?) 나는 그분을 앞세웠으니 문자 그대로 맨 꼬라비가 되었다.

그런데 항공사 직원의 계산착오가 있었다. 다시 말하면 탑승 가능한 좌석 수를 하나 더 많게 계산했던 것이다.

그러나 이미 때는 늦어서 어떻게 할 길이 없었다. 그리하여 나는 뜻밖에도 2등 객실에서 밀려나서 1등 객실로 안내되었다. 그 대선배까지는 자리가 있었으나 여석(餘席)이 없으므로 나는 3등 객실이 있다면 그리로 밀려났을는지 모르지만 그것이 없으니 2등 객실 값을 지불하고 1등 객실로 밀려난 셈이다. 아니 뜻하지 않게 1등 객실 승객으로 격상된 셈이다.

1등 객실 승객에 대한 대접은 2등 객실 승객에 대한 그것과는 비교가 안 될 정도로 융숭했다. 또 찬물(饌物)도 푸짐했다. 그리고 승무원들이 하나같이 아랑곳 하지 않고 나를 1등 객실 승객으로 깍듯이 대접하는 데에는 놀라지 않을 수 없었다.

귀국 후 만나 뵐 때마다 그때의 이야기를 하면서 "고향의 대선배를 대우하다 보니 저는 호강 한번 잘한 셈입니다"라고 말하면 그 대선배는 언제나 파안대소하곤 했다.

오랜만에 만나 그 대선배의 아들에게도 그런 말을 했더니 그 또한 파안대소하니 나 또한 그럴 수밖에……

모처럼의 큰 웃음이었다. 역시 고향사람은 언제 보아도 좋은가 봐.

《황해민보》(1977)

하필이면 두 번째였지

지난 연말의 일이다. 볼일이 있어 1박 2일의 예정으로 광주에 내려갔다. 당일에 계획대로 일을 끝냈었다. 오후 7시경이었다. 일행과 함께 저녁식사를 들었다. 매우 흥이 돋우어진 자리였다.

끝난 것은 10시경, 여관으로 돌아가기 위해 그 집을 나섰다. 그 집의 대문에서 찻길까지에는 그리 높지는 않지만 돌계단이 있었다.

이 돌계단을 따라서 찻길로 가던 중 하나의 작은 사건이 일어났다. 5명의 일행 중 나는 앞에서 두 번째로 내려가고 있었는데 어찌된 셈인지 맨 앞에서 내려가던 분이 길가에 거의 다 다다랐을 때 급작스럽게 넘어졌다. 나는 그분과 이야기를 하면서 내려가고 있었으므로 방비할 겨를도 없이 그분에게 걸려서 길가에 나가 떨어졌다. 그리고서 의식을 잃었다. 의식을 되찾은 것은 병원에서였다. 상처 난 곳을 바늘로 꿰매는 일이 거의 다 끝났을 때였다. 상처는 두 곳이었다. 한 곳은 왼쪽 눈 바로 위였고 다른 한 곳은 왼쪽 뺨이었다. 눈 바로 위는 안경테가 부러지면서 입은 것 같고 뺨은 땅에 닿아서 입은 것 같다.

일단 여관으로 돌아와서 좀 잔 후 통증을 느끼면서 또 안경을 쓰지 않고, 붕대를 붙인 꼴불견의 얼굴을 거울에 자주 들여다보면서 아침을 맞았다. 하루 더 여관에 머물렀다가 상경할까 그렇지 않고 예약된 아침 기차로 상경할까 잠시 망설였다. 그러나 때가 연말이라 예약된 기차로 상경하기로 했다. 기차 안에서 만난, 아는 사람부터 시작하여 서울역까지 마중 나온 집사람이 놀란 것은 말할 나위도 없고 애들, 그리고 어떻게 알았는지 부상 입은 것을 알게 된 동료들도 다 같이 놀랐다. 사연을 묻고, 나의 설명을 들은 후에 그들은 모두가 그나마 '불행 중 다행'이라는 말을 잊지 않았다. 위로의 뜻이었다. 만약 안경알이 깨져서 눈알을 다쳤더라면 어떻게 되었겠는가라는 뜻이다. 나도 무슨 변을 당한 사람에게 위로의 뜻으로 불행 중 다행이라는 말을 항상 써오고 있지만 새삼 이 말처럼 편리한 것이 없는 것 같이 느껴졌다. 어떻든 그날부터 방문객에게 사연에 관한 이야기를 간단하게나마 되풀이하지 않을 수 없었고 또 치료차 동네 병원을 출입하지 않을 수 없었다. 이 일은 새해 5일까지 계속되었다. 역시 불행 중 다행이라는 말을 계속해서 들었다. 또 하필이면 두 번째였느냐의 말도⋯⋯

붕대를 뗀 후에는 또 하나 달라진 것이 있었다. 눈 위의 보기 흉한 상처를 가리기 위해서 그간 한여름에 야외로 나갈 때에만 쓰던 신식 테의 안경을 당분간 쓰기로 했던 것이다.

그러다 보니 금년은 나에게는 난생 처음으로 새해 벽두에 병원 출입을 한 해가 된 셈이며 또 당분간이기는 했지만 나를 아는 사람들에게 고집을 꺾고 인생관을 바꾼 것 같은 인상을 준 해가 된 셈이다. 한 마디로 말해서 금년은 신정을 전후해서 이제까지와는 다른 특이한 일을 겪게 된 셈이다. 따라서 나는 자연히 금년은 어떤 해가 될까, 즉 좋은 해가 될까 나쁜 해가 될까를 생각해 보게 되었으며 또 하필이면 두 번째였을까 첫 번째든지 세 번째였더라면 이런 상처를 입지 않았을 것이 아닌가 하는, 말하자면 어떤 운수 내지 우연에 대해서 생각해 보게 되었다. 과연 금년이 어떤 해가 될 것인지는 금년이 다 지나서야 비로소 판명될 것이다. 그러나 최선을 다하면서도 무슨 일이 뜻대로 안 되었을 때에 불행 중 다행이라는 말로 좋은 뜻의 체념을 쉽게 할 줄 아는 사람은 되되 어떤 일의 우연을 내세우는 우연론자는 결코 안 되어야지 하는 생각 내지 마음다짐을 신정을 전후해서 일어난 일을 계기로 하여 내가 새삼 굳게 했다면 이것만으로도 좋은 해가 되든 나쁜 해가 되든 금년은 나에게는 분명히 뜻있는 해가 된다고 말할 수 있지 않을까. 아니 나는 이런 생각을 살리는 것으로 만족하련다.

《월간독서》(1978)

만각(晩覺)

우리는 흔히 일제하 36년이라는 말을 쓴다. 얼핏 들으면 기나긴 시간이었던 것 같은 생각이 든다. 그런데 금년은 일제 통치에서 벗어난 지 꼭 40년이 되는 해다. 따라서 해방과 더불어 시작된 남북분단의 역사는 이미 40년이나 되는 셈이다. 즉 일제하의 시대보다 더 긴 시간이 그동안 흐른 셈이다.

해방 당시에는 생각지도 못한 일이다.

해방 당시에는 해방의 기쁨에 도취되어서였든지 또 너무나도 나라의 앞날을 안이하게 생각하고 낙관적으로 보아서였든지 대부분의 사람들은 분단시대가 그렇게 길 것이라고는 생각지도 못했으며 또 분단의 의미가 무엇인지를 미처 몰랐었다고 해도 과언이 아니다. 그러나 40년이 흐른 오늘날에도 분단 상태는 지속되고 있으며 그동안 6·25 등 이루 말할 수 없는 분단의 아픔과 분단이 주는 여러 가지 면에서의 엄청난 주름살을 경험해 오고 있다.

그러기에 선각자들은 이미 일찍부터 분단 상태에 대해서 심각한 우려를 나타내었을 뿐 아니라 우리들에게 커다란 경종을 울려온 것이 사실이다. 이것은 그동안에 발간된 분단에 대한 글이나 책 등이 잘 말해주고 있다.

현재 남북적십자회담·남북경제회담을 위한 접촉이 계속 시도되고 있고 또 기독교계를 비롯해서 민간 차원에서의 평화통일 논의도 활발히 대두되고 있다. 이런 것 모두가 분단 극복을 위한 노력임에 틀림없다. 그렇다면 그럴수록 분단의 의미가 무엇인지를 제대로 파악하는 일이 절실히 필요하다고 할 수 있지 않을까. 아니 어떻게 보면 그 파악은 평화적인 통일을 촉진시키는 역할을 한다고도 할 수 있을 것이다.

《분단시대와 한국사회》(1985)

두 가지 일화가 준 교훈

요즘 나는 어느 교수가 들려준 두 가지 에피소드를 다시금 곰곰이 생각해 본다.

먼저 그 교수가 산행을 하면서 겪은 이야기이다. 그는 10년 넘게 일요일마다 산우회 회원과 함께 등산을 하고 있는데 몇 해 전부터는 주로 북한산을 오르고 있다고 한다. 그런데 그 일행 중에 이른바 역발상법(逆發想法), 즉 물을 조금만 달라고 하고 싶을 때는 거꾸로 많이 달라고 하는 식의 행동을 즐기는 사람이 있어서 종종 많은 사람을 혼동시켜 웃음을 자아내게 한다고 한다. 그런데 흥미롭게도 대개의 경우 나중에는 그 역발상법을 즐기는 당사자마저 혼동을 일으켜 제 꾀에 제가 빠져드는 우를 범하더라고 한다.

다른 하나의 일화는 어느 교수의 연구실에 얽힌 이야기이다. 그는 15~6년 전부터 학교에서 두세 차례 연구실을 옮겼는데 공교롭게도 연구실의 호수가 줄곧 419호라고 한다. 그는 이것을 4·19의거와의 인연이라고 생각하며 그 연구실에 큰 애착을 갖고 있다고 한다. 그런데 현재 쓰고 있는 연구실에 몇 해 전부터 문제가 생긴 것이다. 그 연구실은 1983년 무렵 강의동으로 지어진 4층 건물의 맨 위층에 자리 잡고 있는데, 날림공사 때문인지 2, 3년 전부터 비나 눈이 많이 온 뒤에는 틀림없이 천장 몇 곳에서 물이 샌다고 한다. 그때마다 학교에 수리를 부탁하고 그 부탁을 받아 학교에서는 방수를 위해 수리를 하느라고 했지만, 몇 번을 고쳐도 상태는 여전했으며 지난해 여름의 홍수 때에는 어김없이 연구실 천장에서는 물방울이 뚝뚝 듣더라는 것이다.

나는 그 교수의 말을 들으면서 역시 비정상적인 방편이나 미봉책은 궁극에는 통하지 않는구나 하는 생각을 했다. 그리고 잔꾀나 미봉책이 처음에는 아무리 그럴 듯해도 그것에 의해서는 문제가 조금도 해결되지 않는다는 사실이 결국에는 드러나고 만다는 뜻으로 해석할 수도 있다. 또 애초에 잘못된 것, 혹은 구조적으로 잘못된 것은 원점, 곧 출발점에서부터 차근차근히 연구하고 다져서 해결책을 강구하지 않는 한 '백약이 무효'라는 것을 알게 해주는 이야기이기도 하다.

요즘 여러 가지 사건으로 우리 사회가 시끄럽고 어지럽다. 그래서인지 나에게는 그 교수가 들려준 앞의 두 가지 일화가 새삼 깊은 의미를 지니고 다가오는 것이 사실이다.

급전이 필요해서 이 사람, 저 사람, 아는 사람에게 거짓말을 하다 보니 혼동되어 결국 사기꾼으로 몰리게 되더라는 어느 초범 사기꾼의 말이 사실이라면, 또 근본적으로 잘못된 것이거나 구조적으로 문제를 내포한 경우에는 눈에 보이는 작은 문제만 틀어막으려는 식의 백 가지 조치는 아무 소용이 없고 한낱 미봉책에 불과하게 된다는 것이 사실이라면, 그 교수의 일화가 가르쳐 준 위와 같은 교훈은 진정 소중하다고 아니할 수 없을 것이다.

어지러운 때일수록, 그리고 복잡하게 얽혀 있을 때일수록 우리 모두는 정도와 근본을 중시하고 그것에 충실함으로써 정상을 되찾고 난마 같은 문제를 풀어가야 할 것이다. 이렇게 정도에 의해서 사회가 운영되고 문제가 해결되는 사회는 분명히 건전한 사회이며 희망이 있는 사회라고 말할 수 있을 것이다.

《경제정의》(1991. 3. 4)

되고 문제가 해결되는 사회는 분명히 건전한 사회이며 희망이 있는 사회라고 말할 수 있을 것이다.

제4장 등산으로 얻은 마음의 평정

등산으로 얻은 마음의 평정

나는 불가피한 일이 있을 때를 제외하고는 일요일마다 배낭을 메고 일행과 함께 북한산에 오른다. 비가 오나 눈이 오나 꼭 오른다. 대개의 경우 세검정 삼거리에서 출발하는데, 여름철에는 아침 8시, 겨울철에는 9시에 그곳에 모인다(한때는 6시나 7시에 모인 적도 있었다). 물론 건강 유지를 위해서이다.

사실 내가 본격적으로 등산을 시작한 것은 뜻하지 않게 서울대에서 해직된 지 약 1개월 후인 1980년 9월 초부터의 일이다. 그 이전까지만 해도 가벼운 차림으로 동네 가까운 야산을 오르는 것은 몰라도 더운 데 배낭을 메고 땀을 뻘뻘 흘리면서 등산하는 사람들을 볼 때마다 좀 돈 사람이 아니냐고 빈정거리고 싶은 심정에 사로잡혔었다. 그러니 추울 때 등산하는 사람들에 대해서는 더 말할 나위가 없었을 것이 아닌가. 그런 내가 지금은 등산광(狂)에 가까운 상태가 되었으니 참 얄궂은 일이 아닐 수 없다.

등산을 시작한 초기에는 권유에 따라서 정신없이, 좀 시일이 지나 약간 익숙해진 후에는 반 호기심에서 원행도 잘 따라갔다. 그러나 어느 정도 산과 친숙해지면서부터는, 또 대체로 오를 만한 산을 오르고 난 후부터는(전국의 높다고 하는 산은 거의 다 올랐다) 건강 유지를 주목적으로 삼기 시작했다. 따라서 요새 와서는 원행은 별로 하지 않는다.

일요일, 일행이 모여 등산할 때에는 5, 6명이 되기도 하고 10명 안팎이 되기도 한다. 또 어떤 때 모두 모이면 20여 명이나 된다. 몇 명이 모여도 모두가 다른 사람들에게 마음의 부담을 주지 않는, 또 무슨 말이라도 할 수 있고 또 그것에 대해서 조금도 개의치 않는 그런 사람들이다(이들은 주로 교수, 언론인, 문인들이며 모임의 명칭은 '거시기산우회'이다. 이 명칭은 그들 중에 그 말을 남발(?)하는 사람이 있어 그를 놀리다가 자연스럽게 굳어진 것으로 보면 된다).

따라서 아침에 모여서 산에 올라 맑은 공기와 함께 점심을 지어 먹고(겨울에도 꼭 그렇게 한다) 차타는 곳으로 내려와서 헤어질 때까지 마음대로 떠들 수 있고 또 마음속에 품고 있는 것을 다 내뱉어 버릴 수 있다. 다시 말하면 만약 마음속에 울분이나 스트레스가 있다면 헤어질 때까지 그것을 충분히 해소해버릴 수 있다는 것이다. 나의 경우는 특히 그러하다.

그 결과 산행은 나에게 적당한 신체적 운동과 울분이나 스트레스의 해소를 동시에 가져다 주는 그런 것이 되어버린다. 그러기에 나는 언제나 심신 양면에서 건강을 유지하면서 하루하루를 살아가고 있다.

일요일을 이틀로 쓴다

이런 생활을 하다 보니 집사람을 비롯한 가족은 말할 것도 없고 많은 사람들로부터 건강하다는 말을 들어오고 있다. 또 일의 의욕도 왕성한 편이고 능률도 오르는 편이다.

게다가 여름철에는 더 득을 본다고 할 수 있다. 아침 8시에 모이는 곳에 도착하려면 우리 집에서는 대체로 1시간여 걸리기 때문에 자연히 적어도 5시 반에는 일어나야 된다(6시에 모일 때에는 4시 반에 일어나야 했다). 따라서 토요일에는 일찍 집에 들어가지 않을 수 없으며 또 술을 전혀 마시지 않거나 마시더라도 적게 마셔야 한다. 많이 마셨다가는 등산할 수 없거나 등산 때의 고통이 말이 아니니까. 그러니 이른 아침의 등산으로 우선 단 하루라도 금주할 수 있는 좋은 기회를 가질 수 있게 된다.

그런가 하면 등산을 마치고 집으로 돌아오는 것이 2시 반경이 되므로 4시경부터는 활동을 개시할 수 있다. 말하자면 일요일을 이틀로 쓸 수 있게 된다.

어떻든 나는 현재 건강을 위해서 등산을 즐기고 있다. 그리고 이제는 일요일에 등산을 하지 않으면 일주일의 생활 리듬이 깨지는 것 같은 느낌을 강하게 받기 때문에 불가피한 일로 일요일 등산을 하지 못한 경우에는—해외나 지방 나들이를 간 경우를 제외하고서는—대체로 목요일 오전을 이용하여 가벼운 차림으로 혼자서 집 근처의 관악산을 등산하는 것으로 대신한다.

그렇다고 해서 등산만을 건강을 위한 운동으로서 권하는 것은 결코 아니다. 각자가 각기 다른 처지와 환경을 갖고 있는데 하나로 획일화될 수는 없을 테니 말이다. 나는 원래가 운동신경이 매우 무뎌서 탁구나 정구조차도 엄두를 못 내는 형편이다. 그리고 1970년대 초에 1년 반 동안 뜻하지 않게 큰 병을 앓은 일이 있는데 그때 병의 회복을 위해서 절대로 필요하니 지팡이를 짚고 가까운 야산을 매일 오르내리라는 주치의의 준엄한 지시가 있어서 그때부터 집 근처의 낮은 산을 오르내린 것이 사실이다.

나는 지금 사는 곳으로 옮겨오기까지 고대 근처와 신대방동의 보라

매공원 근처에 살았기 때문에 1980년 8월까지는 고대 뒷산과 삼성산의 작은 줄기인 국사봉을 지팡이를 짚고 거의 매일같이 아침에 오르내리는, 본격적인 등산을 위한 준비기간을 거쳤다고 할 수 있다.

해직이 가져다준 '행복'

대개 젊었을 때에는 건강이 언제나 유지되는 것으로 생각하기 쉽다. 그리고 자기 자신은 의식하지 못하지만 건강에 유의할 필요가 있다는 엄한 경고를 몇 차례 받고서야 비로소 건강의 소중함을 느끼고 건강 유지를 위한 자기 나름의 노력을 하게 되는 것 같다. 다시 말하면 사람은 대개 사는 동안에 몇 차례 중병을 앓거나 큰 시련을 겪게 되는데 바로 그것이 경고로 볼 수 있다는 말이다.

나의 경우도 예외는 아니다. 여러 차례 경고가 있었음에도 불구하고 건강의 소중함을 깨닫지 못하다가 늦게서야 그것을 깨달았다는 것이 솔직한 고백이다.

돌이켜보면 나는 서른 살 이후 세 차례 강한 경고를 받은 것 같다. 첫 번째는 30대 초반, 두 번째는 40대 중반, 세 번째는 50대 들어서의 일이다. 두 번은 중병을 통해서, 한 번은 해직을 통해서였다. 두 번째 경고가 다름 아닌, 앞에서 말한 1년 반여 동안 앓은 1970년 초의 병이며 세 번째 경고가 바로 1980년의 해직이 아닌가 싶다.

혹시 해직이 어째서 경고가 되는가 하고 의아하게 생각할는지 모른다. 그러나 내 처지에서 보면 별로 많지 않은 퇴직금을 받은 몸으로서 매달 받던 월급을 못 받게 되었으니 생계 유지를 위한 최소한의 수입이 있어야 했는데 글을 쓰고 특강을 하려면 건강의 유지가 해직 전보다 훨씬 더 필요했으니 건강의 소중함을 일깨워준 경고로 받아들일 수밖에 없지 않은가. 그리고 그동안 받던 의료보험의 혜택도 못 받게 되었으니 큰 병에 안 걸리기 위해서라도 건강 유지에 각별히 유의할 수밖에 없었으므로 이런 면에서 경고로 해석할 수 있지 않을까.

앞서 이야기한 대로 나는 몇 차례의 경고를 통해서 늦게나마 건강의 소중함을 깨달았다. 그리고 나는 내 처지와 환경에 비추어 볼 때 가장 알맞은 건강 유지의 길 또는 방법이 등산이라고 생각했기에 그것을 통해서 건강을 유지하고 있으며 또 늦게나마 깨달은 것을 매우 다행스럽게 여기고 있다.

그러기에 내 전철을 밟지 말고 일찍부터 건강의 소중함을 알고 각별히 유의하라는 말을 아끼지 않는다. 특히 신혼부부에게는 이 말을 강하게 한다. 각자를 위해서 뿐 아니라 차가 제대로 굴러가려면 두 바퀴가 제 기능을 다해야 하는 것과 마찬가지로 원만한 결혼생활을 유지하려면 부부가 함께 지속적으로 건강해야 한다는 생각에서이다.

다음에 나는 각기 자기에 알맞은 운동을 택해서 그것을 지속하는 것이 절대로 필요하다는 것과 나의 체험에 비추어 볼 때 건강은 신체적 운동만이 아니고 마음속의 울분이나 스트레스의 해소도 함께 필요로 하는 것이니 택한 운동을 가능한 한 마음에 맞는, 혹은 마음에 편안함을 주는 사람들과 어울려서 하도록 하는 것이 바람직스럽다는 것을 강조한다.

깨끗하게 늙고 싶은 소망

마음속의 울분이나 스트레스의 해소가 따르지 않는 신체적 운동은 건강 유지에 별로 도움이 되는 것 같지 않다는 것이 그동안의 체험을 통해서 얻은 내 확고한 주장이라고 할 수 있다. 건강을 유지하면서 정상적인 활동을 하는 가운데 장수를 누리고 있는 사람들에게 장수의 비결이 무엇이냐고 물어본다면 나의 이 주장을 곧 이해할 수 있으리라고 확신한다. 대부분의 경우 그 물음에 대한 답변은 마음 편안하게 사는 게 될 것이기 때문이다.

끝으로 나는 건강은 주어지는 것이 결코 아니고 적극적으로 찾을 때 비로소 얻어지는 것이며 또 잘 가꾸어 갈 때 유지 내지 지속되는 것이라는 말을 자주 한다.

그러면서 나는 건강과 장수의 문제를 놓고 볼 때 바람직스러운 것은 물론 양립의 상태이지만 구태여 우선순위를 정하라고 한다면 건강이 우선한다는 말을 하지 않을 수 없다. 병석에 오랜 세월 동안 누운 채로 장수하는 상태를 한번 상상해보면 나의 이 말이 이해될 것이다. 건강을 유지하는 가운데에 장수하라는 말은 건강하라는 말에 이어 신혼부부에게 주는 내 주례사의 한 토막이다.

그리고 나의 소박한 소망은 건강한 가운데에 깨끗하게 늙는 것이다. 이것은 같이 늙어가는 가까운 동료들에게도 바라는 것이다. 물론 어려운 일인 줄 잘 안다. 그러나 우리 사회, 우리나라의 실정을 감안할 때 이것이 나 나름대로 우리 사회, 우리나라에 이바지하는 것이 아닐까 하는 생각에서 비록 어렵더라도 나 자신은 그런 노력을 지속적으로 할 작정이다.

잘은 모르지만 깨끗하게 늙는 이들이 많은 사회나 나라, 그것이 바로 선진사회나 선진국이며 또 좋은 사회, 좋은 나라가 아닐까.

《신동아》(1990. 1)

모임에서 얻는 충전
: 산에서 함께 힘을 얻으며

나는 1980년 제2의 서울의 봄 때 서울대학교 교수협의회장으로 있었다. 그것이 주 원인이 되어 그해 7월 31일자로 1955년 9월부터 시작한 서울대학교 교수직에서 해직되었다. 순항을 거듭하다가 갑작스럽게 당한 일이라 참으로 고통스러웠고 견디기 어려웠다. 앞으로 살림을 꾸려가는 문제, 건강 문제, 처신하는 문제 등 걱정이 이만저만하지 않았다. 그러나 자칫하다 건강을 잃어 앓아눕게 되면 나 개인이 당하는 고통은 그렇다 치더라도 집식구, 형제자매, 나를 아끼는 분들이나 사람들에게 많은 걱정과 염려를 끼치게 된다는 생각에, 무엇보다도 건강해야 하며 또 건강을 계속해서 유지해야겠다는 굳은 마음을 갖게 되었다.

그런데 때마침 등산을 하자느니 낚시를 하자느니 하는 주위의 좋은 친구들이 생겼다. 그래서 잠시 등산도 하고 낚시도 했으나 등산 쪽을 택했다. 그것은 평소부터 친밀한 박 교수의 소개로 가입한 마음에 드는 산우회가 있었기 때문이다. 이름은 '거시기산우회'였다. 회원 중 한 사람이 1분 동안 이야기할 때 50번 정도 거시기라는 말을 꺼내는 사람이 있어서 재미있다고 하여 산우회의 이름으로 그것을 쓰기로 했다고 한다. 회원의 큰 줄기는 유신 때 옥고를 치렀거나 인권운동을 한 사람들이었다. 그리고 이들은 말할 것도 없고 다른 회원들도 참으로 좋은, 그리고 사회에서는 보기 드문 양심파들이었다. 게다가 이 산우회는 하고 싶은 말을 다하는, 진정으로 언론의 자유가 있는 모임이었고, 이미 스스로가 억울한 일을 겪어본 사람들이라 그와 비슷한 일을 당한 사람들을 잘 이해하는 모임이기도 했다.

이미 산행에 익숙한 그들은 일요일은 물론 될 수 있는 한 자주 기회를 만들어 서울 근교나 중부 지방의 산을 등산했으며 그때마다 새로 가입한 나를 반강제로 동행시켰다. 그들 나름대로의 경험에서 얻은 나에 대한 특별한 배려에서였다. 등산 경험이 없는 나로서는 겁이 나는 일이기도 하고 또 신체적으로 고통스러운 일이기도 했지만 나는 어떻든 그들을 열심히 따라다녔다. 아직 등산에 신체적으로 적응되지 않은 상태였으니 한 번 등산하고 난 후에는 신체적 고통이 이만저만하지 않았다. 그러다 보니 이 고통에 딴 생각을 할 겨를이 없었다.

등산에 어느 정도 적응이 되어 딴 생각을 할 수 있게 되었을 때에는 이미 상당한 시일이 흘렀고, 또 나의 마음도 상당히 여유를 되찾게 되었다. 집 살림이 그럭저럭 굴러가는 것을 알았고 집식구도 상당히 생기를 되찾은 것을 느낄 수 있었던 데다가 사람은 살기 마련이라는 생각이 강하게 들었기 때문이다. 결국 산우회 회원들과의 빈번한 등산에서 오는 고통으로, 졸지에 당한 해직에서 오는 마음의 불안감과 견디기 어려운 고통을 극복할 수 있었던 셈이다.

이렇게 마음의 여유가 생기다 보니 그동안 꺼렸던 본격적인 원행의 고산(高山) 등반도 생각할 수 있게 되었다.

그리하여 산우회가 계획한 2박 3일의 지리산 등산을 따라나섰다.

1981년 6월 초에 있은 이 등산에는 광주의 전남대학교 해직교수의 리드 아래 진행되었다. 택한 코스는 비교적 난코스로 알려져 있는 곳이었다. 대성계곡을 따라 올라가서 세석평전에서 1박 하고 다음 날 아침 6시에 출발하여, 정상인 천왕봉(1,915m)에 올랐고 칠선계곡을 따라 하산했다. 물론 점심은 칠선계곡으로 내려가는 입구에서 들었다. 참으로 하산 길은 힘들었다. 그 계곡이 험하고 긴 데 주 원인이 있었지만 세석평전에서 많은 술을 마신 데다가 수면시간이 겨우 4시간 정도에 지나지 않아서 잠이 모자랐고, 또 세석평전까지의 등산으로 인한 피로가 상당히 많이 겹친 상태에 있었기 때문이다. 정녕 견디기 어려웠다. 그러나 그때마다 다른 사람들에게 폐가 되어서도, 또 몰골 없고 약한 모습을 드러내서도 안 되겠다는 강한 마음이 들었다. 이러지도 저러지도 못하는 궁지에 빠졌을 때 사람이면 누구나 발휘하게 되어 있는 오기, 의지할 것은 내 몸 하나뿐이라는 절박감, 젊은 사람들의 보살핌 등으로 그 위기를 용하게 극복할 수 있었다. 하산하여 처음으로 목표로 했던 산다운 산을 정복했다는 쾌감, 건강에 대한 자신감 회복 등 수확이 많았다고 할 수 있다.

이렇게 산우회 회원들을 따라 일요일마다 서울 근교 등산과 때때로 있는 며칠간의 원행 등산을 해오는 가운데 4년 1개월이 지나 나의 해직교수 생활은 막을 내렸다. 나는 1984년 9월 1일자로 서울대학교 교수로 복직했다.

복직 후에도 해직 때와 마찬가지로 산우회 회원들과 등산을 계속해오고 있음은 말할 나위도 없다. 그리고 어느 사이에 산우회 회원들 사이에는 끈끈한 정과 안 만나면 만나고 싶어 하는 감정, 상부상조하는 마음 등이 생긴 것도 사실이다.

등산할 만한 고산은 거의 다 올랐기에 나는 3, 4년 전부터는 원행등산은 되도록 피하고 일요일이면 북한산을 산우회 회원들과 함께 오르는 것을 원칙으로 삼고 있다. 그러기에 일요일에는 결혼 주례를 사절하는 등 사전에 산을 오르지 못하게 하는 일을 예방하느라고 노력한다. 그래도 만부득이한 경우가 발생하기는 하지만, 사실 땀을 흘리면서 산을 오르니 신체적으로 충분한 운동이 되고, 마음속에 있는 것을 모두 털어놓을 수 있어 스트레스가 해소되고, 점심밥에 반주를 곁들이니 만족감과 기분 좋음을 느낄 수 있다. 또 하산해서는 생맥주를 드니 갈증이 해소되고 하여 매주 일요일 하루의 등산은 나의 심신을 건강하게 만들어주고 있다. 그리고 주중에 일의 능률을 올려주고 있다.

《샘터》(1992. 6)

내가 여름에 즐겨 찾는 곳
: 소백산과 희방폭포

장녀 내외가 와 있는 동안을 이용해서 가보고 싶은 산 중의 하나인 소백산 등산을 위한 원행을 하기로 했다. 8월 16일이었던 것으로 기억된다. 그러나 그 원행은 청량리역까지 나갔다가 좌절되어 버렸다. 그 전날 모 석간신문에 난 기사 때문이었다. 사실은 이미 광주에서 듣고 있던 내용의 것이 석간에 실렸지만 일단 가기로 약속을 했으니 그대로 강행하기로 했던 것이다. 그러나 일행은 현직교수와 해직교수의 혼성팀이었는데 대체로 해직교수는 떠나지 말고 무엇인가 대책을 강구하는 것이 좋겠다는 의견이 강한 바람에 또 해직교수 아닌 사람들만으로도 할 수 있으니 전혀 미안하게 생각하지 말라는 말도 있고 해서 안 가기로 했다.

10월에 들어서서는 8, 9일을 이용해서 1박 2일의 소백산 등산을 위한 원행을 했다. 예기치 않게 원행을 할 수 있었다. 그것은 전적으로 내가 8월에 가지 못한 것을 섭섭해 하는 것을 안 서울대학교의 김 교수의 발의에 의한 것이었다. 영주에서 1박을 했다. 그리고 다음 날 새벽에 차로 비로사(毘盧寺) 앞까지 가서 아침을 간단히 하고 거기서부터 등산하기 시작했다. 정상(1,439m)에 다다르기 전에 물이 있는 곳에서 점심을 하고 정상을 정복한 후 희방사(喜方寺)·희방폭포를 거쳐서 하산했다. 역시 듣던 대로 등산을 하는 사람이면 꼭 가보아야 할 산이라는 것, 물이 귀해서 여름에는 상당히 조심해야 하겠다는 것, 희방폭포는 천하일품이라는 것 등을 실감할 수 있었다. 그러나 마침 일요일이었는데 서울로 올라오는 기차 안에서 라디오를 통해 버마의 아웅산 사건 소식을 들었다. 충격적이었다.

이것은 나의 책 《냉철한 머리 따뜻한 마음》(1985)의 〈나의 정치방학〉에 있는 구절이다. 사실 나는 해직교수 시절(1980년 8월~1984년 8월)의 전반기에 전국의 이름 있는 산의 거의 대부분을 거시기산우회 회원들과 함께 등산하였다. 그런데 나머지 등산하고 싶어 하던 산의 하나인 소백산의 등산에 예기치 않은 일로 한 번 실패하고 1983년 10월 8, 9일에 드디어 성공했던 것이다. 그러기에 소백산 등산은 나의 기억에 특별히 생생하게 남아 있다. 게다가 지금도 정상 가까이에 있는 주목나무 숲, 희방사와 희방폭포를 내려다볼 수 있는 언덕 위의 주막집에서 도토리묵을 안주로 막걸리를 마시던 기억, 특히 폭포의 장관을 잊을 수 없다. 이제는 희방사가 완전히 복원되었는지 궁금하다.

이런 강한 추억으로 해서 나는 앞으로 시간을 내어서 다시 한 번 소백산 등산을 할 작정이다. 그리고 그때에는 지난번 때와는 달리 넉넉한 정신적 여유를 갖고 지난번의 코스에다 그 인근에 있는 부석사, 소수서원, 풍기읍을 포함시킨 코스를 택할 것이다. 분명히 그 원행은 금상첨화 격이 되리라.

부석사는 그 창건 설화가 《삼국유사》에 수록되어 있는 데다가 주불전(主佛殿)이고 고려시대의 목조건물인 무량수전(無量壽殿)을 비롯한 5

개의 국보와 3층 석탑을 포함한 3개의 보물 등을 갖고 있다. 소수서원
(紹修書院)은 우리나라 최초의 서원, 최초의 사액서원일 뿐 아니라 대
원군이 서원을 철폐할 때에도 남은 47개 서원 중의 하나이고 이퇴계
와 얽힌 이야기들을 갖고 있다. 그리고 풍기읍은 인삼의 고장이고 역
시 이퇴계와 얽힌 이야기를 갖고 있다.

그러므로 분명 그 원행은 적당한 운동에 역사 공부와 풍물 견학을
곁들인 것이 될 것이다.

《월간사회평론》(1992. 8)

이북 출신 명사들의 나의 건강학
: "일요일 산행 12년째 일의 의욕 넘친다"

나는 원래 운동신경이 무뎌 테니스, 탁구 등에도 흥미를 못 느끼는 편이다. 낚시도 해보려고 했으나 시력이 나빠 안 되고, 유일한 건강 유지 비결은 등산인데, 내 환경과 적성에 알맞은 건강법이라 생각한다.

1970년대 초엽, 1년 반 동안 중병을 앓게 되면서 주치의의 강력한 지시로 등산을 시작하게 됐다. 그때부터 지난 80년 8월까지는 고대 뒷산과 삼성산의 작은 줄기인 국사봉을 지팡이를 짚고 매일 아침마다 오르내렸다.

그러다가 80년 서울대에서 해직된 후 예전부터 친분관계를 유지하던 사람들이 함께 산행을 다니자고 권해 본격적으로 등산을 시작했다. 교수, 문인, 언론인, 자영업자 등 각계의 사람이 모인 우리의 모임명은 거시기산우회로 회원 중에 그 말을 남발하는 사람이 있어 그를 놀리다가 자연스럽게 굳어진 것이다.

매주 한 차례씩 등산을 한 지 벌써 12년째다. 나는 강골도 아니거니와 두 차례나 큰 병을 앓은 일이 있는데 그 후 건강이 눈에 띄게 좋아졌고, 잔병치레도 거의 안 하게 되었다. 또 소설가 이호철 씨, 이영희

한양대 교수, 백낙청 서울대 교수 등 일행이 모두 마음에 부담을 주지 않는 사람들이어서, 신체적 운동뿐 아니라 이들과의 대화를 통해 스트레스를 해소한다는 점에서 정신건강에도 도움이 되는 것 같다.

요즘은 일요일 아침 8시 세검정 신영아파트 앞에 모여 북한산에 오른다. 원행은 전국에 가보지 않은 산이 거의 없거니와 힘들어서 하지 않는 편이다. 이제는 일요일에 등산을 하지 않으면 일주일의 생활리듬이 깨지는 것 같아 외국 여행이나 지방 나들이로 등산을 못할 때면 월요일이나 화요일 오전에 배낭을 메지 않은 가벼운 차림으로 집 근처 관악산 연주암까지 다녀온다.

대학을 정년퇴임한 후 요즘은 학현연구실에 상주하면서 세미나 준비와 곧 발간할 경제학 연구서를 마무리 짓고 있는데, 일의 의욕도 왕성하고 능률도 오르는 편이다. 계속된 산행이 체력 유지에 적잖은 보탬이 된 것 같다.

나이가 더 들게 되면 등산이 무리가 될 성싶은데 그때 가서는 예전에 즐겼던 고전음악 감상에나 푹 젖을 생각이다. (황해도 황주 출신)

《월간동화》(1992. 11)

학현 변형윤 약력

1927년 1월 6일 황해도 황주읍 예동리에서 출생

학 력

경기중(5년제) 졸업(1944). 서울상대 졸업(1951). 경제학 박사(서울대, 1968).

현 직

서울대 명예교수(1992~). 대한민국 학술원 회원(1993~). 서울사회경제연구소 이사장
(1993~). 한국경제발전학회 이사장(2007~).

전 직

서울상대 강사·교수(1955~75); 학장(1970~75).
경제개발5개년계획 평가교수(1966~80).
UN 경제개발연수원 강사(1968).
서울대 사회과학대학 교수(1975~80, 1984~92); 해직(1980), 복직(1984).
서울대 교수협의회장(1980, 1987~89).
한국계량경제학회장(1986). 한국경제학회장(1989).
경제정의실천시민연합 공동대표(1989). 한겨레신문사 이사(1991). 포항공대 이사(1996
~2005). 한겨레통일문화재단 이사장(1996). 서울시정개발연구원 이사장(1996). 통일
부 통일고문(1998). 한국외대 이사장(1998~2001). 제2건국위 대표공동위원장·고문
(1998~ 2003). 상지대 이사장(2004~07).

상 훈

다산경제학상(1985), 서울특별시 문화상(2001), 국민훈장 무궁화장(2000).

주요 저서

《경제수학》(1957), 《통계학》(1958), 《한국경제론》(편저, 1977), 《한국경제의 진단과 반
성》(1980), 《반주류의 경제학》(편역, 1981), 《분배의 경제학》(1983), 《현대경제학연구》
(1985), 《한국경제연구》(1986), 《경제를 되새기며》(2000).